新编广播电视概论

XINBIAN GUANGBO DIANSHI GAILUN

主　编　段汴霞　河南大学新闻与传播学院
副主编　李红光　河南工业大学新闻与传播学院
编　委　刘春蕾　周口师范学院新闻系
　　　　丁　涛　河南艺术职业学院现代传媒系
　　　　翟延峰　濮阳职业技术学院
　　　　刘　阳　河南工业大学新闻与传播学院
　　　　翟　欣　河南大学新闻与传播学院
　　　　梁　靓　河南大学新闻与传播学院

河南大学出版社

·开封·

图书在版编目(CIP)数据

新编广播电视概论/段汴霞主编.—开封:河南大学出版社,2009.2(2021.1重印)
ISBN 978-7-81091-534-2

Ⅰ.新… Ⅱ.段… Ⅲ.广播电视—概论—高等学校—教材 Ⅳ.G220

中国版本图书馆 CIP 数据核字(2009)第 008018 号

责任编辑　胡长瑞
责任校对　胡长瑞
封面设计　张　松

出　版	河南大学出版社			
	地址:河南省开封市明伦街 85 号		邮编:475001	
	电话:0371-22863003(营销部)		网址:hupress.henu.edu.cn	
排　版	郑州市今日文教印制有限公司			
印　刷	广东虎彩云印刷有限公司			
版　次	2009 年 2 月第 1 版		印　次	2021 年 1 月第 4 次印刷
开　本	787mm×1092mm　1/16		印　张	11.75
字　数	279 千字		定　价	26.00 元

(本书如有印装质量问题,请与河南大学出版社营销部联系调换)

目 录

绪 论

第一节 广播电视事业概述 /1
第二节 广播电视的基本含义 /3
第三节 广播电视的历史地位 /4
第四节 广播电视和广播电视学 /7
第五节 本书的主要内容及学习要求 /9

第一章 广播电视事业的产生和发展

第一节 广播事业的发展历史 /11
 一、广播的发明和运用 /11
 二、广播事业的初兴 /13
 三、无产阶级广播事业的建立 /14
 四、广播事业的全面兴盛 /15
 五、其他广播形式的发展 /17
第二节 电视事业的发展历史 /18
 一、电视的发明和运用 /18
 二、电视事业的初兴 /20
 三、电视事业的复兴 /21
 四、现代电视事业的发展 /22
第三节 我国广播电视事业的发展历史 /25
 一、我国广播事业的诞生与发展 /25
 二、我国电视事业的诞生与发展 /26
 三、我国广播电视事业的发展现状 /26
第四节 当代世界广播电视事业发展现状及趋势 /27
 一、广播事业发展现状 /27
 二、电视事业发展现状 /28

三、广播电视经营体制 /29
四、广播电视事业今后的发展趋势 /30

第二章 中国广播电视事业的发展

第一节 旧中国的广播事业 /33
　一、早期的广播 /33
　二、国民党办的广播 /34
　三、民营广播 /35
第二节 解放区的广播事业 /36
　一、延安新华广播电台的创建与发展 /36
　二、各解放区人民广播事业的建立与发展 /38
　三、人民对外广播的开创 /39
第三节 新中国的广播电视事业 /39
　一、从1949年到1965年的17年间的广播电视 /39
　二、"文化大革命"时期的广播电视 /42
　三、社会主义新时期的广播电视 /43
第四节 台港澳广播电视事业现状 /47
　一、台湾广播电视事业 /47
　二、香港广播电视事业 /48
　三、澳门广播电视事业 /49

第三章 广播电视技术原理和特点

第一节 技术在广播电视事业中的地位 /51
　一、技术是广播电视事业产生和发展的物质前提 /51
　二、技术工作和宣传工作在广播电视传播过程中相互依存 /52
第二节 广播电视技术的原理 /53
　一、声音的传播现象和电磁波的传播原理 /53
　二、有线广播和无线广播的工作原理 /54
　三、高频调制和解调的原理 /55
　四、摄像和显像 /56
　五、天线和电磁波的传播特性 /56
第三节 广播电视的功能和特点 /58
　一、广播电视的基本功能和特征 /58

二、广播电视的主要特点 /59
三、广播电视特点的分类 /61

第四章 广播电视技术系统

第一节 广播电视技术系统的分类及特点 /64
一、广播电视技术系统的构成 /64
二、广播电视技术形态的基本分类 /65
三、不同技术形态的特点 /65

第二节 广播电视的主要技术环节 /71
一、节目制作 /71
二、节目播出 /75
三、信号传送 /77
四、信号发射 /78
五、信号接收 /80

第三节 广播电视技术的发展趋势 /81
一、广播电视技术的主要发展趋势 /81
二、中国广播电视技术的发展与展望 /82
三、新兴的广播电视技术 /83

第五章 广播电视事业的性质和职能

第一节 广播电视事业的组成 /86
一、广播电视事业的含义 /86
二、广播电视事业的组成 /87
三、广播电视事业的结构形式 /89
四、广播电视事业的结构特征 /90

第二节 广播电视事业的社会属性 /91
一、广播电视事业的基本性质 /91
二、广播电视事业的一般属性 /92
三、两种性质不同的广播电视事业 /94

第三节 广播电视的社会职能和社会作用 /96
一、广播电视的社会职能 /96
二、广播电视的社会作用 /98

第六章 广播电视节目体系

第一节 我国广播电视宣传的基本要求和节目分类 /100
  一、我国广播电视宣传的基本要求 /100
  二、广播电视节目分类 /101

第二节 新闻性节目 /102
  一、广播电视新闻性节目的特点 /102
  二、广播电视新闻性节目的任务和地位 /103
  三、广播电视新闻性节目分类 /104

第三节 教育性节目 /107
  一、广播电视教育性节目分类 /107
  二、教学节目的特征 /108
  三、社会教育节目的特征 /109
  四、社会教育节目的任务 /110
  五、广播与电视在教育性节目上的差异 /110

第四节 文艺性节目 /111
  一、广播电视文艺性节目分类 /111
  二、广播电视文艺性节目的特征 /111
  三、广播电视文艺的社会功能和作用 /113
  四、广播电视文艺与其他社会文艺的关系 /113

第五节 服务性节目 /114
  一、服务性节目的界定与划分范围 /114
  二、广播电视服务性节目分类 /114
  三、广播电视服务性节目的任务 /115

第七章 新时期广播电视发展形态

第一节 新时期广播电视的发展趋势 /117
  一、新时期国际广播电视的发展趋势 /117
  二、新时期国内广播电视的发展趋势 /118
  三、新时期互联网广播电视的发展 /122
  四、网络媒体与广播电视媒体的融合 /125
  五、网络广播 /127

第二节 广播电视数字新媒体 /131
  一、数字电视 /131

二、数字移动多媒体广播电视 /137
三、楼宇电视 /142

第八章 中国广播电视事业的建设

第一节 我国广播电视事业的建设方针 /144
一、我国广播电视事业建设方针的国情依据 /145
二、我国广播电视事业建设方针的演变和发展 /145
三、现阶段广播电视事业建设方针的具体内容 /147

第二节 我国广播电视事业结构 /148
一、广播电视事业结构的含义 /148
二、我国广播电视事业的基本结构 /149
三、今后我国广播电视事业结构的发展 /151

第三节 我国广播电视事业管理体制 /152
一、我国广播电视事业管理体制的发展 /152
二、我国广播电视事业管理体制的特点 /153
三、我国广播电视管理体制的改革 /155

第九章 广播电视从业队伍的建设

第一节 广播电视从业队伍的构成及优化 /158
一、广播电视从业队伍建设的重要意义 /158
二、广播电视从业队伍的群体结构 /158
三、广播电视从业队伍的优化 /160

第二节 广播电视工作者的素质要求 /161
一、素质的意义 /161
二、广播电视工作者的政治素质 /161
三、广播电视工作者的业务素质 /162

第三节 广播电视工作者的职业道德 /163
一、职业道德的含义 /163
二、广播电视工作者职业道德的具体内容 /163

第十章 广播电视的经营

第一节 经营和经营环境 /166
    一、经营的含义和经营范围 /166
    二、经营环境 /167
第二节 广播电视的产业经营 /168
    一、广播电视的产业属性 /168
    二、广播电视产业经营的特点 /169
    三、广播电视产业经营的内容 /171
第三节 广播电视产业经营的目标及其实现 /173
    一、广播电视产业经营的目标 /173
    二、广播电视经营目标的实现 /174

参考文献 /177

后　记 /178

绪 论

导 言

● 本章学习目标：学生通过对绪论的学习，能够明确学习这门课的意义，了解广播电视发展史研究的历史和现状，树立正确的学习观念，培养对广播电视的热爱，为今后广播电视工作及改革服务。

● 本章学习难点：广播电视的基本含义，广播电视在社会生活中的历史地位，广播电视、广播电视学的概念。

第一节 广播电视事业概述

广播电视作为现代社会的一个重要组成部分，从兴起至今仅有短短几十年的历史，但它已经深入到了我们生活的方方面面。

第一，全世界每天无论昼夜都有数以亿计的人习惯性地打开收音机、电视机，了解发生在各地的新闻事件，获得对自己工作、学习、生活有用的信息；收听、收看科普节目，学习知识；欣赏音乐、戏剧、电影等各种艺术，进行娱乐消遣……无论是居家的家庭主妇，还是旅行在外的游人，无论是朝九晚五的工薪一族，还是在校学习的莘莘学子，广播电视都是他们不可缺少的密友。

有资料称，20世纪80年代中期，全世界164个独立国家和地区，只有两个欧洲小国——圣马力诺共和国和列支敦士登公国没有开办自己的广播（其国民收听邻国的广播），有158个国家和地区开办有独立的电视台或有电视服务；共有收音机14亿台以上，平均每3人有1台收音机；共有电视接收机6亿台以上，平均每7人有1台电视接收机。进入90年代，全世界收音机、电视机的社会拥有量有了更大幅度的增长：仅我国，1995年底统计，全国约有收音机1.8亿台，电视机2.8亿台。2005年底的统计数据显示，我国共有广播电台、电视台2548座，开办的广播节目、电视节目分别为2416套和1279套，有广播电视发射台、转播台6.6万座，微波线路10万千米，卫星收转站120万座，有线电视用户1.26亿户，电视机、收音机的社会拥有量分别达到4亿台、5亿台，广播、电视人口覆盖率分别为94.48%、95.81%。如今，听广播、看电视已经成为绝大多数中国人家庭生活中一个不可缺少的重要组成部分。

第二，近年来广播电视事业迅猛发展。据统计，全世界能自制节目的广播电台和电视台分别都有上万座，广播转播台和电视转播台均有数万座。到1996年底，我国拥有的广播电台、广播转播台分别为1244座、2299座，电视台、电视转播台分别为880座、40886座。而到2004年底，我国有广播电视播出机构2569个，共播出2355套广播节目、1255套电视节目，有中波、短波、调频广播电台和电视发射台、转播台7万多座，微波线路9万多千米，租用9颗卫星、39个转发器传输93套电视节目(境内62套、境外31套)、126套广播节目，卫星电视接收站80多万座，有线电视网络400多万千米，电视家庭用户3.4亿，有线电视用户1.15亿，我国电视用户数已占全球电视用户数的1/3。到2005年8月底，我国经国家广播电影电视总局批准的付费电视频道已达122套，已开播68套。我国还拥有200多家电影制片单位、3000多家城市专业影院，广播电视事业已逐步发展成为一个规模庞大的行业部门，拥有数额巨大的资产和数十万的从业大军。无论是在我国还是在世界其他国家，庞大的广播电视事业部门和与之相关的规模更大的电子工业，不仅是广大民众认识世界、了解世界的重要工具，也是千万人赖以生活、工作的场所，更是国家经济体系中不可缺少的一部分。

第三，广播电视是一种人们接触最为广泛的大众传播媒介。广播电视在新闻传播、意识形态宣传、社会教育、文化娱乐、信息服务等领域发挥着巨大的作用，占据着举足轻重的地位。随着时代的发展和社会的进步，在经济全球一体化和世界同步现代化浪潮的推动下，广播电视正以其独特的优势在社会生活中扮演着更加重要的角色，人们与广播电视的关系也更加密切。广播电视事业的发展以及它在整个社会物质文明建设和精神文明建设中产生的影响，与社会经济、文化的发展相互促进，成为社会进步和发展的直接推动力。

但人们对广播电视并不如想象中那样了解和熟悉。只有少数专业的广播电视工作者熟知广播电视事业内部运行的情况，社会公众中的大多数人每天仅是收听广播节目和收看电视节目。这些节目是从哪里来的？又是怎么让人们听到、看到的？人们对此并不十分了解，而且似乎也不怎么关心。人们只是希望能够听到或看到更多、更好的节目，了解到更多的信息，对广播电视的具体工作过程以及众多广播电视工作者为此付出的艰辛劳动却知道得不多。就连相当多的广播电视从业人员，也不一定懂得广播电视系统的工作原理和工作过程，对本岗位以外其他方面工作的有关情况也往往缺乏一定的了解，对广播电视事业的总体发展情况和运行情况更是知之甚少。

因此，人们需要加深对广播电视工作及广播电视事业发展情况的了解，专业的广播电视工作者更需如此。

广播电视是现代化的新闻传播工具，广播电视工作大体可分为编播工作、技术工作、经营管理工作三大部分。编播工作可细分为采访、编辑、文艺创作、播音和节目主持等，技术工作包括录音录像、编辑制作、播控、传送、发射、动力、技术保障及规划建设等，经营管理工作也有种种分工。这些分工将广播电视整个工作系统合理有序地分割成不同环节，体现出了不同岗位工种的专业特色。随着广播电视事业规模的不断扩大，依据现代化社会大生产的特点，岗位分工有可能越来越细，不同工种的专业特点和差别会更加明显。同时随着结构的调整和变化，某些专业岗位会出现相互融合的现象。无论分工更细也好，还是专业岗位之间融合也好,每一个岗位都是广播电视这一不停转动的庞大"机器"的不可缺少的零部件和"螺丝钉"。只有每一个零部件都发挥出最大功能,且相互之间密切配合,才能使广播电视这个"机器"更加有效地运转。

能够投身蓬勃发展的而且在社会生活中有着巨大和广泛影响的广播电视事业,值得每一个广播电视工作者骄傲和自豪。对广大的广播电视工作者来说,做好广播电视工作是时代的呼唤,是社会的要求,是祖国繁荣的需要,是党和人民的期望,更是每一个广播电视工作者义不容辞的责任和应尽的义务。

只有深入了解广播电视事业,真正热爱广播电视事业,才能做好广播电视工作。广播电视工作者应该对其所从事的职业有着浓厚的兴趣和深厚的感情,更应该有一种坚韧不拔的敬业精神,了解它,热爱它,自觉地投身于广播电视事业,做好广播电视工作,为广播电视事业的蓬勃发展贡献力量。

第二节 广播电视的基本含义

与我们的生活密切相关的广播电视究竟是什么?

广播电视可统称为"广播"。其中,只播送声音的称为"声音广播",简称为"广播";同时播送图像和声音的称为"电视广播",简称为"电视"。广播电视按电磁波的传导途径可分为无线和有线两大类。因此,广播电视又可细分为无线广播、有线广播、无线电视、有线电视四种。每一种又可按不同的技术特点再细分为若干种。比如,无线广播可按高频电磁波的调制方式分为调幅、调频等,可按电磁波的波长分为中波、短波、超短波等;有线电视可按传导的电信号和光信号(光波也是一种电磁波)分为电缆电视、光缆电视等;通过人造卫星在无线电磁波传输中起中继作用的又有卫星广播、卫星电视等。

根据广播电视不同的社会功能,人们往往从以下不同角度看待这一事物:

第一,广播电视是依赖现代电子技术传送声音、图像和文字信息的,而且拥有庞大的技术系统,因此人们把它作为通讯技术事业的一部分;

第二,广播电视在新闻传播方面发挥的无与伦比的作用以及它在新闻传播发展史上的独特地位,令人们把它作为新闻事业的一部分;

第三,广播电视可以是一种最为普及、通俗、方便的教育途径,并能够产生巨大的社会影响,于是人们把它作为舆论宣传和社会教育事业的一部分;

第四,广播电视以一种独特的也是最易为人们接受的艺术方式向人们提供信息、审美欣赏和娱乐消遣,为此人们把它作为文化艺术事业的一部分;

第五,广播电视不仅是与人类密切相关的一种精神生活方式,而且可以通过传播信息的方式促进社会物质生产,还能够直接创造经济价值,故人们把它作为信息产业的一部分;

……

我们必须从本质上认识广播电视，才能全面、深入地了解广播电视事业。

从纯粹技术和物理性能的角度看，广播电视是通过电磁波传导方式传送声音和图像的电子信息传播媒介，是一种电子通讯手段。作为现代电子学发展和社会需要的共同产物，广播电视是人们凭借电子音像技术有意识地建立的大众传播媒介，并向有需求的观众传送专门制作的声音和图像节目。因此，确切地说，广播电视是通过电磁波传导方式向特定范围播送音像节目的大众传播媒介。这是人们经过长期的社会实践形成的对广播电视的一种概括性的理解和认识。"通过电磁波传导方式"表明了广播电视的工作原理和技术特征，这包括人们可以采用任何所需的技术、介质和途径实现这一工作方式；"向特定范围播送音像节目"表明了广播电视的工作内容和根本目的，也说明人们不是无意识、无规则、无目标地传播无用的信息；"大众传播媒介"表明了广播电视的行业性质，说明它不同于普通的信息媒介和通讯工具。应该说，这三个方面结合在一起，就揭示了广播电视这一社会事物有别于其他相类似事物的独有的本质特征。

由广播电视所具备的功能和本质特征，我们可以看出，广播电视学广义上不仅包括电子技术和设备实际应用的理论，而且它是一门涉及面广、比较复杂的学科。它的建立与一些相对比较单纯的学科不太一样，它涵盖面广，与社会的很多层面都有联系。广播电视学应该建立在新闻学、传播学的基础上，并应与社会学、哲学、心理学等学科相互融合起来，真正消除边界。

可见，我们只有在日后的学习中横向了解与广播电视学相关的交叉学科，纵向把握广播电视事业的发展历史、现状与趋势，才能深层次地认识广播电视这一概念。

第三节　广播电视的历史地位

有人说，数字和音乐是人类两种最伟大的精神产品。前者仅用了10个阿拉伯数字和若干符号，就造就了一个无限的天地；后者仅用了5条线和7个音符加以变化、组合，就造就了一个美妙的听觉世界。与此相媲美的是20世纪30年代人类创造的用光电传播图像和声音的广播电视。广播电视的发明和运用是20世纪人类最伟大的科学技术成就之一，也是信息传播媒介的最伟大的变革。

人际间的信息传播是人类特有的社会现象，这种现象早在人类社会形成的同时就产生了。从原始社会到现代社会，信息是人类生存和进行一切社会活动的前提，只有信息在个人与个人之间、群体与个人之间、群体与群体之间流通，人类社会才能逐步形成。人的本质属性就在于其社会性，人们在共同的生产劳动和生活中结成了相互依存的社会关系。这种具有不同形式的并且一直在不断调整变化的社会关系产生了人与人之间思想交流和互通信息的需要，从而产生了信息传播的活动。人们不断地在生产活动和其他社会实践活动中大力发展社会生产力，同时也不断地推动文化的发展，不断地改进原有的信息传播方式，创造新的信息传播方式。在人类文明的漫漫历史长河中，信息传播的发展始终伴随着经济、文化的发展和人类社会的进步。

信息只有附着于载体上才有被传播的可能性,即信息传播活动必须有与其相适应的信息传播媒介。从古到今,随着社会生产力的发展,传播活动和传播媒介的发展经历了原始传播、语言传播、文字传播、印刷传播、电子传播五个主要阶段。

第一,原始传播阶段。

远古时代,在人类社会形成的同时就产生了原始的传播方式,这是信息传播的初级形态。

最初的信息传播活动就产生于人们共同的社会生活中,其中主要是共同的生产劳动。在语言产生之前的相当长的历史过程中,原始人用一些十分简单的媒介和传播方式沟通和传递一些简单的信息。这些方式有手势、体势、叫声、表情、烟火、鼓声、号角声以及图画、雕刻、结绳等。这些原始传播方式,不仅有一些至今还存在于一些原始部落地区,而且有一些在现代文明人的人际传播中也时常被采用。

第二,语言传播阶段。

语言的产生和使用是人类传播史上的第一次革命。

语言的产生同人类社会的产生一样,有久远的历史。语言是人脑思维高度发展的产物,是人脑思维发展所创造的工具,是人类认识客观世界的表现和方法。语言是思维的工具,是人类最重要的交际工具,也是人类用以传播信息的工具。用语言传播信息,使信息得以在语言共享的人们中间和区域里传播。用口头语言传播信息的特点是自由、灵活,具有最广泛的群众性,因此口头语言传播应用得十分广泛,从原始社会至今经久不衰。即便在大众传播工具十分发达的现代社会,口头语言传播依然是生产生活中最常用、最快捷的传播方式。除了个别人之间的口头语言传播外,一些诸如集会、报告、讲演等大众性、群众性的口头语言传播方式也非常普遍,通过口头语言传播信息的现象仍然无处不在、无时不有。

虽然口头语言传播在人类文明史上起到过积极的作用,并在很长时期是一个主要的传播方式,但口头语言传播在时间、空间上受到很大的限制,所传播的范围很小,所传播的信息也不能长久地保存,在传播过程中又有很大的失真性,信息容易走样。因此,这就呼唤新的传播方式的出现。

第三,文字传播阶段。

文字的发明和运用是人类传播史上的第二次革命。

随着语言的发展,在长期的社会劳动实践中,人类创造了文字,并且发明了用来书写和承载文字的工具。人类的信息传播活动又开辟了一个新的天地,从语言传播阶段进入文字传播阶段。

最早的文字出现在奴隶制社会初期,即国家产生时期。中国古代的金文和甲骨文、古埃及的纸草文字、幼发拉底河下游苏美尔人的楔形文字、古印度的印章文字,各自在不同的地方先后独立地被创造出来。

由于声音具有无形、无态、转瞬即逝的特点,因此很难把握。文字克服了语言等原始传播手段在时间、空间上的局限性,它能把语言及其他各种手段表达的信息记录在各种对应的载体上,传播给口头语言传播等原始传播手段所能波及的范围以外的人们。正是由于文字符号比转瞬即逝的声音符号耐久得多,因而可以把信息"传于异地,留于异时"。同时,文字传播比口头语言传播更为准确可靠,也可把记录的信息长期保存下来。因此,在人类社会相当漫长的文字传播阶段,书信及各种体裁的文章、手抄书籍、石碑、壁画等各种载体记录的文字信息不仅在个别的小范围的人之间传播,还往往可以在更大范围内供人阅读、流传并保存于世。更为重要的是,文字的发明和运用极大地增强了人们驾驭自然的能力。文字传播的开始,标志着人类原始时代的结束和文明时代的开始。

第四,印刷传播阶段。

印刷术的发明和应用是人类传播史上的第三次革命。

印刷术和造纸术一样,都是我国古代的伟大发明。晚唐时期(公元9世纪),雕版印刷在我国已经广泛流行。宋代庆历年间(公元1041—1048年),毕昇发明了胶泥活字印刷术,对后来世界印刷术的发展产生了重大影响。继毕昇之后,朝鲜人于15世纪初发明了铜活字和字模铸造技术。德国人古登堡又于公元1437—1445年间对金属活字的铸造和金属活字版作了进一步的改进,并首先制成了可以代替手工印刷的木质印刷机械,使印刷术的应用技术更加成熟。印刷术被广泛应用到人们的信息传播事业当中,人类的传播史又掀开了新的一页。

印刷术的发明和应用为文字传播插上了腾飞的翅膀,使文字信息得以大量复制并更广泛、更大规模地迅速传播。印刷术的广泛应用使信息传播的成本大大降低,信息生产的效率大大提高,使人们获取信息的渠道越来越多,这深刻地影响了人类的精神生活和文化发展以及新闻传播活动的发展。

在欧洲,为促进知识和思想的传播,印刷术首先被用于印刷《圣经》和其他相关书籍。随着印刷时代的到来,原来被封建统治阶层和宗教势力垄断的文化知识在民间扩散开来,而且新知识、新思想、新教派得以广为传播,使社会改革成为不可遏止的潮流。同时,印刷术又被直接应用于新闻传播,为近代新闻报刊的产生创造了条件。

随着印刷术的应用,早期报刊出现了,原来的文字传播方式从量的大幅度增加进而发展到了一个质的飞跃。它标志着人类的传播活动从局限于个别人的亲身传播、群体传播发展到以面向整个社会为目的的传播,即大众传播。

报刊印刷的大规模发展,使人类的新闻传播事业随之变得社会化,进而演变成一种事业。报社、通讯社等一些专门的新闻传播机构应运而生,新闻记者、报纸编辑、报刊发行人等逐渐成为不断壮大的特殊职业群体,并越来越为人们所熟悉,新闻传播也因此而发展成为一个庞大的行业。

第五,电子传播阶段。

以广播电视为代表的电子大众媒介的发明和运用是人类传播史上的第四次革命。

随着现代电子科学的兴起,继人类发明了电话和电报之后,20世纪初到20世纪30年代,利用无线电磁波传送声音和图像的试验先后在一些国家获得成功,广播和电视也相继诞生。作为现代电子技术发展和社会需要的共同产物,广播和电视一经出现,便在人类传播史上激起了热潮,将人类信息传播活动发展到了一个全新的阶段,即视听结合的电子传播阶段。

广播电视作为无处不在的传播媒介,已经渗透到当代社会的方方面面。广播可以通过声音传播信息,电视不仅可以通过各种声音传播信息,而且可以通过大量真实、丰富的图像传播信息,并且声音和图像可以同步传播。因此,广播电视大大扩展了人类对信息的接收渠道。广播电视传播不仅进一步摆脱了时间、空间的限制,传播范围更加广泛,传播时效大大增强,同时它传播的信息的多样性和密集程度也大大增强,而且作为一种更为生动形象的传播方式,它更容易为人们所接受。相对于原已存在的各种信息传播方式而言,广播电视不仅是"看"和"听"这些简单的信息传播方式的延伸,更是一个伟大的质的飞跃,它使原有的信息传播方式发生了巨大的变化,并对人类的社会生活产生了强烈的吸引力和具有震撼力的影响,广播电视也因此成为世界上最普及、最受欢迎同时也最有影响力的大众传播媒介。

广播电视的高速发展,给新闻传播方式带来了变革,也使人们的社会生活发生了并日益发生着新的层出不穷的变化。据统计,西方人从12岁时起每天平均看电视接近4个小时;到18岁时,他们在电视机前度过的时间仅次于睡眠时间,比在课堂上的学习时间还要多;到了65岁,他们生命中就有9年的时间用在看电视上。著名传播学者施拉姆曾说过,广播电视的出现让大众传媒占据了人们醒着时间的1/3,不仅改变了人们对闲暇时间的使用,也改变了人们对媒介的使用。广播电视的发明和运用拉开了信息革命的序幕,标志着人类社会向信息时代迈出了关键性的一步。

第四节　广播电视和广播电视学

广播电视是一种社会影响巨大的大众传播媒介,它的诞生颠覆了人类几千年来传统的信息传播方式。可以说从诞生的那天起,广播电视就不断引起人们的关注,人们也从科学的角度对它进行了全方位的由浅入深的研究。在长期的实践中,人们从物理性能上不断研究、探索如何提高广播电视这一传播媒介的技术水平,同时不断总结广播电视工作及广播电视事业发展的规律和特征,不断加深对广播电视的认识。

人们对广播电视工作及广播电视事业的认识包括以下四个层次。

第一个层次,认识以广播电视节目为主体的单一的传播活动。节目是广播电台、电视台的最终产品,是广播电视传播活动的因子,也是广播电视工作的核心。节目的传与受是其承载信息的流与通,是传播活动的具体体现。通过对节目内容及其构成要素、美学特征、表现形式的认识,通过对节目的采、编、导、播、制及相关各方面、各环节的业务活动的认识,通过对上述相关的技术、技能等进行概括的或具体的分析、研究,人们能够形成对广播电视工作的基本认识。

第二个层次,认识广播电视节目的制作者和接受者。制作者是指广播电台、电视台的记者、编辑、播音员、节目主持人、导演、演员及各类业务技术人员等相关工作人员。接受者是指广播电视节目的受众,即听众和观众。作为广播电视传播过程的出发点和目标,制作者和接受者是一个完整的传播活动的起点和终点。从传播学的角度考察,虽然实际上传播者应该是指广播电视机构,并不限于指节目的制作者,但具体的传播内容,也就是节目内容以及节目所要表现和传播的信息却是出自于节目的制作者。所以,通过对节目的制作者的业务活动及群体结构、职业要求以及培养、管理问题的研究和对观众的活动规律、心理状态、信息反馈等方面的研究,人们可以形成对广播电视传播活动的完整认识。

第三个层次,认识广播电视事业经营管理的方向。首先,要认识作为广播电视事业最为直观、最为重要的传播实体,即直接面向观众进行传播的广播电台、电视台;其次,要认识广播电视事业的形成、发展、演变的历史以及现状,认识广播电视系统的内部结构、运行机制和纵横关系以及管理问题、发展趋向问题等。

第四个层次,认识广播电视与外部社会环境的关系。广播电视突破了时间和空间的限制,涉及社会生活的方方面面,影响到大众生活的每一个细节,因此认识广播电视与外部社会环境的关系是研究广播电视传播很重要的一个方面,如广播电视与社会经济、国际关系、文化构建、法律普及、社会舆论等各方面的关系等。

广播电视学在广播电视媒体迅速发展的同时,综合人们对其几个层次的认识,正在逐步形成一个完整、独立的新学科。广播电视学是一门综合性、实践性很强的应用科学,既有自己独有的特征,又与众多的相关学科有交叉。一个学科一个体系,要建立一个完整的学科体系一定要有开阔的视野、发散性的思维,这样才可以充分吸收和利用其他相关学科的成果,不断拓宽和发展本学科。就我国的实际情况来看,广播电视学还在初创阶段,广播电视工作者正在通过自己的实践和理论探索,建立和发展广播电视学理论。

广播电视是一种媒体,能传播人们关注的各类信息,其传播的内容与新闻学有着密切的联系。广播电视学是在新闻学和大众传播学的基础上产生的,故应结合其历史渊源、发展规律,同时融合这两门学科的部分研究成果和研究方法来界定广播电视学。另外还要注意,广播电视学又和新闻学、大众传播学有明显的区别。

广播电视学与大众传播学有着共同的渊源,它们都是在以广播电视为代表的现代电子大众传播媒介为研究对象的基础上建立和发展起来的。但从学科分类的角度考察,大众传播学的研究对象已扩展到各种大众传播媒介。所以按媒介划分,广播电视学和报纸学、电影学等一样属于大众传播学的分支学科。

人们习惯性地认为,广播电视学是新闻学的一部分。这是一种误解。从历史发展情况看,早期新闻学主要以报纸这一最早的新闻传播媒介为研究对象,也就是"报学"。广播和电视相继问世以后,早期被应用于传播军事、政治、经济等关系到国计民生的新闻,因此自然成为新闻学研究的一部分。但广播电视发展至今,其多功能的特点日渐突出,早已远远超出新闻传播的范畴。广播电视节目中占绝大多数的新闻以外的文艺、教育、服务等各种内容显然不能单单作为新闻学研究的对象。因此,按传播内容划分,广播电视学可分为广播电视新闻学、广播电视文艺学、广播电视教育学等若干个分支学科,逐渐形成了自己完整、独立的知识体系。而新闻学是主要以新闻传播为研究对象的跨媒介的独立学科。广播电视学和新闻学既有交叉而又相互独立,二者不能相互包容,更不能相互取代。

第五节 本书的主要内容及学习要求

对每一个广播电视工作者来说,学习广播电视学的理论知识、掌握广播电视的操作技术是基本的要求。因此,本书综合人们对广播电视四个层次的认识,以提高广播电视工作者的理论水平、业务素质为目的,将广播电视工作者应知、应会、应了解的东西,整理、归纳成一个新的体系。

本书是"概论",就是力图以马列主义作为指导思想,从理论与实践相结合的角度,简明概括地向广播电视工作者介绍广播电视产生、发展的基本原理、规律和特点,介绍广播电视工作的基本原则、要求和方法。本书的编写内容特别突出了中国广播电视具有中国国情特点和要求的特殊性的一面,同时揭示了世界广播电视事业发展共有的媒介发展规律和特有的学科特征。

本书的编写目的是:

(1) 希望通过对本书的阅读、学习,广播电视工作者能够对广播电视事业的兴起、发展和趋向有一个清楚的了解,对广播电视各方面的工作有一个比较全面、透彻的把握,对我国广播电视事业自延安广播诞生到现在中国人民的广播电视事业这几十年发展的历史经验和光荣传统有比较深刻的认识,由此而树立崇高的职业自豪感,并能够全面运用马列主义的立场、观点、方法看待广播电视事业和广播电视工作,树立正确的事业观和专业观。

(2) 希望通过对本书的阅读、学习,广播电视工作者能够了解和掌握马列主义新闻学、舆论宣传学的一些基本观点,及时传达党、政府和人民群众的声音,担负起建设良好的舆论环境、维护大局稳定的重任,并能够正确运用这些基本观点以及辩证唯物主义和历史唯物主义的基本原理,分析、认识、处理实际工作中遇到的问题。

(3) 希望本书能唤起每一位广播电视工作者对广播电视学的研究兴趣和理论意识;能为刚刚进入广播电视队伍或已有一定广播电视实际工作经验的同志跨进广播电视学的大门引路搭桥,能为今后大家进一步钻研广播电视理论和进行业务实践打下一个良好的基础。

本书的基本学习要求是:对一些应知、应会的内容,要熟知和牢记,其中包括基本观点、基本概念、基本史实、基本数字等;对一些基本原理,要真正搞懂弄通;对一些业务技能技巧知识,要在一定程度上掌握。此外,阅读、学习本书还有以下几点要求:

(1) 要树立正确的学习态度,运用正确的学习方法。要善于通过分析事物的现象,了解和掌握事物的本质。要敢想敢做,勇于探索前人没有到达的学科领域。

(2) 广播电视学是涉及面很广的学科,与历史学、文学、政治学、经济学、社会学、心理学、艺术学、电子工程学等多种学科都有交叉,这就要求要将这些相关学科的知识和理论研究成果进行融会贯通。

(3) 广播电视学又是一门实践性很强的学科,因此必须坚持理论联系实际的原则,结合广播电视工作实践中的问题进行有针对性的学习和研究。对一些业务技能技巧知识,不仅要"知其然",还要"知其所以然",更要通过观摩、见习和亲身实践的方式进行学习。

（4）在阅读和学习本书的同时,对已经学习过或有所了解的广播电视基础和专业知识可以进行系统的回顾和重温,对一些已知的不同观点和说法等也可以进行比较式、对照式的学习,以区分真伪,辨别正误。更有必要通过广泛涉猎有关的学习资料,多方面收集信息,充分开阔视野,丰富知识积累。

（5）不仅要学习和掌握广播电视工作知识,更重要的是要了解、学习广播电视工作的优良传统和作风。要真正通过学习,牢固地树立广播电视工作者的职业自豪感和责任感,培养敬业精神和职业道德。

思 考 题

1. 什么是广播电视?
2. 广播电视具有怎样的历史地位?
3. 如何认识广播电视这一事物?
4. 广播电视学是一门科学吗?为什么?
5. 广播电视如何改变了信息传播的传统模式?

延伸阅读书目

1. 赵玉明.中国广播电视通史[M].北京:中国传媒大学出版社,2004.
2. 叶子.电视新闻学[M].北京:北京广播学院出版社,1998.
3. 刘宏.电视学[M].北京:中国传媒大学出版社,2006.

第一章 广播电视事业的产生和发展

导　言

●本章学习目标：学生通过本章的学习，能够掌握广播电视事业的兴起过程和发展历史，了解我国和当代世界广播电视事业的现状，明确广播电视事业今后的发展趋势，在学习过程中能够用历史的、发展的眼光看待广播电视学这一新兴学科。

●本章学习难点：广播电视事业发展的基本史实，我国广播电视事业发展史，当代世界广播电视事业发展现状。

第一节　广播事业的发展历史

一、广播的发明和运用

广播是在现代电子技术的基础上发明和产生的，特别是电声技术和无线电通讯技术，催生了广播的出现。先产生了有线广播，后产生了无线广播（或叫无线电广播）。

从技术角度看，有线广播源于1876年诞生的有线电话。这一年，美国人亚历山大·格雷厄姆·贝尔发明了有线电话机。1880年，俄国人奥霍罗维奇成功研制了一种特殊的播音设备，用导线把剧院里的音乐节目传输了出去。1890年夏天，美国萨拉托加的大联盟旅馆里，有800人通过电话欣赏了在梅蒂逊广场花园举行的音乐会以及其他地方传送的舞曲和朗诵等。1893年，匈牙利人西奥多·普斯卡发明了"电话报纸"，可以把布达佩斯市700多条电话线连接起来，定时报告新闻。有线广播从此诞生，距今已100多年。

无线电广播在技术上源于现代无线电子学和无线电通讯中的发明。它集中了好几个国家的许多科学家和工程技术人员的智慧，是他们经过长期的探索、研究、实验而创造出来的。在它的发明过程中，无线电磁波的发现、无线电通讯的实现和无线电磁波负载声波的成功这三件事具有划时代的意义。

英国科学家詹姆斯·克拉克·麦克斯韦和德国物理学家海因里奇·鲁道夫·赫兹的科学成就为把电报、电话从有线推进到无线阶段及无线电广播的发明做了理论上和实验上的准备。

1864年,麦克斯韦提出了存在无线电磁波这一猜想,他在多种学科中都有重大贡献,存在无线电磁波这一猜想是他在电磁波理论的研究中提出的。1873年,在《电磁论》一书中,麦克斯韦预言,由于电磁波以每秒30万千米的速度传播,人们可以在相距遥远的两地之间建立起瞬时可达的通讯联络。后来,麦克斯韦被公认为"无线电之父"。

1888年,赫兹用实验证实了麦克斯韦的预言,并进而找出了测量电磁波波长的科学方法。人们以赫兹的名字作为无线电频率的计量单位,无线电磁波也曾一度被称为"赫兹波"。

俄国的物理学家亚历山大·斯捷潘诺维奇·波波夫和意大利的发明家卡格列谟·马可尼为无线电通讯进入实用阶段作出了重要贡献。他们几乎同时分别完成了无线电收发报机的发明。

波波夫从1891年起开始从事无线电通讯的研究,1895年5月7日,他在彼得堡物理化学协会物理学部年会上报告并表演了他研制的一架无线电接收装置"雷电指示器"。第二年,他又实验成功了海上船舶间的无线电通讯联络,距离为250米。1900年,他制作的无线电收发报机的发射与接收的范围已经达到148千米。同时,他研制的无线电报设备开始用于俄国海军军舰的通讯联络。

马可尼于1895年9月成功地进行了无线电磁波传输信号的实验。1896年2月,他赴英国,在邮政总局公开表演成功后,获得了无线电专利。1897年,他组建了无线电报公司(后更名为马可尼公司),从事无线电器材的制造。马可尼的一系列实验,推动了无线电通讯的实际运用。1899年3月28日,他从英国向法国发送电报成功。1901年12月,他首先成功地进行了横越大西洋两岸的远距离无线电通讯实验。到1903年,他协助欧洲一些国家建立了48个海岸电台,用于航海通讯。1909年,马可尼获得诺贝尔物理学奖。

随着无线电报的广泛运用,人们为了实现远距离直接传送声音的梦想,开始进行无线电话的实验。雷金纳德·奥布里·费森登是为这个梦想而奋斗的人中的第一位成功者,他是加拿大人,在美国匹兹堡大学物理系执教并兼任西屋电气公司的工程师。他在马萨诸塞州布兰特岩城设立了实验室,进行艰苦曲折的探索与实验。在1906年12月25日圣诞节之夜,费森登主持进行了无线电广播实验。那天晚上8点钟左右,航行在大西洋西海岸的一些船上的报务员从耳机里突然听到了人的说话声,广播时间很短,不过几分钟,是《圣经》中的圣诞故事的朗读声,接着是小提琴的演奏声和德国作曲家韩德尔《舒缓曲》的声音,最后是"祝大家圣诞节快乐"的人声。这次实验性广播一般被认为是第一次成功的广播。无线电声音广播从此诞生。在此之前,波波夫和在美国的意大利科学家李·德弗莱斯特也分别进行了无线电传送语言的实验。

德弗莱斯特从1903年开始致力于用无线电传送音乐的研究与实验,他是一位物理学家、无线电研究者,还是一位音乐爱好者。1906年,德弗莱斯特发明了三极真空管,并凭此项发明于1907年获得专利,这是无线电技术及广播技术的一项突破。1908年,德弗莱斯特从法国巴黎著名的高达300多米的埃菲尔铁塔上成功地用无线电播放了音乐。1910年,他和费森登合作在美国纽约大都会歌剧院通过无线电广播实况转播了意大利男高音歌唱家卡鲁索主演的歌剧。

第一章　广播电视事业的产生和发展

广播的实际运用和广播事业的产生、发展是在晚于无线电广播实验十几年的20世纪20年代初才开始的。这客观上的原因是第一次世界大战使一些研究工作陷入停顿状态,技术设备不过关,特别是接收工具简陋、笨重,无法更广泛地付诸实际运用,但主要原因是人们当时对广播的作用以及它和自己生活的关系还缺乏认识,少数无线电爱好者也只认为它是可供娱乐的玩意儿。

美国马可尼公司25岁的无线电报务员戴维·萨诺夫因在1912年世界闻名的"泰坦尼克号"邮轮海难事件中迅速、及时地收转救难消息而赢得了人们的尊敬。1916年,他向公司领导人提出一个建议:要使无线电广播进入人们的家庭生活。在改进无线电接收装置的建议中,他提议把现有的笨重的收音设备改制成一种有几个波长可供选择的无线电收音盒。由此,"音乐盒"收音机诞生了,它推动了广播的普及,使广播与人民群众的实际生活密切地联系起来了,也促进了广播事业的产生与发展。

二、广播事业的初兴

随着广播发送与接收技术的发展与改进,从1909年开始,美国就相继出现了各类不同性质的实验性广播电台,分别不定期地播放音乐、市场行情、气象报告等内容。

1920年9月,西屋电气公司当权者戴维斯根据美国联邦政府1912年无线电法令的要求,提出开办商业广播电台的申请,以期望大量销售收音机。同年10月27日,戴维斯获得美国联邦政府商业部颁发的商业广播电台营业执照,并被批准使用KDKA这一呼号。同时,戴维斯征得匹兹堡《邮报》的同意,将该报的新闻通过电话向KDKA广播室传送播出。1920年11月2日,匹兹堡KDKA广播电台广播的第一个节目,是报告哈定和柯克斯两人竞选总统的选举结果,开票统计数字被及时地播送出来,广大选民聚集在公共扩音器前收听最新的消息。这引起了一场轰动。KDKA广播电台虽然不是美国最早开始播音的电台,在它之前至少有10座电台进行了实验播音或定期播音,报道宗教宣传、选举情况、市场行情、气象预报、体育新闻并实况转播歌剧等,但由于KDKA广播电台是第一个取得营业执照的商业广播电台,所以它就成了美国历史上第一座正式的广播电台,也被公认为世界上第一家正式的广播电台。

此后,美国开始大批兴办广播电台,掀起了一股办广播热。无线电广播器材生产企业的老板们最为积极。他们把建立广播电台作为一种商业工具和手段,借此推销自己生产的收音机和其他广播器材,经营"收费广播"和广告业务以牟取利润。到1922年,仅KDKA电台建立后的一年多时间里,从美国联邦政府商业部取得营业执照的商业广播电台已多达500多座。至此,美国的广播事业进入初兴时期。

1922年夏,苏联在莫斯科建立了世界上功率最强的广播电台,于11月开始播音。同年,法国巴黎将无线电台设在埃菲尔铁塔上,英国广播公司也在伦敦正式开播。1923年至1924年,比利时、德国、加拿大、新西兰、中国、日本等国也相继建立了广播电台并开始播音。到1930年,无线电广播几乎遍及全世界。从此,广播成为一种新兴行业,无线电广播以其先进的信息传输方式加入了世界新闻媒介的行列,引起了人们的普遍关注,并在社会生活中产生了巨大影响。

广播的发明及运用是大工业和信息技术发展的结果,是社会生产力水平高度发展的标志,也是社会物质文明成就的重要体现。作为一种新型的文化事业和意识形态工具、大众传播工具,广播不只是一个单纯的自然科学发展的成果,还是社会的产物。广播事业的形成取决于各种社会条件和多方面直接的、间接的因素。广播是时代的产物,电子技术的进步和发展,是广播事业产生和发展的重要物质条件,而广播事业兴起的最直接、最根本的动因是社会经济、政治和思想诸方面的需要。在不同的社会制度中,广播事业的产生动因有明显的不同:在资本主义社会里,以商业利益的需要、资本所有者借以谋利的需要为首;在进行社会革命的国家里,则以社会革命的需要、革命者借以推动社会改革的需要为首。所以,广播事业在20世纪20年代产生时期,在已经建立了人民政权的苏联就和在美国具有完全不同的发展历程。

三、无产阶级广播事业的建立

苏联不仅是世界上第一个成功地进行了无产阶级革命并建立了社会主义制度的国家,还是无产阶级广播事业的发源地。从20世纪20年代起,无产阶级广播事业伴随着苏维埃政权的巩固和社会主义制度的建立,经历了极其艰难的历程,从无到有,生机勃勃地发展起来了。

20世纪初,俄国已经开始应用无线电通讯技术,此技术在十月革命期间发挥了重要作用。1917年11月6日,革命军事委员会通过"阿芙乐尔"号巡洋舰上的无线电台命令彼得堡地区的革命武装力量做好战斗准备,给反动军队以致命的打击。第二天,"阿芙乐尔"号巡洋舰上的无线电台播发了列宁的《告俄国公民书》,宣布俄国政权已经转入苏维埃手中。这是无线电通讯在历史上第一次被无产阶级使用。

苏维埃政权建立以后,无线电广播的研究和广播事业的创建工作受到以无产阶级革命导师列宁为首的布尔什维克党的异常重视。在早期苏联无线电广播的整个创建过程中,列宁对广播实验、广播宣传工作及广播事业的建立的许多重要指示都是先后通过书信和电报发出的。布尔什维克党和新生人民政权的正确领导及大力支持,为无产阶级广播事业的建立和发展奠定了坚实的基础,铺平了宽广的道路。

1918年春天,列宁建议划定一批无线电讯台,用来播发政治新闻。同年8月,苏联在下新城(后改名为高尔基市)建立了一个无线电实验所。它是苏维埃政权所创建的第一批科学研究机构之一。该所得到列宁的大力支持,在帝国主义国家对人民政权实行经济、政治和技术封锁的困难情况下,独立自主地进行了无线电广播的实验研究。主持该所研究工作的邦契—布鲁耶维奇教授曾写道:列宁的名字和无线电实验所有着历史的联系,他非常懂得无线电在未来的意义。1918年12月,下新城无线电实验所用其制成的20瓦功率的无线电广播发射机进行实验性广播,许多城市收到了它的节目。1919年12月,第一次无线电语言广播由实验所从下新城向莫斯科发送。1920年2月5日,列宁在给邦契—布鲁耶维奇的信中说,邦契—布鲁耶维奇所创造的不用纸张、没有距离的报纸,将是一个伟大的事业。列宁还认为用广播"进行宣传和鼓动",将给革命事业"带来巨大好处"。在列宁的提议下,苏维埃政权决定,尽快在莫斯科建立一座中央无线电话台。1920年秋季,莫斯科"火登卡"电台建成,后改名为十月电台,它被称为"俄国革命的'喉舌'"。1922年9月,莫斯科12千瓦的中央无线电话台开始播音,并于9月17日第一次成功地播出了大型音乐会。1922年11月7日,中央无线电话台被命名为"共产国际广播电台",并正式开始播音,它是当时世界上最大的广播电台。一般认为,1922年9月17日是苏联广播事业的诞生日。此后,苏维埃俄国又在全国陆续兴建了一批广播电台,广泛的收音网和有线广播网逐渐遍布各地,无产阶级广播事业迅速发展起来。

苏联社会主义广播的诞生翻开了无产阶级广播事业的发展历史,开创了无产阶级思想和文化宣传的新纪元。伟大的革命领袖列宁,作为无产阶级广播事业的导师和奠基人,不仅亲手扶持了无产阶级广播事业的建立,而且以其光辉的思想为无产阶级广播学的建立作出了不可磨灭的理论贡献。

四、广播事业的全面兴盛

就世界范围来讲,20世纪20年代是广播事业的开创时期,30年代是广播事业全面兴盛的时期。在各国争办广播的热潮中,美国广播事业的发展较为突出。

第一,美国政府制定了最早的广播管理法规。20世纪20年代初期,美国政府规定,一个城市中的商业广播电台只许使用一个频率。这就激发了一城多台互相侵占时间、互相干扰的矛盾和冲突。在电台越来越多、竞争越来越激烈的压力下,电台开始不择手段擅改频率,虚假广告也更加猖獗。在广播秩序混乱、听众被激怒的情况下,美国国会于1927年通过了《广播法案》,规定电磁波频率资源属官方所有。国家允许私人企业办台,但经营者必须向政府申请领取经营执照,并保证为公众利益服务。政府给各台规定频率和若干准则,同时设置了一个联邦广播委员会,负责法案的执行。经过如此整顿,广播秩序大为好转。1934年,美国国会又制定了包括电话、电报在内的《联邦通讯法案》,并依照法案设置了联邦通讯委员会(FCC),替代了联邦广播委员会。1941年,联邦通讯委员会又制定了《广播联营条例》,对垄断性的广播机构进行限制,这项条例也称"反垄断法"。

第二,新兴广播在与报纸、通讯社的竞争中,赢得了历史性的独立地位。面对广播的蓬勃发展,报纸和通讯社联合起来对抗广播以防失去新闻传播的优势。1933年3月,美联社、合众社及各家报纸联合成立广播报业局,以限制广播的新闻节目和新闻来源。但这种限制违背社会进步的潮流,所以没有实行多久就因民众的反对而告吹了。各广播电台特别是大都市的广播电台,开始自行派记者实地采访新闻,还筹办自己的广播通讯社。在与报纸、通讯社的新闻角逐中,广播的独立性以及声誉和影响与日俱增。

第三,广播网逐渐形成。1926年6月,美国成立了"全国广播公司"(NBC),并分别组建了"蓝色"(WJZ,包括14座电台)和"红色"(WEAF,包括26座电台)两个广播网以联播节目。1927年,"哥伦比亚广播公司"(CBS)成立,这个由一些独立小台组成的公司建立了自己的广播网并向NBC挑战。到1938年,这两家广播公司垄断了全美广播事业的大半部分。自两家广播公司成立和广播联网实现后,各地发生的重大事件可以迅速地传播到四面八方,广播传播新闻的优势得到充分的显现,这在美国新闻史上具有划时代的意义。1943年,由于《广播联营条例》规定一个广播组织在同一地区、同一时间内只能经营一个广播网,全国广播公司被迫出售其所拥有的"蓝色"广播网。被出售的"蓝色"广播网被重新组建为美国广播公司(ABC),与 NBC 和 CBS 形成美国广播业的"三强"。为争取听众和广告客户,三大广播公司展开了新的更激烈的竞争,从而将美国的无线电广播事业推进到"黄金时代"。20 世纪 30 年代,经济大萧条,广播业却生意兴隆,花样百出的广播节目深受听众欢迎,收听广播成为美国人一项重要的家庭活动。

第二次世界大战期间也是广播事业发展的"黄金时代"。二战前夕新闻联播诞生了,二战中广播评论和现场报道产生了。广播新闻在二战中达到高峰,伦敦大轰炸、珍珠港事件、罗斯福的演说、盟军在诺曼底登陆、日本投降等重大新闻,通过广播传向全世界,广播因此声振全球。

从 20 世纪 20 年代起,其他一些国家的无线电广播事业也有了较大发展。虽然许多国家的广播事业发展因第二次世界大战的影响和破坏而中断、停滞,但二战以后,各国又都积极恢复了国内无线电广播事业的发展。

1924 年 10 月,苏联建立了国营的全苏广播机构——无线电股份有限公司,归邮电人民委员部(后为邮电部)管辖。1928 年,该公司由新成立的全苏广播委员会替代。1933 年,全苏广播委员会又改为苏联人民委员会直属的全国广播委员会。到 1940 年,苏联广播电台发展到 90 座,收音机达 110 万台,20 世纪 60 年代初和 70 年代初又分别发展到 407 座和 430 座,收音机的数量也从 740 万台发展到 4300 万台。

1922 年 12 月,英国成立英国广播公司,1923 年 1 月由政府颁发正式营业执照,当时由马可尼公司等 6 家公司合资经营商业广播电台。1926 年 7 月,政府的"收听委员会"建议由政府收买该公司,建立"公营"广播电台,以控制广播内容。原英国广播公司根据英王颁发的《皇家约章》解散,于 1927 年 1 月 1 日成立了新的英国广播公司(BBC),由政府颁发特许证,成为"公营独占事业",由邮政大臣负责监督其经营政策和节目内容,国王任命其最高管理机构管理委员会。1927 年,全英听众约为全国人口的 80%。1929 年,英国第一座地方电台建成并开始播出地方性节目。第二次世界大战爆发后,英国国内广播的发展中断,政府新成立的宣传部领导英国广播公司,紧缩对国内广播,加强对国外尤其是对欧洲的广播。1944 年,英国广播公司每天用 39 种语言累计广播 109 小时,战时宣传活动达到顶峰。1945 年,公司恢复中断的节目。1946 年,宣传部被取消,公司仍归邮政大臣监督领导,并陆续在全国各地建台。到 1959 年底,BBC 在国内共有 78 座广播电台,英国 99%的人口能听到它的广播。

法国于 1922 年 2 月由邮电部正式成立巴黎广播电台。1923 年 6 月,法国制定了《广播法》,宣布广播业为国家专有,私人无权设立电台。但在建立国营广播网的同时,邮电部以法律特许的形式允许某些私营台建立,到 1936 年法国还有 12 个私营广播公司。1939 年 7 月,法国政府通过法令,将广播和邮电分开,成立广播委员会,由国民议会议长主持。第二次世界大战使法国的广播事业遭到极大破坏。巴黎解放后,政府接管了所有的私营电台,垄断广播。1945 年,法国正式成立法国广播电视公司(RTF),取消了私营电台。二战后,广播得到迅速发展,20 世纪 50 年代,法国对内建成 4 套全国性广播网,广播覆盖全国人口的 98%。

1925 年,德国帝国广播公司成立。从 1933 年至 1945 年,希特勒控制了德国的广播事业。第二次世界大战后,德国分成民主德国和联邦德国两部分。民主德国效仿苏联的国营广播体制,由国家广播委员会领导广播事业,其下属有德意志民主共和国电台等4座广播电台。联邦德国的广播事业实行公有公营制度,既独立于政府,又不属于私人,共有10座广播电台。

在意大利,广播事业始于1924年10月,当时有两座广播电台。意大利广播公司(URA)于同年12月成立。1927年,URA改名为意大利广播收听局(EIAR)。之后意大利每年都建新台,至1937年已有3个国内广播网。1939年,意大利国内收音机总数达117万台。第二次世界大战末期,意大利广播事业损失严重,第二次世界大战后重建。

1924年11月,日本在邮政省监督下成立了中央放送局,并在东京等地设立广播电台。1925年3月22日电台正式开播后,中央放送局改为日本广播协会(NHK)。NHK是国家经营的非营利性组织,经费主要是收音机的执照费。1928年11月,日本建成全国广播网。1935年4月,全国性节目开播,6月国际广播开播。1940年5月,日本全国收音机达500万台。1951年,日本私营商业电台开始设立。1952年8月,日本全国收音机已达1000万台。

五、其他广播形式的发展

1. 调频广播

从1923年开始从事调频广播研究的美国科学家阿姆斯特朗,在1933年取得研究进展,调频广播技术达到实际应用的水平。1940年,美国政府准许设立调频广播电台,但随后又因参加第二次世界大战,暂停颁发开办调频广播电台的执照。但到1942年为止,全美国仍有30座调频广播电台。二战结束后,美国又开始颁发调频广播电台营业执照。1965年,美国调频广播电台达到1525座,1970年达到2580座,1975年达到3353座。在所有的美国大城市中,调频广播都多于调幅广播。

美国以外的各国,有的自行研制,有的引进,也逐渐发展起调频广播。

2. 有线广播

有多年有线广播历史的苏联是有线广播最发达的国家之一,其有线广播在卫国战争中发挥过很大的作用。苏联境内,有线广播的普及率与覆盖率很高,可达到全国人口的97%。德国早在20世纪30年代就利用电话网络建立了有线广播网。法国紧随其后,效仿德国建立了有线广播网。瑞士、瑞典、奥地利等国家于50年代初期建立了有线广播网。1958年,意大利新建的有线广播利用城市的电话网广播。70年代初期,西班牙建立大型有线广播,在马德里和其他城市为75万个用户服务。英国和荷兰也都建立了有线广播,且可以传送多套立体声广播节目。日本则一直把有线广播作为地区性广播的一种手段,用以促进农村和渔村的发展。美国和加拿大已经发展出集有线广播、有线电视和信息网络为一体的综合服务系统。

3. 对外广播

对外广播指的是一个国家为其他国家听众收听而进行的广播,已有多年的历史。1927年,荷兰用荷兰语向其遥远的海外殖民地广播以维护殖民统治,成为世界上最早开办对外广播的国家。之后,德国(于 1929 年)、法国(于 1931 年)、英国(于 1932 年)、日本(于 1934 年)等国也相继向其海外殖民地广播以加强与海外殖民地的联系,同时为了为在殖民地的代理人、军人、商人服务,多用广播对象国的语言转播国内节目。1929 年,苏联用德语开办了对外广播,以打破帝国主义的封锁,到 1933 年,其对外广播增加到 9 种语言。

　　对外广播在第二次世界大战期间得到很大发展。1939 年战争爆发前,有 27 个国家办有对外广播。到 1945 年战争结束时,办有对外广播的国家增加到了 55 个。战争把世界分为两大阵营,双方纷纷开办或加强对外广播。德、意、日对同盟国发起空中电磁波战,把对外广播当做"战争的武器"。同盟国奋起反击,规模最大的英国广播公司到 1944 年共使用 39 种语言进行对外广播,居当时世界之冠。美国 1940 年才首次开办对拉美的广播,起步较晚。1942 年 2 月 24 日,"美国之音"开始德语广播,不久又开办英语、法语、意大利语、华语等语言节目。战争期间,苏联"莫斯科电台"将广播对象地区分为敌国、同盟国、德军占领区和中立区 4 类,有针对性地编制不同的节目。

　　第二次世界大战之后,一些第三世界国家也开始兴办对外广播。其中,中国、埃及、印度等国的对外广播在国际上颇有影响。美国加强了"美国之音"的管理,又建立了"自由欧洲电台"、"解放电台"等电台,开始了持续数十年的电磁波战,以针对社会主义国家进行思想渗透的宣传。

4. 教育广播

　　教育广播是以社会教育为目的的公益性广播事业,源于美国。

　　1921 年,美国政府颁发了第一个教育广播电台的执照。1922 年,全美有 74 座大学办了教育台。1925 年,美国成立了全国教育广播工作者联合会。20 世纪 50 年代初,教育广播被福特财团以基金会形式打入并控制。有了充足的经费保证,教育广播更加活跃起来,并为以后教育电视事业的发展奠定了良好的基础。

第二节　电视事业的发展历史

一、电视的发明和运用

　　人类发明电视的起步时间并不晚于广播,电视的发明和运用也凝聚了众多科学家的心血。推动电视发明的直接动力和重要因素,一方面在于人们有希望远距离也能看到影像的客观要求,另一方面是硒元素光电作用的发现和扫描技术、传真技术的发明。

　　让我们简单回顾一下电视的发明和运用的历史。

　　1817 年,瑞典科学家布尔兹列斯发现了化学元素硒。1865 年,英国科学家约瑟夫·梅无意中发现,当光线照射到含有硒的物体上时,硒会产生电子流。他还发现了电子流与照射光线的强度成正比的"光电效应":照射的光线越强,电子流就越强;光线越弱,电子流也就越弱。他于1873年正式发表了关于硒元素"光电效应"的报告,报告中称硒的光电作用使人们有可能把光的变化变成电信号传送出去,从而在理论上揭示出,任何物体的影像都可以通过电子信号予以传播。

1884年,德国工程师保罗·尼普科发明了一种机械式光电扫描圆盘并申请了专利。这种扫描圆盘把图像分解成许多个像素,根据每个像素光线的变化产生不同的电信号,通过电传把图像从甲地传到乙地。这种用机械式光电扫描圆盘进行的图像传送叫做机械传真,是电视的雏形。

1907年,苏联彼得堡大学教授罗律格获得设计世界上第一台电子显像的电视接收机的特许权。1911年,他研制成电子射束管的电视实用模型,并用它显示出第一幅简单的静止图像。

1923年至1929年,电子发射管和接收管发明成功,使图片传真成为现实。静止图像技术的发明和无线电声音广播在商业上的成功,促使人们对电视的发明研究产生了浓厚的兴趣。有资料称,从1919年到1925年间,世界各国的科学家们先后提出了100多项有关电视发明的专利申请。

其中,1923年,俄裔美国物理学家弗拉基米尔·兹沃里金获得光电发射管的发明专利权。他发明的这种光电发射管采用电子扫描技术摄取图像,取代了尼普科的机械扫描技术,向着电视发明迈进了一大步。

电视发明史上最著名的人物是英国科学家约翰·洛吉·贝尔德。贝尔德家境贫穷,为了筹措研究资金,他与一家店铺老板商定,每天在店铺里放电视以吸引顾客。老板每星期付给他酬金25英镑。贝尔德把这些钱全部用于购买材料、改进设备,以进行电视的研究实验。1924年春天,贝尔德实验发射和接收了一个"十"字图形。1925年10月2日,他利用尼普科发明的扫描圆盘成功地完成了播送和接收电视画面的实验,并第一次在电视上清晰地显现了一个人的头像。1926年1月26日,贝尔德在伦敦公开表演,这是世界上第一次使用电视进行无线传输,取得的成功轰动了英国甚至全世界。贝尔德在前人研究成果的基础上,制造出了第一台真正实用的电视传播和接收设备。他的实验成功标志着电视的真正诞生。贝尔德因此被称为"电视之父"。

贝尔德成功发明电视之后,人们对电视的兴趣持续高涨,其他一些国家也陆续出现了一系列电视实验的公开表演。电视设备在英、美、德等国的无线电器材展览会上展出。市场上开始出售电视接收机和有关器材,制造电视接收机也成为一些人的业余爱好。这期间,贝尔德发明的机械电视把电视画面从英国伦敦传送到美国纽约,这是人类历史上第一次完成长距离短波图像传送,是一项重大成就。

美国也是研究和出现电视较早的国家。继1923年在西屋电气公司担任工程师的兹沃里金发明光电发射管之后,美国无线电广播公司的工程师菲洛·法恩斯沃恩于1928年发明了电子图像分解摄像机。1929年,兹沃里金又发明了电子图像显示管。1931年,艾伦·杜蒙发明了阴极显像管。

另一个对电视发明作出重大贡献的是俄裔英国科学家休恩伯格。1932年,他在担任英国电子乐器公司研究主任期间,领导研制成功了电视摄像管,并逐步达到图像清晰的程度。他的另一个突出贡献是,对电视扫描技术进行了重大改进,实验成功了405行交叉电视扫描的技术制式,使电视图像的摄取、传送、显示技术比原来的30行、120行、240行技术前进了一大步。

自此以后,电视广播作为一种技术上比较成熟的新型传播媒介,开始进入社会,进入人们的生活。

二、电视事业的初兴

从20世纪20年代到30年代,电视传播技术日臻完善,电视广播也开始进入社会生活。

1929年秋季,英国正式开办了实验性的电视广播。1930年,英国广播公司和贝尔德合作进行了一项广播声音和电视图像同时播出的实验,实验获得成功并播出了第一个声图并茂的电视节目——转播舞台剧《口含一朵鲜花的勇士》。

1936年,英国广播公司在伦敦以北的亚历山大宫建成英国第一座公共电视台,11月2日正式播放电视节目,每周播放13个小时。该台使用的设备是贝尔德发明的机械电视系统,扫描行数从1929年的30行提高到240行。2个月之后,又采用了休恩伯格的405行扫描标准。4个月之后,新的电子设备替代了贝尔德的机械电视系统。由此可见电子技术的发展和更新换代速度之快。1936年11月2日,英国广播公司建成英国第一座正式的电视台,英国广播公司电视节目的开播被公认是世界上第一座电视台的开播。英国成为世界上第一个播出黑白电视节目的国家。

1937年5月12日,英国广播公司有了第一辆电视转播车。它用一条同轴电缆把乔治六世加冕所途经的亚历山大宫和海德公园连接起来,播送了加冕的实况。这是英国的第一次户外电视节目实况转播,在当时引起了轰动,标志着英国电视节目实况转播的开端。到1939年9月,英国广播公司电视台的节目播放时间增加到每周24小时。当时英国的电视接收机有2万台,大部分用户在伦敦。

美国也是较早出现电视广播的国家,它在研究和应用电视科学方面一直走在世界的前列。美国于20世纪20年代末期就开始了实验性的电视广播,并率先出现了有线电视。美国贝尔电话实验室在纽约和华盛顿之间传送了有线电视节目。1928年4月,美国全国广播公司(NBC)的实验电视台第一个领到了实验电视广播的执照,1930年开始电视实验广播。到1937年,美国的非商业性实验电视台已有17座。

1939年4月30日,电视在纽约世界博览会上出现,美国全国广播公司(NBC)的实验电视台首次用电视报道了罗斯福总统主持博览会开幕典礼的实况,约有几百台接收机接收到了这次电视实况广播。这些接收机大多数是个人组装的。电视实验广播的成功推动了美国电视工业的发展,这一年杜蒙公司制造的电视接收机首次进入市场。

从1941年起,美国联邦通讯委员会开始颁发商业电视广播执照。1941年6月17日,美国第一家商业电视台——全国广播公司的WNBT成立,7月1日开播。当时成立的商业电视台大都每天播出2—3个小时的黑白电视节目,采用525行的扫描标准。当时整个纽约地区有4700台电视接收机。

在英、美两国进行电视研究和电视实验广播的同时,其他一些国家也先后进行了实验性的电视广播,以下简单介绍几个较有代表性的国家。

苏联于1931年开始电视静止图像的广播。1932年4月29日,苏联第一个活动图像节目在莫斯科播出,图像扫描为30行。1938年莫斯科电视中心和列宁格勒电视中心开始实验性广播,1939年开始定期播出,图像扫描为343行。莫斯科电视中心还建立了一个300平方米的电视演播室,并于1941年5月着手改进设备,图像扫描改为441行。随后苏联的实验性电视广播便由于战争爆发而中断。

法国于1932年在巴黎建立了第一座不定期播出的电视台,进行实验性广播,图像扫描为60行,1935年改为180行。1937年,该台使用国产设备,图像扫描达到455行,接近世界先进水平。1938年,该台开始每天定期广播,发射台设在巴黎的埃菲尔铁塔上。第二次世界大战之前,除巴黎以外,里昂等城市也相继开办了电视广播。

德国1935年开始电视试播。1936年柏林举行奥运会期间,德国进行过电视播出。德国原计划1939年底正式开办电视广播,由于希特勒发动战争而未实现。

日本的电视研究始于1928年。日本广播协会于1939年5月在东京郊外的研究所和市内的播音馆之间进行电视发射与接收的实验,取得了成功。二战期间实验中断。

由上述可以看出,20世纪20年代电子技术的出现和发展使电视事业进入萌芽时期,30年代电视事业初步成型,随后进入电视事业的蓬勃发展阶段。英、美、苏、法等国先后建立电视台并播出节目。但二战前各国进行电视实验广播的时间和正式进行电视播出的时间顺序有所不同。开始进行电视实验广播的先后顺序是:美国(1928年)、英国(1929年)、苏联(1931年)、法国(1932年)、德国(1935年)、日本(1939年)。而正式开始电视广播的先后顺序是:英国(1936年)、法国(1938年)、苏联(1939年)、美国(1941年)。

第二次世界大战的爆发摧毁了各参战国的经济文化事业,电视事业的发展也受到重创。美国政府在参战前6个月批准了全部的电视广播,但战时维持广播的只有6座商业电视台。英国电视广播在战时全部中断,电视台的设备和人员被战时的雷达网所征用,亚历山大宫电视台也成了英国战时雷达网的一部分,正常的文化传播被中断,一切宣传工具都沦为战争的手段。法国电视事业在战争中被破坏,苏联的电视广播与研究也陷入停顿状态,其他国家亦都如此。二战严重阻碍了电视事业的发展。

三、电视事业的复兴

1945年第二次世界大战结束后,世界各国的电视事业逐渐恢复和兴盛。二战期间除美国没有完全停止电视广播之外,其他各参战国的电视事业均处于完全瘫痪的状态。苏联是二战期间停播电视的国家中第一个恢复和重新开办电视广播的。1945年5月7日,苏联首次纪念无线电节。在这一天,长期中断的电视广播又重新播出节目。从1945年12月起,莫斯科电视中心在欧洲第一个恢复了定期的电视广播,图像扫描为343行,当时莫斯科仅有420台电视接收机。1948年11月4日,莫斯科电视中心进行了图像扫描为625行的首次试播。1952年全苏共有莫斯科、列宁格勒和基辅3座电视中心。到1958年底,全苏共有67座电视台,电视接收机400万台。

英国于1946年7月7日恢复了电视广播。由于战时英国遭受了严重破坏,恢复播出时发射机只有1部,电视接收机2万台,电视广播的扫描行数是405行,远不及战前水平。1949年,英国第二座电视台在伯明翰附近开始广播。1952年8月,英国建成5座大功率的电视发射台,覆盖了英国80%的人口居住区。1945年,英国独立电视公司成立,1955年9月正式开播。1957年底,分三阶段建设的全英电视网工程全部建成,覆盖区人口达到全国人口的97%。

日本广播协会于1946年开始继续研究电视,经过几年的实验,从1950年11月起,在东京进行定期实验广播,1952年1月正式播出。1952年2月,大阪也开始了电视实验广播。1952年8月,经过一场争论以后,日本政府电视管理委员会作出决定,允许私人经营电视广播。1953年1月26日,政府发出第一号许可证给日本广播协会,准予其正式经营电视广播。1953年2月1日,日本广播协会的东京电视台正式播出。

联邦德国的电视广播在战后的1952年正式开办。意大利于战后的1954年开始电视广播。

美国的电视广播在二战期间没有中断,但战时维持播出的只有6座电视台,当时全国共有电视机8000台。1945年二战结束后,美国政府恢复颁发电视广播执照,但申请者不多。这一时期,哥伦比亚广播公司发明的彩色电视系统不能与黑白电视兼容,生产电视机的企业在犹豫观望。1947年,美国政府决定放弃哥伦比亚广播公司的彩色电视技术,致力于黑白电视的发展。这样,新的电视台便如雨后春笋般涌现出来了。到1948年底,美国已有电视台41座,有电视台的城市达23座,电视机从1947年的20万台猛增至100万台。1950年,电视台发展到104座,电视机又增加到1000万台,全国电视人口覆盖率达24%。1954年是美国电视发展最快的一年,电视台达到415座,电视机达到3200万台,普及率达65%。到1960年,全美国有电视台573座,电视机5000多万台,普及率达87%。至此,美国电视业全面恢复,逐步走向振兴之路。

四、现代电视事业的发展

从20世纪50年代起,电视事业突飞猛进,完成了战后的恢复转型,走上了长足发展的道路。电视逐渐与现代社会建立了更密切的联系,不仅电视台增多,随着电视机生产成本的下降,电视机逐步走进千家万户,社会影响也逐渐加大。电视技术日臻完善,传播技术质量和性能逐步提高,新的传播形式也不断涌现,形成了多媒介、多形式、多系统相结合的电视传播体系。

1. 彩色电视的发明与发展

彩色电视的传送和接收原理最早是奥地利物理学家芬·伯兰克1902年提出来的。美国电话电报公司的工程师艾夫斯于1929年运用电子技术实现了彩色画面的再现。从20世纪30年代到50年代,美国无线电公司(RCA)、哥伦比亚广播公司(CBS)和彩色电视有限公司(CTI)都投资数百万美元研究彩色电视,相互之间展开了激烈竞争,每家公司都研制出了自己的彩色电视技术制式。最后美国无线电公司在曾为广播普及作出过突出贡献的戴维·萨诺夫的领导下,研制出了可以与现行黑白电视兼容的"点描制"彩色电视技术,以此结束了这场长达20年的彩色电视制式竞争。美国联邦通讯委员会于1953年

11月17日批准"点描制"为美国彩色电视的制式标准,称为 NTSC 制。"点描制"也叫半行频偏置的正交平衡调幅制,是当今世界三大彩色电视制式之一。1954 年,美国全国广播公司(NBC)首次正式采用 NTSC 制播出彩色电视节目。但是,由于当时整个社会的经济状况还处于战后恢复时期,加上彩色电视接收机的制作成本在初期还比较高,与国民经济水平不相适应,绝大多数家庭消费不起,因此刚刚出现的彩色电视并未能普及。直到 1964 年,经过近 20 年的发展和积累,随着美国经济战后第一次腾飞和彩色电视技术水平的提高、彩色电视机成本的降低,彩色电视机才开始畅销,并且迅速普及到家庭。在随后短短的 2 年之内,美国彩色电视机的社会拥有量已超过 1000 万台。

继美国之后,法国现代电子公司总经理亨利·戴弗朗斯在美国"点描制"的基础上进行了技术改进,于 1956 年发明了"塞康"(SECAM)制,即彩色顺序传送与记忆制,也叫逐行轮换调频制。1963 年,联邦德国汉诺威工科大学教授、德律风根公司研究部主任瓦尔特·布鲁赫吸收美国制式和法国制式的优点研制成"帕尔"(PAL)制,即 1/4 行频偏置的逐行倒相正交平衡调幅制。除以上 3 种当今世界主要制式外,还有其他一些国家也进行过彩色电视制式的研究试验,先后提出过 20 多种制式,但均被淘汰。1966 年 7 月,国际无线电咨询委员会在奥斯陆会议上投票,赞成法国制式的 37 票,赞成联邦德国制式的 16 票,赞成美国制式的 8 票。根据国际无线电咨询委员会的建议,3 种制式均可采用。会后,各有一些国家采用 3 种制式中的一种发展本国彩色电视。这种竞争的结果使 3 种制式在世界范围内形成"三足鼎立"的局面。

2. 有线电视的产生与发展

有线电视起源于 20 世纪 40 年代末 50 年代初的美国。为了克服地形、地物对电视信号传播的阻碍,满足商业获利的需求,有线电视的产生是不可避免的。有线电视是相对于无线电视而言的一种新型的电视广播方式,它采用与无线电视同样的广播制式和调制方式,无须改变电视机的基本性能,但却具有播出频道多、图像质量高、服务功能强、运行机制好等多方面的优势。电视经营者为了获得更多利润,利用有线电视技术系统和观众挑选节目的心理,大量开办"收费电视",播放迎合观众口味的电视节目。

1980 年,全美国已有有线电视系统 4400 个,用户 1700 万家,有线电视的总收入达 25 亿美元。有线电视受空中电磁波干扰小,图像清晰度高,频道多,选择余地大,内容丰富多彩,所以很受人们欢迎。因此,各种各样专业化的有线电视网陆续形成。1975 年 12 月,美国无线电公司发射了同步卫星"通讯卫星 1 号",这是现代化有线电视业的开始,美国各地的有线电视网通过卫星接收天线,可以接收、转播 4 个频道的节目。1980 年 6 月,一个每天 24 小时连续广播电视新闻的有线电视新闻网(CNN)成立,成为与美国三大广播公司齐名的广播公司。到 1993 年,世界上有线电视的普及率,比利时最高,达 82%;其他一些国家的有线电视普及率分别为:荷兰 64.5%,美国 40%,瑞士 34.2%,日本 12%,英国 7%,法国 4%,联邦德国 0.8%。

3. 公共电视的由来与发展

公共电视即教育电视,来源于教育广播,对应于商业电视,是专门从事社会教育的公益性的广播电视事业。1953 年 5 月 12 日,美国第一座教育电视台 RAHT 开播,从此教育电视就开始缓慢而稳步地发展起来。1954 年美国的教育电视台为 10 座,1955 年为 17

座,1959年为44座,1964年达到101座。1967年,美国政府颁布了《公共广播法》,从此开始用"公共广播"和"公共电视"(PTV)表示专门从事社会教育的公益性广播电视事业。美国根据《公共广播法》成立了非营利企业公共广播公司(CPB)。1969年,该公司成立了专门的节目发行机构——"公共广播服务中心"。到20世纪90年代,美国的公共电视台发展到350座。公共电视台的经费来源,一部分为政府拨款,大部分是社会捐助,包括家庭捐款。美国公共电视是一个有着广泛影响的广播网,已经成为与三大商业广播网并列的最受全国电视观众欢迎的电视机构。它所办的节目中,儿童教育节目影响最大,从内容到形式都广受观众的好评,全世界有几十个国家的电视台播映它的儿童教育节目。

4. 卫星电视的出现与发展

1962年7月10日,美国成功发射了世界上第一颗通讯卫星"电星1号"。同年7月23日,"电星1号"把从美国播发的电视节目传送到了欧洲,又把欧洲播发的节目传送到了美国,从而开创了通讯卫星传播电视的新纪元。1964年4月,国际电讯卫星联合公司成立。1965年4月6日,它的第一颗商用通讯卫星"晨鸟"被送入大西洋上空的轨道,6月开始使用,从此世界各国就开始利用国际通讯卫星传送电视。1969年7月19日,卫星转播了人类第一次登上月球的电视实况,全世界约有47个国家的7亿多人通过电视观看了这次实况转播,占世界人口的1/5还多。这是能体现卫星通讯优越性的突出事例。国际电讯卫星联合公司是一个国际通讯卫星组织,20世纪70年代末期有90个国家参加。自国际电讯卫星联合公司1965年发射并开始使用第一颗商业卫星以来,国际通讯卫星的效能不断扩大,到80年代已使用第4代卫星。苏联和东欧一些国家没有参加国际电讯卫星联合公司,他们于1971年成立了另一个国际通讯卫星组织。1965年4月23日,苏联成功发射"闪电1号"通讯卫星,这颗卫星可承担苏联全境和东欧国家的电视转播。同年10月,苏联又发射了"闪电2号"通讯卫星。1967年11月2日,苏联正式成立了一个卫星电视网,每天播出6小时电视节目。

卫星直播电视实验已有10多年的历史。20世纪80年代初期,美国、苏联、加拿大、日本都在实验,美国联邦通讯委员会早在1982年6月23日就一致决定开办卫星直播电视业务。1983年11月15日,美国首次播送可供家庭直接收看的卫星电视节目。这是一个里程碑,当时全美国看卫星直播电视节目的大约有1000户家庭。1984年1月23日,日本发射了世界上第一颗实用电视直播卫星,它以家庭为接收对象。1987年7月4日,日本广播协会(NHK)通过卫星直播系统开办了一个连续24小时的卫星电视节目。这样,NHK就开办了世界上第一个播出卫星直播成套节目的电视台,当年日本接收卫星直播电视节目的用户就约达14万户。从1989年2月5日起,英国"天空电视公司"通过欧洲的一颗广播卫星,也开始向英国家庭直播电视节目。

第三节 我国广播电视事业的发展历史

一、我国广播事业的诞生与发展

1. 北洋政府时期的广播事业

中国的广播事业最早是由外国人创办的。1923年1月,美国商人奥斯邦创办的中国无线电公司与英文《大陆报》馆合办的上海"大陆报—中国无线电公司广播电台"开播,发射功率50瓦,这是中国境内第一座广播电台。该台的播出内容除《大陆报》提供的新闻外,主要是娱乐节目,星期日设有宗教祈祷节目。北洋政府交通部于1924年8月公布了《装用广播无线电接收机暂行规则》,这是中国历史上第一个关于无线电广播的规则,它规定允许民间装设收音机,从而改变了原来严加禁止的做法,客观上促进了中国广播事业的发展。1926年10月1日,哈尔滨无线广播电台开始广播,呼号XOH,发射功率100瓦(后增加到1000瓦),播出内容有新闻、音乐、演讲和物价报告等。这是中国人自办的第一座广播电台,是奉系军阀官办电台。与此同时,上海、北京等地出现了私营商业电台,其中最早的一座是上海新新公司广播电台,创办于1927年3月,发射功率50瓦,主要播送唱片,转播南方戏曲,以推销无线电器材。同年底,北京燕声广播电台开始播音。

初创时期的中国广播事业,设备简陋,规模很小,收听范围只限于广播电台所在地区附近。由于收音机价格昂贵,一台简单的矿石收音机也要大洋80多元,拥有收音机的多为外侨、官僚、买办、富商。1928年,全国约有各式收音机1万台左右,其中,上海集中有几千台。当时广播传媒在社会的影响不大。

2. 国民党统治时期的广播事业

在国民党统治时期,广播事业有所发展。1932年11月正式使用的国民党中央广播电台,发射功率为75千瓦,呼号XGOA,这是当时亚洲发射功率最强的广播电台。国民党广播电台从整体上来说,充斥着反动的政治宣传,但在某些节目中却显示出若干进步文化的痕迹,在宣传进步思想、传播科学文化知识方面起到了一定作用。

20世纪20年代末30年代初,我国出现了一批民营广播电台,其中半数以上都集中在上海。这些电台大致可分为三类:第一类是教育性广播电台,由一些地方民众教育馆和大中学校开办,内容仅限于文化教育方面,收听范围也仅限于当地;第二类是宗教性广播电台,广播内容均为宣扬宗教道德伦理服务;第三类是商业性广播电台,数量多,分布广,工商业发达城市均有。

从1928年国民党建立中央广播电台起,到1937年抗战全面爆发,中国广播事业有了较大发展。据1937年6月统计,国民党地区有官办、民营广播电台78座,总发射功率近123千瓦。

3. 中国共产党领导下的广播事业

1940年12月30日，中国共产党领导下的第一座广播电台——延安新华广播电台开始播音，呼号XNCR，到1943年春停播，虽然播音时间不长，却掀开了人民广播史的第一页，奠定了人民广播事业的基础。1949年6月，新华社语言广播部扩建为中央广播事业管理处，成为与报社、新华社并列的党的三大新闻机关。人民广播事业创建于抗日战争的艰苦年代，至1949年9月新中国成立前夕已有接近40座广播电台。

二、我国电视事业的诞生与发展

1958年5月1日，我国的第一座电视台——北京电视台（中央电视台的前身）诞生，同年9月2日正式播出。同年10月1日，上海电视台也正式试播。从1958年到1960年，天津、黑龙江、吉林、广东、陕西、辽宁、山西、江苏、安徽、山东、湖北、四川、云南等地先后建立起电视台或实验电视台。1960年底，全国有电视台、试播台和转播台29座。1960年冬，中共中央决定对国民经济实行"调整、巩固、充实、提高"的方针，全国拥有电视台或实验电视台的城市由原来的23个减为5个，即北京、天津、上海、广州、沈阳，其余大多数城市的电视台都下马停办。

"文革"期间，电视事业的发展受到很大挫折，开始进入停滞阶段。这个时期电视事业的发展主要体现在技术层面。1970年15个省、市、自治区能够通过微波干线收转北京电视台的节目，到1975年扩大为26个省、市、自治区，而且很多省、市、自治区可以通过微波线路向北京回传部分节目，初步形成了全国电视广播网。1972年10月，我国派出代表团考察了法国、瑞士、联邦德国、荷兰、英国等5个国家彩色电视的发展状况，作出了将PAL制作为我国彩色电视暂行标准的决定。1973年5月1日，北京电视台试播彩色电视节目，同年10月，转为正式播出，并从1977年5月开始，第一套节目全部改成由彩色播出，从而完成了我国电视节目由黑白向彩色的过渡。

从1977年开始，中国电视事业逐渐恢复，并进入迅猛发展期。西藏自治区和北京市于1978年和1979年分别创办了自己的电视台。这样，全国各省、市、自治区都有了电视台。在改革开放的20世纪80年代，我国提出由中央和省级、地市级、县级四级一起办电视，实现混合覆盖的方针，极大地推动了电视事业的全面发展。1982年6月1日，新疆电视台维吾尔语台正式开播。用一种少数民族语言，独占一个频道，独立办一套电视节目，这在我国是首例。电视制作条件与传播手段也有进步。从80年代初开始，ENG电子采访设备开始在我国普及，各级电视台的制作条件都有了不同程度的改善，各级电视台都装备了现代化的各种制作设备，并且播出实现了由计算机管理的自动化。有线电视系统迅速发展，通讯卫星被大量应用于电视节目的传输。

三、我国广播电视事业的发展现状

1. 飞速发展的电视事业

我国从1958年起开始兴办电视，1978年全国电视台只有32座，社会电视机拥有量

300万台。到1995年底,全国已开播的电视台达837座:中央电视台1座,省级电视台35座,地、市级电视台298座,县级电视台503座。遍布全国各地的电视发射台和转播台40987座,发射总功率10940千瓦。1995年全国电视台(不含教育电视台)共办电视节目932套,平均每周播出约36017小时(含转播中央电视台节目)。作为最现代化的传播工具,我国各级电视台都坚持电视宣传的党性原则,把握正确的舆论导向,加强"两个文明建设"宣传力度,全心全意为人民服务,真正起到了党和政府的"喉舌"的作用,较好地发挥了新闻舆论监督的作用。到1999年,经过整合,电视台集中为368座,而全国电视覆盖率则达到了总人口的91.95%,电视的观众接近11亿,其中有线电视的观众为8000万。截至2007年,我国已有1970多个电视频道,观众日收看电视在3小时以上,我国成为名副其实的超级电视大国。这样的速度不仅在历史上是空前的,在世界上也是十分罕见的。

另外,节目内容由封闭到开放,由单向向多边发展。播出内容丰富,新闻成为主导,国际报道及批评报道出现。对外联系频繁,国内电视台交流活跃,打破了大台统治天下的格局。

2. 稳步发展的广播事业

广播事业发展的速度也是惊人的。中国的广播事业始于1923年。在1928年至1949年的南京国民政府统治时期,广播事业主要在一些较大的城市内发展。新中国成立后,经过对旧中国广播事业的改造,广播事业完全由国家经营。1950年全国共有广播电台65座,到1999年,全国共有广播电台298座,中短波发射台和转播台740座,收音机拥有量近3亿台,人口覆盖率达到90.35%。其中中国国际广播电台,每天用43种语言广播211个小时,听众已经遍布全世界。

广播由于其自身特性(信息量大、时效性强、接收条件要求不高),当出现突发性新闻事件时,广播新闻往往先于报纸、电视,因此广播依然是传播媒介中观众最多的、最有影响力的传媒之一。近年来随着时代的发展,为满足观众需要,广播增加波段,增设专题性电台,如音乐台、经济台、交通台等,从生活的方方面面服务大众,且吸引听众"参与"节目的比例加大,尤其是手机平台的出现使广播从单向传播模式向互动传播模式转变,观众的反馈得到更加合理有效的处理,并使广播由过去的大众传播向"窄播"方向转化,以有针对性地满足部分听众的需要。

第四节　当代世界广播电视事业发展现状及趋势

一、广播事业发展现状

目前,世界各国几乎都有无线广播电台,多数国家使用中波、短波、调频等波段播出广播节目。估计全世界收音机数量在17亿台以上,即全世界平均每3人拥有1台收音机。

在亚洲,广播最重要的作用是传播信息和进行教育。中国和印度等国,因国土辽阔,人口众多,经济并不十分发达,广播由于其自身硬件要求不高的特点被广泛应用到社会生活的各个方面。大洋洲各国多是获取信息手段较少的岛国,收音机普及率较高,每百人拥有收音机80台以上。非洲各国也都开办有广播,其中多数国家同时用中波、短波广播,半数以上国家有调频广播,语言种类较多的国家一般办两套或更多的广播节目。欧洲多数国家都有比较健全的广播网。欧洲各国广播事业发达程度的差距不大。此外,欧洲较早使用调频广播以解决欧洲地域较小、国家多、中波广播互相影响的问题。在北美洲,美国的商业广播实力强大,占压倒性优势,哥伦比亚广播公司(CBS)、美国广播公司(ABC)、全美广播公司(NBC)有效地控制了美国70%以上的观众市场,实际上垄断了美国广播事业。但美国的公共广播系统处在慢性财政困难中,无法充分发挥它的力量。中南美洲大部分国家的广播事业由大小不等、多种多样的商业广播电台构成,广播电台的数量与人口数量的比例与世界各国形成鲜明的对比,这成为中南美洲广播事业的一大特色。

二、电视事业发展现状

到1988年底,世界上尚未开办电视的国家和地区约有20个,主要分布在非洲和大洋洲,已开办电视的国家的电视绝大部分已过渡到彩色电视。

1998年前后的统计结果显示,世界上201个国家和地区都已办有广播,已办电视的有193个,有些未办电视的国家也可以接收邻国的电视节目。

截至1997年底,全世界使用的电视机总数约为14亿台,平均四五个人拥有一台,其分布情况更加不平衡。各洲历年电视机增长情况见表1-1。

表1-1 世界各洲电视机增长情况

(总数以百万台为单位,平均数以台为单位)

地域	年份	1965	1970	1975	1980	1985	1990	1993	1995	1997
全世界	总数	181	299	408	563	749	1092	1210	1297	1396
	千人平均数	—	81	100	127	155	208	220	229	240
非洲	总数	0.6	1.6	2.7	8.2	14	25	30	36	44
	千人平均数	—	4.6	6.8	18	27	41	45	52	60
美洲	总数	84	108	153	202	259	292	310	327	342
	千人平均数	—	209	270	328	388	404	410	421	429
亚洲	总数	19	42	55	104	198	487	563	617	672
	千人平均数	—	20	23	40	70	153	169	180	190
欧洲	总数	75	144	192	243	268	278	296	305	325
	千人平均数	—	205	264	324	349	385	408	419	446
大洋洲	总数	2.4	3.6	5.6	6.8	8.6	9.9	11	11	12
	千人平均数	—	188	262	300	352	378	385	387	427

续前表

年份 地域		1965	1970	1975	1980	1985	1990	1993	1995	1997
发展中国家	总数	—	26	43	88	202	504	588	649	720
	千人平均数	—	9.9	14	27	55	124	137	146	157
发达国家	总数	—	272	365	475	547	588	622	648	675
	千人平均数	—	263	337	424	472	492	512	529	548

到2001年,全球约61.48亿人口中每千人拥有的电视机达到250台,平均4人1台,全球电视机总数超过15亿台。电视已经深深融入各国经济、政治、文化、社会等各个领域,对人们的日常生活、人际交往、社会活动、文化交流产生着广泛而深刻的影响。

三、广播电视经营体制

世界各国的广播电视经营体制,因各个国家的社会政治状况、文化背景、经济形势等不同而不同。按广播电视机构设立的目的同国家的关系、财政来源等各方面的情况划分,全世界的广播电视经营体制可大致分为4类:第一类是由国家独家经营,即实行广播电视国营,主要有中国、印度、伊拉克、埃及等亚洲、非洲的多数国家;第二类是以收听、收看费为主要经济来源,不以营利为直接目的的公共事业或公共企业体制,在某些国家体制下又叫公共服务电视,它为了公共利益提供电视服务,主要有德国、法国、荷兰、尼日利亚、巴基斯坦等一些国家;第三类是国营或公共广播与私营商业台并存,但私营商业台实力强大,占压倒性优势,主要有美国、墨西哥、巴西等国家,南美国家也多半采取这种体制;第四类是国营与私营并存或公共事业与商业企业并存,前者的主要代表是日本,后者有英国、意大利、西班牙、加拿大、奥地利等国家。

亚洲国家中,除日本外,几乎都是发展中国家,这些国家又都是多民族、多宗教、多语言的。因此,广播电视在这些国家不仅是传播信息技术和科学知识的重要方式,更是维护国家安定团结的一种手段。这些国家的广播电视经营体制多为国营或不以营利为目的的公共事业。大洋洲国家的广播电视经营体制也多为国营或公共事业,实行独家经营,仅澳大利亚和新西兰是公共事业和私营商业台并存的体制。非洲大陆的50多个国家中,大部分国家有很多部族,语言种类很多,文盲比例很高。为此,非洲各国政府特别重视广播电视在实现团结统一、提高生活水平、普及教育等方面的作用,广播电视机构大部分为国营。西欧国家的广播电视机构主要是公共事业或以特殊公司形式设立的公共事业机构,个别国家只有商业广播电视机构。西欧大部分国家收取收听、收看费,其中多数已单独收取彩色电视收看费,广播收听费逐渐取消。中南美洲国家除商业台以外,还有国营和地方自治机构、大学、宗教、文化团体经营的广播电台和电视台。

四、广播电视事业今后的发展趋势

广播电视博采众长,汇集众家之精华,以声、画形象地发挥了独家优势,异军突起,后来者居上,其传播范围和影响几乎覆盖了整个地球的绝大部分地区。在世界范围内,广播电视都已成为最为普遍的大众传播媒介。

从世界范围内广播电视事业的发展现状来看,广播电视事业今后总体上具有以下几个明显的发展趋势:

1. 更加普及,规模更加扩大

世界各国的广播电视事业都在发展之中,但不同国家的发展目标、发展速度和表现方式却明显不同。

发达国家广播电视事业的发展趋于缓慢。这些国家的广播电视覆盖网络早已成型,人口覆盖率已达到或接近100%,接收机的社会拥有量接近饱和状态,其广播电视事业发展的主要表现一是增加节目套数、增强节目内容的可看性以满足听众或观众日益增长的需求,二是随着新技术的不断涌现结合新的媒体提供更高质量的服务。

而对大多数发展中国家来说,发展广播电视事业的主要目标依然是扩大广播电视事业建设规模和提高广播电视覆盖率。由于大多数发展中国家经济和文化比较落后,城乡差别严重,不仅从总体上来说广播电视的面积覆盖率和人口覆盖率不足50%,而且广播电视覆盖地大多集中在主要城镇和人口稠密地区,广大的农村地区得不到良好的甚至是基本的广播电视服务。特别是一些地域广阔、地形复杂、人口众多和农村地区占绝大多数面积的国家,由于技术和经济等因素的制约,许多边远地区多年以来一直是广播电视覆盖的空白点,提高广播电视覆盖水平的任务还非常艰巨。发展中国家在广播电视事业的发展方面,与发达国家相比有着短时期内难以消除的差距。

所有国家都应该根据自己国家的国情来发展广播电视事业,即使是最边远的地区和距离现代社会最遥远的民族,也应该并能够通过广播电视来了解世界和接近现代文明。

大多数发展中国家的当务之急和首要任务是尽可能扩大广播电视事业建设规模,通过增加办台数量、建设和完善传播覆盖网和信号传送网,努力扩大覆盖,提高覆盖水平和质量。在这方面,发展中国家还有很大的发展潜力。同时,接收机的社会拥有量的迅速增加也是广播电视事业发展的一个重要标志。随着经济的发展和文化水平的提高,人们对信息的需求量不断增加,电子科技的普及应用使接收机的生产成本大大降低,发展中国家的收音机和电视机的社会拥有量还将有较大幅度的增长。虽然发达国家的广播电视事业由于到达一个高度,已经基本满足观众需求,其发展趋于缓慢,但从总体上讲,无论是全世界范围还是区域性范围,广播电视事业势必逐步发展壮大,广播电视势必更加普及。

2. 意识形态在广播电视事业的发展中起着方向性的作用

广播电视是一个传播信息、收集反馈意见的系统,又是文化交流和传播的媒介,它的功能决定了它既可以利用广告等手段获得利润,又可以为执政者宣传思想和意识形态,建立一个稳定和谐的舆论环境。这多重的性质和功能伴随着广播电视事业的整个发展历程。广播电视在不同的国家有不同的经营体制,经营者都必然依据各自的政治、经济需要和文化格局、价值准则来编制节目,以保证在赢得听众和观众的同时不损害社会效益。不管一个国家标榜其新闻传播和广播电视经营如何自由,实际上广播电视不可避免地要受到社会的全面制约,或者是受政府直接控制,或者是服从于法制,或者是受市场经济竞争法则的制约,或者干脆贴上阶级的标签充当社会集团的"喉舌"和代言人。不论属于哪种情况,意识形态总在广播电视事业的发展中起着方向性的作用,其中,政治的影响要求广播电视宣传职能的强化,它规范着广播电视事业的发展。

3. 多种职能融为一体,广播电视传播内容日益丰富

社会生活的多样化使广播电视具备了多种职能,也决定了广播电视在满足亿万听众、观众的需要和适应社会各方面的需求上,可以有更广阔的发展空间和更多的作为。各种专业台和专门节目应运而生,各种服务形式和服务手段不断涌现,广播电视节目套数和播出时间为满足社会需要而大量增加,有针对性的分众传播势必成为广播电视事业发展的主要潮流。

4. 面临挑战,持续发展

新技术的不断涌现使得广播电视面临着其他先进信息传播媒介的挑战。面对挑战,如何扬长避短,发挥自己的优势,这是广播电视事业持续发展必须要解决的首要问题。

电视的产生对广播是一个极大的冲击。虽然在大多数国家中,广播仍在各新闻传播媒介中居普及率之首,但据联合国教科文组织的统计资料看,近些年许多国家的电视覆盖率、电视机拥有量和接受者人数的增长率都远远大于广播。随着技术的进步,电视的发展将更占上风。但广播与电视相比也有自己的长处,广播的"方便"、"经济"、"快捷",这些优势都是电视不能比拟的,并且在发展中,广播吸收、借鉴了电视节目的一些内容,不断赋予广播节目新的生命。在目前的形势下,广播的发展就世界范围来说还会持续一个不短的时期。当然,也只有采用新技术才能使广播具有较长久的生命力。

在可预见的未来,无线广播将不会发生本质性的重大变革。新技术将在一定领域付诸使用,广播传输方式的发展趋势主要体现为调频、多路和立体声传输。编播工作、节目制作和播放运用电脑技术,充分实现电子化、自动化,发送设备和接收工具更精密、更方便、更实用、更多样化,这些都是广播发展的近期目标。

电视的发展将比广播更为多样化。除了像广播那样面临编播工作、节目制作、信号传送和播放的自动化以及高质量、高性能的发展任务外,随着新的信息技术的运用和新的传播形式、传播媒介的出现,电视还面临着实现信息传播由目前的单向传递过渡到双向交流、实现节目内容和信息非群体化传播(即"窄播")等任务。

思 考 题

1. 广播是怎样发明的?什么人对此作出了最主要的贡献?
2. 广播事业是如何发展起来的?
3. 为什么说苏联是无产阶级广播事业的发源地?
4. 列宁是怎样论述广播的?

5. 电视是怎样发明的？什么人对此作出了最主要的贡献？
6. 电视事业是如何发展起来的？
7. 现代彩色电视有哪几种技术制式？
8. 我国广播事业的发展经历了哪几个阶段？
9. 我国电视事业的现状怎样？

延伸阅读书目

1. 赵玉明.中国广播电视史文集(续集)[M].北京：北京广播学院出版社,2000.
2. 王长潇.当代中国电视文化传播论纲[M].济南：山东人民出版社,2005.
3. 袁军,蔡念中.21世纪两岸广播电视发展趋势研究[M].北京：北京广播学院出版社,2000.

第二章 中国广播电视事业的发展

导 言

● 本章学习目标：学生通过本章的学习，能够全面掌握我国广播电视事业的发展脉络，着重思考相同形态的广播电视事业在不同历史阶段的存在状况、内在原因和功能表现，并能通过系统的比较分析，找到广播电视发展与国家政治、经济以及文化发展之间的线索。

● 本章学习难点：民营广播的存在价值，"文革"期间有线广播的发展状况，台港澳的广播电视事业现状。

第一节 旧中国的广播事业

中国的无线电广播事业发端于20世纪20年代。1923年，美资创办的"大陆报—中国无线电公司广播电台"首先在上海播音。1926年，中国人自己创办的第一座广播电台在哈尔滨建成。1927年在商业中心上海，中国第一座私营商业广播电台建成。此后，中国的广播事业在艰难的时世中惨淡经营，缓慢发展，其发展状态和中国的政治时局息息相关。

一、早期的广播

清朝末年，随着无线电通信技术在我国的出现，帝国主义国家驻我国的使馆、商人等为其通信上的便利，竞相在我国境内私设无线电台。北洋军阀政府虽然出台了有关无线电管理的法令，但在第一次世界大战之后，中国的无线电事业已基本上成为帝国主义经中国封建官僚买办之手控制的一项垄断事业。极其自然的，中国境内也出现了最早的由外国人创办的广播电台。

1923年，美国人奥斯邦创办的中国无线电公司与英文《大陆报》馆合作，开办"大陆报—中国无线电广播公司电台"，该电台于当年1月23日晚首次播音，呼号为XRO，存在约3个月。之后，外国人接二连三地在上海开办广播电台，其中时间最长、影响较大的是美商开洛电话材料公司的广播电台，它于1925年5月开播，呼号KRC，前后播音5年多。

广播电台的陆续出现，引起人们的收听兴趣。有资料统计，上海当时有收音机500台左右。这些电台的广播内容包括新闻、西乐、弹词、京剧等，还允许听众点播节目，并在报纸上刊登节目预告。这一时期，海外资本和外国公司虽然在违反中国政府禁令的情况下，私自开设了众多电台，侵犯了中国的无线电主权，但同时它们也把无线电广播这一20世纪的重大科学技术成果引入了中国，开阔了中国人的视野，传播了无线电知识，揭开了中国广播事业发展史的第一页，从这一点上来说有其积极意义。

面对广播电台的出现、收音机数量的增多以及听众对广播的兴趣的增强，北洋政府交通部于1924年8月公布了《装用广播无线电接收机暂行规则》，这是中国第一个关于广播的法规。《规则》改原来严加禁止为有限制地允许民间装设收音机，并对装设范围、收听内容、缴纳收音机执照费等问题作了具体规定。该法规的颁布，客观上促进了中国早期广播事业的发展和我国自办广播电台的早日问世。

1926年10月1日，由我国早期的无线电专家刘瀚主持筹建的哈尔滨无线广播电台率先开始播音，该台成为中国人自办的第一座广播电台，呼号为XOH。它每天播音2小时，内容有新闻、音乐、演讲和物价报告等。之后，1927年5月、9月和1928年初，天津、北京和沈阳先后建立了无线广播电台。以上4座官办广播电台均由我国早期的地区性无线电管理机构——东北无线电长途电话监督处（成立于1923年）管理。该监督处于1926年10月颁发并在一定范围内实施了《无线电广播条例》、《装设广播无线电收听器规则》和《运销广播无线电收听器规则》。这三个法规对于促进我国早期广播事业的发展起到了一定的积极作用。很快，在上海、北京等地也出现了国人自办的民营广播电台。

二、国民党办的广播

1927年四一二反革命政变后，南京国民政府成立。为了维护其政治统治，并对进步思想文化进行"围剿"，国民政府不断建立和强化它的宣传机构，于1928年8月1日在南京创建"中央广播电台"（简称"中央台"），呼号为XKM，发射功率为500瓦，每天播音2小时，内容主要是新闻节目和演讲。该台作为国民党中央执行委员会和中央政府的"喉舌"，在其《通告》中宣称："嗣后所有中央一切重要决议、宣传大纲以及通令通告等，统由本电台传播。"1932年11月12日，该台启用75千瓦发射机，呼号改为XGOA，成为当时亚洲发射功率最大的广播电台。国民党"中央台"建立之初隶属于国民党中央宣传部。1932年夏，中央广播无线电台管理处成立，直属国民党中央执行委员会，1936年1月又改称中央广播事业管理处。1936年2月，国民党为加强对全国广播事业的管理与控制，建立了中央广播事业指导委员会，由陈果夫任主任。

继"中央台"建立之后，国民党在全国一些主要城市和地方建立了一批地方性广播电台，它们分别隶属于中央广播事业管理处、交通部以及各省、市地方政府和国民党地方党部。到1937年6月，国民党的广播电台已有23座，全国收音机总数约有20万台。

1937年七七事变后，抗日战争全面爆发。不久，南京国民政府西迁重庆。抗战初期，国民党的广播事业遭受重挫，东北、华北和上海等地的广播电台相继落入日寇手中，福州、西安、长沙等地的广播电台被迫离开城市迁往边远地区。到1938年底，国民党的广播电台仅存六七座。其中"中央台"在从南京西迁重庆途中曾一度停播,由汉口广播电台等台接替播音,到重庆后才恢复播音。

抗战进入相持阶段后,在英美的援助下,国民党的广播事业有所恢复,并于1939年2月6日在重庆建成中央短波广播电台,正式对国外播音,该台呼号为XGOX、XGOY,发射功率为35千瓦。1940年1月,该台定名为国际广播电台(英文简称为VOC,意为"中国之声")。该台共开办6套节目,使用英语、德语、法语、荷兰语、西班牙语、俄语、日语、马来语、泰语、缅甸语等语种以及汉语普通话和厦门话、广州话等语言,向欧洲、北美、亚洲等地以及我国东北、华南等地区播音,每天播出时间长达10多个小时。与此同时,国民政府先后建成了贵阳、西昌、昆明、兰州等地的广播电台。到1944年,国民政府拥有广播电台23座,发射功率总计为154千瓦。另外,国民政府还有适应前线作战宣传需要的战地流动广播电台。

抗战胜利后,国民党中央广播事业管理处在全国范围内接收广播电台,从1945年8月到1946年5月,先后接收了日伪在南京、上海、台湾、北平、天津、青岛、武汉、广州等地设立的21座广播电台。1946年5月,国民党广播管理机构及"中央台"随国民党中央政府迁回南京。之后,其广播事业又有所发展。到1947年9月,中央广播事业管理处所属的广播电台达41座,总发射功率为406千瓦。但随着解放战争的进展,国民党的广播电台陆续被人民解放军夺取并接管。1949年4月23日南京解放,国民党的广播管理机构及"中央台"迁往台湾。同年年底,大陆国民党的广播电台除被破坏的外,均被掌握在人民手中。

三、民营广播

中国人自办的第一座民营广播电台,是创办于1927年3月的上海新新公司广播电台。之后,上海、北京等地也出现了几座民营广播电台。

1928年12月,国民政府颁布了《中华民国广播无线电台条例》,次年8月又公布了《电信条例》,允许民间公私团体和个人经营广播电台。20世纪20年代末30年代初,中国出现了一批民营广播电台,其中半数以上集中在上海。它们大致可以分成三种类型:第一类是教育性广播电台,多为南方中小城市的民众教育馆或学校所办,规模较小,播出内容大都是文化科学知识;第二类是商业性广播电台,为上海、天津等大中城市私营企业所办,达40多座,以上海为大本营,它们依靠广告生存,面向小市民,多数节目都是低级庸俗的娱乐内容;第三类是宗教性广播电台,主要宣传宗教内容。

1931年九一八事变后,国民党政府严格进行新闻检查,并先后公布了中央广播事业指导委员会制定的《指导全国广播电台播送节目办法》、《民营广播电台违背＜指导全国广播电台播送节目办法＞之处分简规》和《播音节目内容审查标准》等,加紧对民营广播电台的管理和对节目内容的控制,以将其纳入反动宣传的轨道。

抗日战争爆发后,民营广播电台曾进行过积极的抗战宣传。上海八一三抗战时,上海的30多座民营广播电台按照上海抗战后援会制定的《战时广播电台统一宣传办法》编排节目,积极参加抗日宣传。大片国土沦陷后,民营广播电台的抗日热情受到严重打击。

1932年上海沦陷后,30多座民营广播电台中有几座自动停播以示抗敌,也有少数几家屈服了日伪的压力,而大多数民营广播电台则改为向英美租界当局登记以求继续播音。但根据英美租界当局与日本占领当局的谈判结果,这些电台不得播出反日宣传与其他政治内容,因此大多只能靠播出低级下流的娱乐节目苟且偷生,只有极少数电台播送过一些爱国进步歌曲和募捐衣物支援前线等报道,间接地做了一些抗日宣传。1941年12月太平洋战争爆发,日军占领租界地区,民营广播电台便一律被"封闭"了。在此之前,南京汪伪政权规定,在其统治范围内,"民间不得再有广播电台"。而在国民党统治区内,国民党政府借口"非常时期",也禁止开设民营广播电台。

抗战胜利后,民营广播重整旧业,上海的民营电台纷纷复台,到1946年初已达到43座。1946年2月,国民党政府交通部公布《广播无线电台设置规则》,虽允许民间开办广播电台,但同战前相比,在数量、分布、广播内容等方面作出种种限制,并随即进行整顿,民营电台从此走向衰落。到1947年9月,全国民营广播电台共有50座。南京、上海解放时,除个别迁往台湾外,其余都留下来迎接解放。

在上海民营广播电台中,有一座以民营台名义出现的中共上海地下党主持经办的"中联广播电台",它是中共在国统区唯一的一座广播电台,创办于1946年3月。它报道了国统区人民反饥饿、反内战、反迫害的斗争消息和一些重要新闻,产生了一定的影响,但同年7月便被国民党政府查封了。

第二节　解放区的广播事业

中国人民的广播事业发端于新中国建立前解放区的广播事业,是在抗日战争中诞生、在解放战争中成长和发展起来的。

一、延安新华广播电台的创建与发展

在中国共产党领导下创办的人民无线电事业是中国人民广播事业的技术基础。1928年秋天,中共"六大"之后,当时担任党中央政治局委员、组织部长并负责军事部工作的周恩来同志开始筹划在上海建立电台。1929年冬,党建立了第一个秘密电台。1931年初,中央红军在第一次反"围剿"胜利后,利用起义的敌军通讯人员和缴获的一部无线电收发报机,建立起红军中最早的无线电台,并实现了中央根据地和上海党中央的无线电联络。1931年冬,党通过无线电台办起了红色中华通讯社(简称红中社,1937年在延安更名为新华社)。

抗战爆发后,党很重视宣传工作。由于日军和国民党顽固派对解放区的封锁,向全国人民进行抗日宣传受到很大限制。在此情况下,党中央提出在延安建立人民的广播电台。1940年春,党中央成立广播委员会,由周恩来任主任,领导筹建广播电台,成员有军委三

局局长王铮和新华社社长向仲华等。周恩来赴重庆工作后,由朱德同志主持广播电台的筹建工作。

广播电台建在延安城西北19千米处的王皮湾村,机房和播音室都设在半山腰的窑洞里。一台300瓦广播发射机是共产国际援助的,由周恩来同志从苏联带回延安。承担建台任务的中央军委三局九分队的通讯战士们用烧木炭产生的煤气点燃一台旧的汽车引擎来带动发电机供电,在山顶用木杆架起天线,在十分艰苦的条件下建起了人民广播的第一座广播电台。1940年12月30日晚,延安新华广播电台开始播音,呼号为XNCR。中国人民的广播事业从此诞生。

延安台开播后,基本上坚持每天播音2次,每次1小时,由新华社广播科供稿。延安台的开播使中国共产党的政治主张、解放区人民新的生活面貌、全国军民抗战救亡的消息、八路军和新四军英勇杀敌的事迹以及世界人民反法西斯战争的情况传向四面八方,对抗日战争的胜利起到了积极的推动作用。1943年春,因发射机零件损坏,无法修复,延安新华广播电台被迫暂时停止播音。

1945年8月中旬,在解放区和全国人民欢庆抗日战争胜利的日子里,延安新华广播电台得以重建并恢复播音。最初几天,延安台反复播出朱德总司令为接受日寇投降向各解放区八路军、新四军部队发布的命令。新华社编辑科专门成立了口语广播组,负责延安台的编播工作。1946年5月,新华社加强和充实编辑部门,原口语广播组改为语言编辑部。编辑部驻扎在延安清凉山上,而播音室和发射机房为防敌机轰炸设在离延安几十里的地方,并多次迁移。在解放战争中,恢复重建的延安台作为人民的"喉舌"、"民主的呼声",其广播不仅对解放区的工作有很大推动,受到解放区军民的欢迎,而且在国民党统治区也拥有众多的听众,对国统区反对内战、争取和平的民主运动的发展产生了积极影响。

1947年3月,国民党军队进攻延安,党中央和人民解放军被迫撤离延安转战陕北,延安台跟随党中央从延安迁到北平。在两年多的时间里,随着解放战争形势的发展,延安台曾进行过4次大的迁移,并坚持不中断播音。

第一次,1947年3月14日,延安台迁至陕北子长县(瓦窑堡)好坪沟村,3月21日起改称陕北新华广播电台,并在炮火声中坚持播音到3月28日。

第二次,从1947年3月29日起,晋冀鲁豫解放区设在河北省涉县沙河村的邯郸新华广播电台接替陕北新华广播电台播音,仍用陕北台的呼号。原陕北台人员辗转千里,于4月和7月分批到达涉县,与新台人员会合。陕北台在太行山区的播音一直持续到1948年5月22日。这期间,正是人民解放战争由战略防御转入战略反攻的重要时期,陕北台新办了针对国民党军队的广播和英语新闻等一些节目,延长了播音时间,改进了新闻和评论节目,产生了不小的影响。

第三次,1948年3月,中共中央离开陕北,东渡黄河,经晋绥解放区到达河北省平山县的西柏坡,陕北台随新华总社由太行山北上,并从5月23日起在平山播音。电台编辑部设在西柏坡,发射机房和播音室设在40千米外的窑窿峰,播出稿件每天由专人骑马传送。在窑窿峰西南的天户村,陕北台自力更生建成了当时解放区最高大的发射天线,发射功率为3千瓦,震惊全中国和世界的辽沈、淮海、平津三大战役胜利的捷报和党的七届二中全会公报等重大报道都是从这里播出的。

第四次,1949年3月25日,陕北台随党中央迁入北平,并改名为北平新华广播电台。北平新华广播电台多次改进广播宣传,开办了最初的全国广播电台联播节目、日语节目和汉语方言节目,播出时间由每天5小时增加到13小时。6月20日,北平台首次播出毛泽东同志6月15日在新政协筹备会上的讲话录音。9月21日,北平台报道了当天中国人民政治协商会议第一次全体会议开幕的新闻,并播出了毛泽东同志致开幕词的录音。9月27日,政协会议决定建立中华人民共和国,定都北平,并改北平为北京。同一天,北平新华广播电台改名为北京新华广播电台。10月1日下午3点,北京新华广播电台实况广播了在北京天安门广场举行的中华人民共和国开国大典盛况。

二、各解放区人民广播事业的建立与发展

抗日战争胜利后,中国共产党领导下的各解放区也逐步兴办起人民广播事业,并有过三次较大的发展。

第一次大发展是在抗日战争胜利后不久,各解放区主要利用接收的日伪广播设备建立起一批广播电台。东北解放区先后建立了近10座广播电台,华北也相继建立起多座广播电台。由于战局变化频繁,上述这些台大多几经更名迁移,有的还曾一度停播。直到解放战争取得决定性胜利、政治形势稳定之后,这些台的工作才稳定下来。在各解放区建立的广播电台中,哈尔滨广播电台是继延安新华广播电台之后最早建立的,于1945年8月20日开播;1945年8月24日开播的张家口新华广播电台是解放区广播电台中功率最大的,为10千瓦。这些解放区的广播电台除自办节目外,均转播延安(陕北)新华广播电台的重要新闻和其他节目,延安(陕北)台通过它们的转播扩大了收听范围和宣传影响,从而初步形成了一个以延安(陕北)台为中心的解放区广播宣传网。

第二次大发展的标志是东北、华东和西北三大解放区中心台的建立和天津、北平等大中城市人民广播电台的建立。东北新华广播电台是各解放区中最早建立的面向东北全区的广播电台,也曾是东北全区广播电台的领导机关,1946年9月在佳木斯开播,1948年春迁往哈尔滨,1948年冬迁往沈阳,1949年5月1日改称沈阳新华广播电台,后又改为沈阳人民广播电台。华东新华广播电台是华东解放区的第一座广播电台,1948年9月12日在山东临朐开播,1949年2月迁往济南。1949年5月,当新的华东区中心台——上海人民广播电台开播后,华东新华广播电台停播。西北解放区的首座广播电台是西北新华广播电台,1949年元旦在延安开播,6月2日迁往西安,6日改为西安新华广播电台,后又改称西安人民广播电台。除以上三大区台外,随着辽沈、淮海、平津三大战役的胜利,一些大中城市也相继建立了人民广播电台。

第三次大发展是在渡江战役之后,长江以南一批大中城市相继解放,又陆续建立起一批人民的广播电台。1949年4月23日南京解放,南京的广播电台奉命转播北平新华广播电台的全部节目。5月,人民解放军正式接管了南京国民政府中央台及伪国防部广播电台,建立了南京人民广播电台。截至中华人民共和国成立前夕,全国的各级人民广播电台共有39座。

三、人民对外广播的开创

中国人民的对外广播事业源于解放区新华广播电台开办的外语广播。1946年7月15日,张家口新华广播电台英语新闻节目开播,开人民台外语广播之先河。1947年9月11日,陕北新华广播电台在河北涉县沙河村开办了第一种外语广播——英语新闻节目,这一天成为中国人民对外广播的诞生纪念日。当时英语广播的主要对象是国统区的外国听众,晋察冀和邯郸两个新华广播电台每晚同时转播陕北台的英语广播。1949年3月,陕北台改为北平新华广播电台,6月20日又开办了第二种外语广播——日语广播,同一天还开办了对华侨听众的广东话、潮州话和厦门话广播节目。这些节目的创办,为我国对外广播的发展奠定了基础。

与此同时,一些地方新华广播电台也先后开办了外语广播、汉语方言广播和少数民族语言广播。1949年7月,新成立的中央广播事业管理处根据全国的政治形势需要,决定对国外的广播宣传由北平新华广播电台承担。从此,人民的对外广播便在中央的直接领导下逐步发展起来了。

第三节 新中国的广播电视事业

新中国广播电视事业的发展经历了一个曲折的过程,大致可以分为三个时期:从1949年到1965年的17年间、"文化大革命"时期和社会主义新时期。

一、从1949年到1965年的17年间的广播电视

新中国成立以后,人民的广播事业得到飞速发展。从1949年到1965年的17年间,我国初步建成了从中央到地方的各级广播网,日益发展的对内、对外广播和新开创的电视广播,对促进中国社会主义革命和建设事业的发展,增进中国人民与世界各国人民之间的了解与友谊,发挥了巨大的作用,产生了越来越大的影响。

1. **对广播事业的管理**

新中国诞生前夕,1949年6月5日,中共中央决定成立中央广播事业管理处,领导并管理全国广播事业。广播从此脱离新华社成为独立的宣传系统。

1949年6月30日,新成立的中央广播事业管理处制定了针对各地广播电台的暂行管理办法,规定各地广播电台一律改称人民广播电台,其日常工作由当地党委宣传部管理,其重要工作方针、重要技术设施和人事配备由中央广播事业管理处或各中央局人民广播电台管理。1949年10月1日,中央人民政府成立。中央广播事业管理处改组为广播事业局,由中央人民政府政务院新闻总署领导,后新闻总署撤销,又改由文化教育委员会

领导。当时规定广播事业局的主要任务是：领导全国各地人民广播电台，直接领导中央人民广播电台对国内外的广播，普及人民广播事业，指导与管理各地私营广播电台，培养和训练广播事业干部。当时还规定，各地人民广播电台同时领导和管理所在地方的广播事业和广播工业。

新中国初期，全国广播电台分为4级：中央台、大行政区台、省（自治区、直辖市）台和省辖市台。中央广播事业局除直接领导中央台外，还兼管华北行政区的广播电台。东北人民广播电台（沈阳）、西北人民广播电台（西安）、华东人民广播电台（上海）、中南人民广播电台（武汉）和西南人民广播电台（重庆）则担负面向全区广播宣传与管理本区广播事业的双重任务。1954年大行政区撤销，行政区台陆续停办。从1956年起，大多数省（自治区、直辖市）相继建立了广播事业管理机构。在此之前，地方广播事业的管理工作受中央和省（自治区、直辖市）双重领导，但以中央领导为主，1957年以后改由以省（自治区、直辖市）领导为主。在相当长的时间里，中央广播事业局和中央台一直实行局台合一的体制。各省（自治区、直辖市）广播管理部门和当地广播电台也多采用这一体制，广播部门同时承担广播宣传和广播事业管理的双重职能和任务，其宣传工作接受同级党委宣传部的领导。

从1952年到1966年，中央广播事业局先后在北京召开过9次全国广播工作会议。总的来说，这些会议对我国广播电视事业的建设和广播宣传工作的改进起了推动作用。

2. 发展无线广播

我国对国内广播的无线广播系统是由中央人民广播电台和各级地方广播电台共同组成的，主要使用中波广播。从1949年到1965年的17年间，无线广播的发展虽有过曲折，但仍取得巨大进展。1949年12月5日，北平新华广播电台正式定名为中央人民广播电台。当时全国有49座对国内播音的广播电台，总发射功率为138千瓦，其中中央台为78千瓦，地方台共60千瓦。新中国成立时，国家处于恢复国民经济和逐步从新民主主义革命过渡到社会主义革命的转变时期，中央台面临发射功率小、技术设施陈旧落后、收听工具严重不足、编播力量十分薄弱等各种困难。广播工作者继承了延安台艰苦创业的优良传统，担负起了繁重的宣传任务。由于党和政府的关怀和重视，从1950年起逐年增加广播事业经费的投入，中央台的技术设备渐渐得到补充和加强，并于1959年建起了中央广播中心——北京广播大厦。

1950年4月，中央人民政府新闻总署规定广播宣传有三大任务：发布新闻和传达政令，社会教育，文化娱乐。中央台按三大任务的要求，针对中国是个统一的多民族国家，幅员辽阔、人口众多、交通不便以及各地区政治、经济、文化发展不平衡这一基本国情，陆续开办了一批在全国有重大影响并延续至今的节目，如《各地人民广播电台联播节目》、《首都报纸摘要》（后改称《新闻和报纸摘要》）等，先后开办了藏语、蒙古语、朝鲜语、维吾尔语、壮语等5种民族语言广播，1954年还开办了对台湾的广播节目。

20世纪50年代，中央台先后重点宣传过抗美援朝、保家卫国运动和"三反""五反"运动、过渡时期总路线、我国第一部宪法、党的"八大"等，也在全国开展的"大跃进"和"人民公社化"运动中进行过大规模宣传。一方面，这些宣传通过新闻、评论、专题报道以及录音报道、理论讲座等形式对全国人民进行了广泛深入的爱国主义、国际主义和社会主义思想教育；另一方面，广播宣传也曾因"左"的思想影响，在宣传经济指标和推广先进生产经验方面存在着浮夸、跟风、瞎指挥、片面性和标语口号式的宣传等缺点和错误,特别是曾滥用广播大会的形式,助长了"高指标"与"放卫星"、浮夸吹嘘等不良倾向,也违背了实事求是的科学态度和新闻真实的原则。这些错误都很快得到了纠正。1962年以后,中央台着重提高节目质量,增加节目品种,又开办了一些好节目,深受听众欢迎,特别是连续报道了王进喜、雷锋、王杰、欧阳海、焦裕禄和"南京路上好八连"等一系列社会主义新时代的先进人物、先进集体的事迹和经验,大力宣传了共产主义的思想和情操,产生了巨大的社会影响。这期间,中央台的广播宣传开始发挥"自己走路"的作用,重点改进新闻报道,加强评论,努力摆脱单纯依赖报纸、通讯社的被动局面,突出了广播的优势,同时开始注重和加强对农村的广播宣传。文艺广播也得到较大发展,中央台加强了对民族和民间文艺、音乐、戏曲等的采录工作,建立了广播民族乐团、广播说唱团等表演团体,节目来源逐渐扩大,文艺广播的内容日益丰富多彩。到1965年底,中央台共办有4套节目,其中2套是对全国广播的综合性节目,1套是专门的文艺节目,1套是对台广播节目。

地方各级广播电台是在原各解放区广播事业的基础上发展起来的。1952年底,除西藏外,全国各大行政区和省、自治区、直辖市共有广播电台70座,发射总功率达到181千瓦。在此之后经过一次调整,广播电台到1957年减为59座,但发射总功率却增加到700多千瓦。从1958年开始,我国又加快了地方广播电台的建设。1959年,西藏人民广播电台开播,全国省级以上地区都有了广播电台。到1960年底,地方广播电台发展到135座,发射总功率达3797千瓦。20世纪60年代初,由于国民经济出现严重困难,一批地方广播电台被迫下马,但到1964年后得以逐步恢复。1965年底,全国共有地方广播电台84座,发射总功率为4821千瓦。这个规模稳定了相当长一段时间。

3. 扩大对外广播

新中国成立以后,对外广播发展迅速。建国伊始,对外广播用语只有英语、日语和针对华侨广播的广州话、潮州话、厦门话3种方言。1950年4月10日,中央人民广播电台成立国际广播编辑部,外语广播开始用"北京广播电台"的专用呼号(英文Radio Beijing),播出时间与频率开始与对内广播分开,对华侨广播仍沿用中央人民广播电台的呼号。当日,还开始了越南语、泰语、缅甸语、印尼语4种语言的广播和对华侨的客家话广播,同年7月2日开办了朝鲜语广播。至此,我国对外广播共用11种语言,每天播音11个小时。20世纪50年代至60年代,党和政府十分重视对外广播工作,在国家经济困难的情况下大力加强对外广播的建设。从1956年到1965年的10年间,我国对外广播每年都新开办1—3种外语广播。到1965年底对外广播用语达27种,每天累计播音70小时30分钟,覆盖了亚洲、欧洲、非洲、拉丁美洲、北美洲、大洋洲的大部分地区,我国成为仅次于苏、美的对外广播大国。从1963年至1965年,每年听众来信都超过20万封。

在对外广播的内容上,20世纪50年代中期,根据对外广播的特殊性和重要性,广播工作者在宣传思想上曾作过一些有益的探索,也取得了一些初步的经验。但在50年代末出现的"左"的思潮的不良影响下,对外广播受到了一定冲击。从60年代初起,对外广播注意纠正"左"的影响,对外宣传工作重新取得了积极的效果。

4. 建设有线广播

新中国成立前,解放区的部分城市,如哈尔滨等,曾办有有线广播。1950年4月,新闻总署作出《关于建立广播收音网的决定》,要求各地基层政府、机关、团体、工厂、农村、部队、学校等单位组织收听无线电广播的重要节目。经过几年努力,到1952年底,全国已建立起收音站2万多个,有收音员4万多人。在收音站蓬勃发展的基础上,一些企业和城镇陆续办起了小型有线广播站。1952年4月1号,我国农村的第一座有线广播站——吉林省九台县广播站成立并开播。随后,广大东北农村纷纷建立起有线广播站。在随后的2年里,全国大部分省份都办起了农村有线广播站。到1954年底,全国有线广播站有540多座,广播喇叭近5万只。农业合作社的高潮使有线广播的发展进入了新阶段。根据党中央《1956—1967年全国农业发展纲要》的要求,全国有22个省、自治区、直辖市制订了发展农村有线广播网的规划。虽然农村有线广播建设曾一度陷入盲目和片面地追求数量、忽视质量的误区,但总的来说有相当大的发展。1956年,全国有线广播站为1458座,广播喇叭为50.6万只。到1965年底,全国有限广播站达2365座,广播喇叭为872.5万只。

除农村有线广播得到大力发展外,20世纪50年代初期,一些没有无线广播电台的中小城市和大城市地区也建设起有线广播。50年代中期,无锡等一些有无线广播电台的中小城市也建设了有线广播。

5. 开办电视广播

我国是较早开办电视广播的国家之一。1958年5月1日晚7时,北京电视台开始试播,这一天成为中国电视事业的诞生日。同年9月2日,北京电视台转为正式播出,每周播出4次,每次2—3小时。随后,上海、哈尔滨等城市的电视台先后于当年或次年建成并开播。到1961年底,全国共有电视台和电视实验台20座,但不久便遭遇国民经济困难时期,一批新建不久的电视台"下马"。到1962年,只剩下北京、天津、上海、广州、沈阳的5座电视台,另有3座实验台和4座教育台。困难时期过去后,到1965年,又恢复了4座电视台。"文化大革命"前夕,全国共有13座电视台。

1958年5月,北京电视台开播不久就自办电视新闻节目《图片报道》;5月29日,播出了第一个少儿节目《两个笨狗熊》(木偶戏);6月1日,播出了自拍的第一个新闻片,报道《红旗》杂志创刊;6月15日,直播了第一个电视剧《一口菜饼子》;7月,播出了自拍的第一个专题性纪录片《英雄的信阳人民》。1966年以前,北京电视台的节目专栏达20多个,包括新闻类、教育类和文艺类节目,上海等地方电视台也都办有新闻节目、专栏节目和文艺节目。1960年3月,北京电视台与北京市教育局联合开办了北京电视大学。随后,上海等地也相继开办了电视大学。另外,北京电视台还同地方电视台一起拍摄并向国外输送了一些对外宣传的电视片。

二、"文化大革命"时期的广播电视

从1966年5月至1976年10月长达10年零5个月的"文化大革命",使中国的广播电视事业同其他事业一样,遭受了巨大摧残。林彪、江青反革命集团长期把持着广播电视事业的领导权,广大人民群众和广播电视工作者以各种方式进行着抵制和斗争。在党的领导下,在广播电视工作者的努力下,广播电视事业在一些方面也取得了发展。

"文革"初期,全国广播电台、电视台一律实行军事管制。地方广播电台停止了自办节目,一律转播中央人民广播电台的节目,而中央台的宣传就是照搬、照播由林彪、江青反革命集团一手把持的报纸内容。地方电视台由于不能转播北京台的节目,除上海台外基本上都停办了。1967年以后,随着各省、自治区、直辖市革命委员会的陆续建立,一些地方广播电台开始恢复少量的自办节目。1968年到1971年,各地陆续恢复和新建了一批电视台。但在内容方面,这些电视台进行了大量的错误宣传,假话、大话、空话和套话泛滥,形而上学猖獗,唯心主义横行,影响很坏,许多知识性、娱乐性的节目和大量古今中外的优秀艺术作品被视为"封、资、修"黑货而被取缔或打入"冷宫"。不少广播电视工作者在巨大的政治压力下并不屈服,在抵制和斗争中,也进行了一些正确、真实的报道宣传,尤其在外交事务方面,在毛主席、周总理的直接领导下,广播电视在关于恢复我国在联合国的合法席位、"乒乓外交"、中日和中美建交等外事报道中取得了令人瞩目的成绩。

无线广播在这10年中的发展极不平衡:中央广播有所发展,地方广播则停滞不前;对内广播变化不大,对外广播发展较快。从1971年5月起,中央台陆续恢复了停办的维吾尔语、蒙古语、朝鲜语、藏语4种民族语言的广播,并新开哈萨克语广播。从1969年开始,中央和部分地方广播电台的工程技术人员进行中波同步广播技术试验,取得成功并加以推广。从1966年起的10年间,中央台又增加12种外语广播,使我对外广播语种达到39种。但对外广播的宣传内容由于受极"左"思想的干扰,照搬国内广播内容,输出革命,强加于人,致使外国听众来信数大量下降。10年间平均每年听众来信只有5万封,最少的一年仅有2万封。

有线广播在10年间有较大发展。从1969年起,县广播站的事业经费开始列入国家财政预算,大办有线广播的热潮席卷全国。1966年底,全国有线广播站有2181座,广播喇叭约有1000万只。到1976年底,全国有限广播站增加到2503座,广播喇叭有1.1亿只。全国97%的人民公社、93%的生产大队和80%的生产队都通了有线广播,农村广播喇叭入户率达60%,基本建成了以县广播站为中心、以公社广播放大站为基础、连接千村万户的农村有线广播网。另外,广播喇叭开始升级换代,传输线路的质量有较大提高。

电视事业在这10年间复兴,彩色电视诞生。从1969年到1971年,全国的电视台发展到32座,除西藏和北京市外,大陆各省、自治区、直辖市都有了电视台。北京电视台(实际是中央电视台)于1968年、上海电视台于1972年分别建立了高196米、210米的钢制电视发射塔。1970年,我国重新进行中断了10年的彩色电视的研制,确定我国的彩色电视采用PAL制式。1973年5月1日,北京电视台开始用国产设备试播彩色电视节目。同年5月26日,北京至上海微波传送彩色电视节目实验获得成功;8月1日,上海电视台试播彩色电视节目;10月1日,京、津、沪三城市进行彩色电视节目试传。1976年7月1日起,北京电视台和全国各省级电视台联合试办《新闻联播》。到1976年底,全国有近10座电视台可以播放彩色电视节目;北京电视台的彩色电视节目通过国家微波干线可传送到25个省、自治区、直辖市;全国电视广播的人口覆盖率达36%,有近3亿人可看到电视。

三、社会主义新时期的广播电视

从1976年10月开始,我国进入新的历史时期。在这之后的30多年里,广播电视全面发展，这一时期成为中国人民广播电视事业半个多世纪历程中最为光辉灿烂的时期。

1. 拨乱反正，走向振兴

1976年10月，党中央一举粉碎"四人帮"反革命集团。从此以后，广播电视事业也摆脱了10年动乱的羁绊。从1976年12月起，一大批在"文革"中被打入"冷宫"的优秀的文化艺术节目、剧目和影片被解除禁锢，重新在广播电视中播出，使广播电视的文艺功能在10年沉寂后开始复苏。1978年12月，党中央召开了具有重大历史意义的十一届三中全会。之后，遵循"解放思想、实事求是"的思想路线，全国的广播电视宣传工作开始拨乱反正，从"活学活用"、"以阶级斗争为纲"、"突出政治"等极"左"和形而上学的宣传，转到宣传马列主义、毛泽东思想的科学体系上来，宣传经济建设、四项基本原则，宣传改革开放和社会主义精神文明建设。

1978年5月1日，中央人民广播电台对外广播部即"北京电台"被正式命名为中华人民共和国国际广播电台，但仍在广播节目中沿用"北京电台"呼号，北京电视台则改名为中华人民共和国中央电视台（英文缩写为CCTV）。从此，中央人民广播电台、国际广播电台和中央电视台作为国家媒体，共同担负起党中央和中央政府的宣传使命。

1980年10月7日至18日，在与第九次全国广播工作会议相隔15年的时候，中央广播事业局在北京召开了第十次全国广播工作会议，总结建国30年来广播电视事业发展正反两方面的经验教训，确立新时期广播电视的宣传方针和任务，动员广大广播电视工作者为提高全民族科学文化水平、实现四个现代化作出贡献。会议决定，到20世纪末建成完整的、自成体系的广播电视宣传网。

1982年5月4日，全国五届人大常委会第23次会议通过了《关于国务院部委机构改革实施方案的决议》，宣布撤销中央广播事业局，成立广播电视部。随后，各省、自治区陆续改设广播电视厅，直辖市改设广播电视局。全国广播电视系统改变了长期实行的局台合一体制。在职能分工上，部、厅、局主要负责宣传和事业管理，广播电台、电视台直接承担宣传任务。

1983年3月31日至4月10日，广播电视部在北京召开了第十一次全国广播电视工作会议。这是广播电视史上的一次重要会议。会议制定了一系列加速发展广播电视事业的方针政策。在广播电视宣传方面，会议提出：以新闻改革为突破口，推动整个广播电视宣传的改革。在坚持"自己走路"的基础上，会议提出要进一步"扬独家之优势，汇天下之精华"。在广播电视事业建设方面，会议确定：全国实行中央、省、有条件的省辖市（地、州、盟）和县（旗）"四级办广播、四级办电视、四级混合覆盖"的方针。会议确定了到20世纪末要实现的奋斗目标，强调要坚持全面改革，开创广播电视的新局面，使广播电视真正成为教育和鼓舞全党、全军和全国各族人民建设社会主义物质文明、精神文明的最强大的现代化工具，成为人民群众喜闻乐见的知心朋友。会后，中共中央发出1983年37号文件，正式批准了广播电视部根据这次会议形成的《关于广播电视工作的汇报提纲》，这是指导新时期广播电视工作的纲领性文件。

2. 宣传面貌发生巨变

党的十一届三中全会以后，广大广播电视工作者站在时代的前列，饱含激情，宣传改革，并进行自身改革，使广播电视的宣传面貌发生了前所未有的巨大变化。在围绕党和政府的中心工作进行宣传的同时,广大广播电视工作者坚持"接近听(观)众、接近生活、接近实际"的原则,不断开拓报道领域,精办节目,注重创新,提高宣传效益。广播电视宣传的发展大致经历了以下4个阶段:

第一个阶段,从1978年的十一届三中全会至1983年的第十一次广播电视工作会议。这几年,广播电视侧重于宣传上的拨乱反正,并在"自己走路"的方针指导下开始新闻改革。突出的变化有:广播电视自采的消息、报道增多,并按"新、快、短、活"的原则改进新闻报道;言论节目迅速崛起,中央人民广播电台从1979年开始恢复评论节目,中央电视台于1980年开办《观察与思考》节目;主持人节目崭露头角,1979年中央电视台开办了沈力主持的《为您服务》,1981年中央人民广播电台和广东人民广播电台分别开办了徐曼主持的对台湾广播节目《空中之友》和李一萍主持的《大众信箱》;电视剧由复苏走向昌盛,1979年全国仅生产10余部电视剧,1980年一跃突破100部,1982年超过300部(集)。另外,这一阶段,理论广播讲座开始兴盛,广播电视大学开办起来,广播电视开始出现广告,电视春节文艺晚会与观众见面,电视体育转播日益经常化。

第二个阶段,从第十一次广播电视工作会议至1986年底。这一阶段,宣传改革开始深化,各类节目开始繁荣。广播新闻在连续报道、口头报道和批评性报道方面有重大突破和长足进步:中央人民广播电台关于朱伯儒、雷雨顺、大邱庄等的连续报道和关于双城堡火车站洗衣机事件的批评报道在社会上产生重大影响,上海人民广播电台的口头报道走在前列,广东人民广播电台首创的"板块节目"成为一种新的节目形式。电视新闻开始注重深度报道,中央电视台连续报道的《北京乘车难》引起社会关注。电视纪录片《话说长江》标志着专题系列片走向成熟。电视剧产量猛增,1983年仅为502部(集),1986年上升到2500部(集)。

第三个阶段,从1986年底至20世纪90年代初。这一阶段,广播电视宣传由单项改革向整体改革推进,从微观改革向宏观改革扩展。广播改革走在了前边,并呈现出全新的面貌与充沛的活力。1986年12月15日,广东创办了珠江经济广播电台,迈出了创建经济台、系列台的第一步。珠江台以"板块节目"为特点,采用主持人直播和"热线电话"的方式,密切联系听众,实现了听众的直接参与,呈现出了"大众型、信息型、服务型、娱乐型"的崭新面貌,赢得了广大听众的好评。1987年6月,上海创新体制,广播电视按新闻、文艺、教育、经济分类,在宣传上率先实现了系列台的构想。中央人民广播电台分别于1987年1月1日、1988年7月4日和1992年1月1日对节目进行了三次大的改革调整,尤其是第三次,以提高宣传质量、提高宣传艺术、提高宣传效果为指导思想,开办了一批综合性专题板块节目和文艺板块节目,以求最高程度地满足听众的需要。继广东、上海之后,经济台、系列台和"板块节目"在各地如雨后春笋般纷纷涌现。主持人直播形式、"热线电话"方式被普遍采用和逐步推广,听众、观众能更多地直接参与节目制作和播出,采、编、播工作面貌焕然一新。经过改革的新型节目,大都成为中央台和各地方台最受欢迎的标志性节目。

第四个阶段,1992年邓小平同志南巡讲话之后。随着社会主义市场经济体制的逐步建立,广播电视界改革创新的进取精神和热情空前高涨。在新闻报道方面,广播开始走出20世纪80年代末、90年代初的发展低谷,以全新的面貌出现在新闻竞争中,走进了重新振兴和再造辉煌的新时期。主持人直播、"板块"节目、听众"热线"参与等广播宣传方式持续升温,包括经济台和各种专业台在内的系列台的建立此起彼伏。1992年底,借上海浦东开发之机,号称"以信息性适应时代、以服务性争取市场、以参与性赢得听众、以明星主持为标志"的上海东方广播电台的开播标志着中国广播热达到高潮。与此同时,以中央电视台大幅度增加新闻播出次数、实行新闻滚动播出、加强现场报道和纪实报道、精办新闻评论和新闻杂志性栏目等一系列着力于增强信息性、可视性和服务性的改革举措为龙头掀起的电视改革热潮也风行全国。新一轮广播电视的改革和发展更为广泛和深入,这突出表现在:第一,以再造新闻优势、创办名牌和精品节目、优化和提高节目质量为主攻方向;第二,广播电视功能的多样化和细分化的特征日益明显,强化"喉舌"的主体功能和发挥多种功能的作用并举成为广播电视改革的主攻方向;第三,在更好地为社会主义市场经济发展服务的同时,广播电视的经营管理也逐步纳入市场经济的运行轨道,广播电视以自身的资源优势,直接参与社会大生产和经济体系的运作,在保证社会效益的同时,也关注经济效益,并借以建立经济上自我积累和生存发展的基础;第四,以建立和完善与市场经济体制相适应的内部运行和管理机制为目标,引入激励和竞争机制,改革用人和分配制度,加强管理,充分调动和激发广播电视从业人员的积极性和创造性,为广播电视事业的更大发展积累了后劲。

十一届三中全会以后,我国的对外广播电视宣传也发生了巨大变化。一些地方建立了对外广播电台,大大加强了对外广播宣传的力度。对外电视宣传也开始起步,通过交换节目、联合拍片等方式,不断加强对外宣传的力度。在广播电视对外宣传报道中,广大广播电视工作者注重对我国改革开放形势和新中国社会主义建设成就的宣传,有计划地、系统地向国外听众、观众介绍中国的真实情况,并不断改进宣传方式,丰富节目内容,增强节目的知识性、服务性和娱乐性,增强节目的可信性和亲切感,使对外广播电视成了世界各国人民了解中国的窗口和增进与中国人民的友谊的桥梁。

3. 事业建设突飞猛进

第十一次全国广播电视工作会议提出的中央、省、地、县"四级办广播、四级办电视"的方针极大地调动了中央和地方办广播电视的积极性,各级党委和政府普遍加强了对广播电视工作的领导,对广播电视事业建设的投资逐年增加。广播电视事业因而获得迅猛发展,全国兴起办广播、办电视的热潮。

广播电台数量大幅度增加。1980年,全国有广播电台106座,到1985年底发展到213座,到1996年底又发展到1244座。1980年,全国对国内的广播节目为149套,到1996年底发展到1414套,且对国内广播使用了35种语言,对国外广播的语言达43种。

电视台发展速度更快。1980年全国电视台仅有38座,1985年发展到202座,到1996年底已发展到880座。1980年全国开办的电视节目仅有40套,到1996年发展到932套。

信号传输和覆盖有较大改善。1980年,全国中短波广播发射台和广播转播台为480座,到1996年底发展到746座;全国电视发射台和广播转播台为2469座,到1996年底发展到40886座。1996年底,全国共建设用于传输节目信号的广播电视专用微波线路7.1万千米,微波站1734座。自1986年中央电视台通过卫星向全国传送电视节目以后,全国的卫星电视接收设施发展迅速,到1996年底全国共建设用于接收电视节目的卫星地面站

13.36万座,更加快了电视覆盖网发展的步伐。

调频广播和立体声广播得到发展。第十一次全国广播电视工作会议把发展调频广播作为重要的、长期的技术政策。调频广播从以传送节目为主转为以群众收听为主,由作为节目传送的手段改为广播覆盖的手段,并成为提高广播质量的新的广播形式。地、县级电台主要采用调频广播。到1995年底,全国调频广播发射台和转播台共有1553座。1979年12月,黑龙江人民广播电台率先开办了立体声广播。之后,一些省市也相继办起立体声广播,主要播送音乐节目。中央人民广播电台通过卫星和微波向全国各地传送立体声广播节目。

有线广播稳步发展,有线电视迅速发展。到1996年底,全国共有市、县广播站2592个,广播专用线路总长约为189万千米,广播喇叭共7743万只,农村喇叭入户率为29.5%。1973年,新落成的北京饭店为改善电视接收质量建设了一个共用天线系统。1976年,北京东方红炼油厂建成了一个区域性有线电视系统,可自播2套电视节目。20世纪80年代,有线电视从北京推广到全国大中城市,并向农村发展。据不完全统计,到1996年,全国已建成行政区域性和企业有线电视台1210座,共用天线系统有数十万个,全国有线电视总用户约5000万户。

到2006年末,广播综合人口覆盖率为95.0%,电视综合人口覆盖率为96.2%;全国有广播电台267座,电视台296座;全国有线电视用户13862万户,209个城市开展了有线数字电视业务,有线数字电视用户为1262万户。

第四节 台港澳广播电视事业现状

一、台湾广播电视事业

1. 广播

台湾省的广播事业较为发达,现有广播机构33家,其中官营6家,军营6家,民营21家。台湾省共有广播电台192座,总发射功率为11847千瓦,收音机约为1350万台。台湾省主要的官营、军营广播机构有中国广播公司、中央广播电台、复兴广播电台、军中广播电台、光华广播电台、空军广播电台、幼狮广播电台、正声广播公司等,主要民营广播机构有台湾广播公司、凤鸣广播公司、民本广播公司、益达广播公司等。

中国广播公司,即原国民党"中央广播电台",1928年8月1日在南京成立,1946年1月改组为"中国广播股份有限公司",1965年7月实施企业化经营,正式开始广告业务。中国广播公司在台湾省首开专业广播之风,目前拥有新闻网、服务网、青春网、流行网和音乐网等专业广播网。

台湾省目前有6家广播电台拥有调频广播网。警察广播电台、教育广播电台、台湾区渔业广播电台为3家专业性广播电台。

此外，中央广播电台负责对大陆地区进行广播。中国广播公司"自由之声"使用15种语言以中、短波向世界各地播出节目。

2. 电视

台湾省于1962年开办黑白电视，1969年开办彩色电视。现有3家电视机构：台湾电视事业股份有限公司（1962年10月10日开播）、中华电视股份有限公司（1971年10月31日开播）、中国电视事业股份有限公司（1969年10月31日开播）。这3家公司均为商业台，有微波传送体系，可利用卫星转播。它们的主要经济来源为广告收入，彼此竞争激烈，节目商业化。

3. 节目供应事业

台湾省合法登记的节目供应机构约有7500家，其中有广播电视节目供应机构、广播电视广告供应机构、录像节目带发行和制作机构等。广播电视节目供应机构专门从事各种节目的设计与制作，以缓解电视台制作节目的压力，使得荧屏更加丰富多彩。大量节目制造公司、衍生产品辛迪加公司的出现，使台湾电视业形成了完整的产业链式经营模式。

4. 广播电视管理

台湾"行政院新闻局"于1976年公布实施《广播电视法》，1983年又重新修订，以管理广播、电视和节目供应事业，1989年又发布了《广播电视节目供应事业管理规则》。

"行政院新闻局"于1965年为广播界设立了"金钟奖"，每年评选颁发一次。"金钟奖"从1971年开始也包括电视界，从1980年起又向国际化、专业化、艺术化方向发展，外籍演员亦可参评，奖励范围有广播电视节目（均分5类）、广播电视广告和个人技术（其中广播部分8项，电视部分20项）。近年来"金钟奖"过多地授予电视界，使广播界似成陪衬。1981年开始设"金音奖"，由台湾广播节目研究改进协会主办，每年评选一次。

二、香港广播电视事业

1. 广播

香港现有3家广播电台：香港电台、商业电台和新城电台。

香港电台全称为香港广播电台，简称"港台"，是香港最早的广播电台，于1928年6月30日开播，用英语播音；1934年增设中文台，以粤语播音；日军占领期间，则以"香岛放送局"的名义播出节目。1948年8月，香港电台被正式命名为"香港广播电台"。香港电台目前办有7个台（7套节目），其中电视部制作的电视节目供香港两家商业电视台的中文台在黄金时间播出。香港电台中有4个电台是全天24小时播音。香港电台不播广告，全部经费由香港政府负担。

商业电台全称为香港商业广播有限公司，简称香港商台，于1959年8月26日开播，是香港首家商业广播电台。该台初期办有中文节目，称为商业一台，英文节目称为商业英文台；1962年又增加一套中文节目，称为商业二台。目前以上3套节目均24小时播出，每半小时报道一次最新的新闻时事，经费主要来源于广告收入。

新城电台是1991年开办的新台，全称为新城广播有限公司。该台办有3套节目，分别称为"新闻台"、"劲歌台"和"金曲台"。该台设备先进，电台设在商场之中，透过玻璃墙，人们可以窥见台内的全部运作,新颖别致。

2. 电视

香港现有3家电视台,分别是电视广播有限公司(简称无线电视台或无线电视)、亚洲电视有限公司(简称亚洲电视台或亚视)、卫星广播有限公司(简称卫星电视或卫视)。

无线电视于1967年11月9日开播,是香港首家无线电视台,初期为黑白电视,1971年开办彩色电视,设有"翡翠台"(中文台)和"明珠台"(英文台)。无线电视全年自制节目达5000小时,平均每天近14小时,1990年度营业额超过港币15亿元,其主要收入来自广告。

亚视前身是1957年5月成立的"丽的电视台",由英国财团经营的"丽的呼声"(香港)有限公司开办。该台是香港最早的电视台,初期为黑白有线电视英文台,1963年9月增设中文台;1973年12月1日改播彩色电视,增加新股东,改为"丽的电视广播有限公司";1981年英国资本退出,随后华人财团加入,1982年12月改名为"亚洲电视有限公司"。1987年1月29日亚视命名中文台和英文台分别为"黄金台"和"钻石台",1989年1月20日又分别改称为"本港台"和"国际台"。

从1991年7月1日起,无线电视和亚视均采用立体声伴音广播,不少节目设有双语(英语、广东话或普通话),供观众选择收听。

卫星电视是香港政府于1990年12月批准的,由卫星广播有限公司经营,通过亚洲卫星一号提供泛亚洲卫星电视广播服务。亚洲卫星一号可覆盖蒙古至印尼北部、日本东京这一范围内的38个国家和地区的27亿人口。卫视于1991年5月15日开播体育、音乐、中文、新闻、"合家欢"共5个台,每天24小时向整个卫星覆盖地区播出节目。除中文台用普通话播出外,另外4台都用英文播出。从1996年3月31日起,香港卫视中文台改为"凤凰卫视",由凤凰卫视有限公司经营。

三、澳门广播电视事业

澳门的广播事业迄今已有70多年的历史,电视事业则年轻得多。1933年8月26日,由一些业余爱好者办的澳门最早的广播电台用葡萄牙语开播,以后归属政府,成为"澳门广播电台",1981年6月开始中文(粤语)广播,1982年底成立"澳门广播电视公司"(简称TDM)。1984年5月13日,该公司经营的澳门电视台开播。从1988年1月22日起,澳门广播电视公司转为由政府资助的不具名的有限公司。该公司现拥有中文电台、葡文电台、中文电视台(二台)、葡文电视台(一台)共4家广播电视机构。另外,澳门还有一座私营的商业广播电台,叫"澳门绿邨广播电台",于1950年开播,用粤语每天播音18小时,基本上是娱乐性、知识性节目,收入主要靠广告。

思 考 题

1. 中国的广播事业诞生在什么时候?
2. 中国人民的广播事业是怎样诞生的?

3. 新中国广播电视事业的发展成就如何？
4. 社会主义新时期的广播电视事业有怎样的变化？

延伸阅读书目

1. 方汉奇.中国新闻事业通史(第二卷)[M].北京:中国人民大学出版社,1996.
2. 郭镇之.中外广播电视史[M].上海:复旦大学出版社,2005.
3. 赵玉明.中国广播电视通史[M].北京:北京广播学院出版社,2004.
4. 徐光春.中华人民共和国广播电视简史[M].北京:中国广播电视出版社,2003.
5. 方汉奇.中国新闻传播史[M].北京:中国人民大学出版社,2002.
6. 丁淦林.中国新闻事业史[M].北京:高等教育出版社,2002.

第三章 广播电视技术原理和特点

导 言

●本章学习目标：学生通过本章的学习，能够了解技术在广播电视事业中的重要地位，掌握广播电视技术的基本原理和特点，把握广播电视技术几大基本原理的内容，并能结合技术特点理解和掌握广播电视的功能和特点。

●本章学习难点：各类技术参数的识记，广播电视的功能和特点。

第一节 技术在广播电视事业中的地位

广播电视是在现代电子技术尤其是电子音像技术发展的基础上产生的。没有现代电子技术及其成果的发明和创造，就不可能有广播电视这种传播方式和传播媒介。广播电视传播手段的性能、服务质量及技术水平的不断提高更依赖于层出不穷的新技术的运用。因此，技术的发展永远是广播电视事业发展的基础和先导，也是广播电视事业发展的可靠保证。

一、技术是广播电视事业产生和发展的物质前提

人类最基本的活动是社会物质生产活动，它是决定一切社会活动的基础，社会的政治、法律、哲学、宗教、文化等上层建筑领域的活动都在这个基础上产生并受其制约。物质生产活动和上层建筑领域活动的进行，都要求具备一定的物质手段和技术条件。从人类传播事业的发展历史中我们可以看出，无论是早期的传播活动还是现代的传播事业，都是建立在物质生产活动发展基础之上的，广播电视事业就是紧紧依靠一定的技术条件而存在的。

首先，现代电子技术的萌生和运用，使广播电视事业的产生成为可能。如果现代传播事业的产生主要取决于社会需要的话，那么没有现代电子技术的萌生和运用，这种需要也就不会化为可能。随着社会的发展演进，19世纪末以前就已经有了对远距离通信的需求和现代报刊业的发展基础，然而只有电子技术成果的运用，才使现代传播事业的典型代表——广播电视的诞生成为现实。作为现代电子技术在信息传播领域实际运用的重要成

果之一,广播电视的发明是人类认识自然并与之长期奋斗的结果。在长期的探索、研究、实验直至成功创造出这一新兴传播媒介的过程中,电磁波的发现、有线电话通讯的发明、无线电通讯的实现、无线电广播的成功及图像信息和电信号的相互转换是广播电视发明历程中5个重要的里程碑。麦克斯韦和赫兹关于电磁波理论的科学成就,奠定了广播电视的技术基础;贝尔发明的电话,对广播的诞生起了启蒙的作用;波波夫和马可尼的无线电发明,则使远距离传播信息的探索进入了新的天地;费森登无线电传声实验的成功和尼普科、贝尔德的图像扫描技术的运用,为人们描绘了多种多样美妙神奇的幻想,标志着广播电视的正式诞生。

其次,技术的不断更新和发展推动了传播手段和整个广播电视事业的日益现代化。在广播电视技术发展成熟后的几十年间,现代电子技术经历了电子管、晶体管、半导体集成电路和大规模集成电路几个发展阶段,不断发生革命性的变化。电子技术的每一步重要发展,其成果都及时地并在很大程度上应用于通讯和广播电视领域,直接对广播电视的发展产生了巨大的影响;技术性能逐步提高,质量不断改善,稳定性、可靠性不断加强,功能日益增多,技术设备日益小型化。可以说,广播电视事业的每一个进步,都与现代电子技术尤其是广播电视专门技术的飞速发展密不可分。特别是近20年来,磁带记录技术、超高频传送技术、彩色电视技术、卫星广播技术、计算机技术、大规模集成电路技术以及大功率固态器件制造技术等的发展和运用,更使广播电视技术领域不断发生革命性的变革,也使广播电视事业在扩大事业规模、提高广播电视覆盖率、改善覆盖手段以及提高技术质量和宣传服务质量等方面有了日新月异的发展,使广播电视成为人类越来越重要的生活伙伴。

再次,可以预言,今后技术的持续发展将对广播电视新形式、新手段的创造和发展起决定性的作用,并且这种现象将延续下去。广播电视节目的传播将更加迅速及时,更加逼真感人,更加深入群众生活,也将发挥更大的社会作用。由现代化的技术装备武装起来的广播电视事业还将会随着其所依赖的技术的不断现代化而保持更加现代化的特色。

二、技术工作和宣传工作在广播电视传播过程中相互依存

广播电视传播需要不断解决两个问题,一是丰富节目内容,二是改进传播手段和质量。按照我国几十年广播电视工作的习惯,我们把编制节目和解决丰富节目内容问题的工作称为"编播工作"或"宣传工作",把将节目传播给听众、观众以及改进传播手段和质量问题的工作称为"技术工作"。广播电视节目的传播是宣传工作和技术工作相结合的产物。宣传工作和技术工作是广播电视宣传即节目传播不可分割的两个方面,两者是相互依存、相互促进的关系。只有正确处理两者之间的关系,使之共同发展,才能真正办好广播电视。

广播电视工作者必须正确处理宣传工作和技术工作之间的关系。从我国几十年的广播电视工作的成功经验来看,广播电视工作者必须明确,在整个广播电视工作中,宣传工作是中心,是第一位的;技术工作是做好宣传工作的基础,并且是宣传工作的可靠保障,是为宣传工作服务的。

要搞好广播电视宣传工作,为亿万群众服务,丰富节目内容、提高节目质量是最基本的,也是最重要的。技术工作必须努力为搞好宣传工作服务,为丰富节目内容、提高节目质量提供必要的和最好的条件。拓宽技术运用领域、改进传播手段、提高服务质量的目的在于做好广播电视宣传工作。

与此同时,广播电视宣传工作必须紧紧依靠技术工作。技术是节目存在的基础,是节目物化的手段。技术工作是广播电视在制作和传播过程中不可缺少的重要组成部分,也构成了节目传播过程中的若干必要的工作环节。从总体上说,广播电视节目的传播和接受过程就是依靠技术通道进行的。脱离了技术这一通道,脱离了信息的技术载体和产生这一载体的技术设施,脱离了与此有关的技术工作,广播电视节目传播的全部工作过程都是不可能实现的,更谈不上高质量的信息传播了。如果没有技术工作作为基础和保证,广播电视宣传工作将成"无水之鱼"、"无根之木"。

第二节 广播电视技术的原理

广播电视是凭借电磁波来传送声音和图像的。要对广播电视的功能特点有所认识,首先必须搞清电磁波的传播原理。

一、声音的传播现象和电磁波的传播原理

了解电磁波的传播原理,首先要了解声音的传播现象。

声音本质上是一种物体的机械振动。像敲钟、打鼓、拉琴弦一样,任何可以产生机械振动的物体都会发出声音。产生声音的振动像水的波纹一样,会随着时间发生周期性的变化。声音的传播就是指这种振动在一定的媒介物质(如空气、水、钢管等)中以波动的形式进行传递。比如,在敲钟时,钟体的振动带动它周围的空气产生振动,这种振动再依次向周围的空间传递。我们通常能够听到的声音,主要是通过空气传播的,也就是以空气为媒介物质进行的声波传递。由于空气对物体的振动存在一定的阻力,所以声波在空气中的传播会随着传播距离的增大逐渐减弱,直至消失为止。

各种各样的声音都能在空气中传播。我们通过耳朵能听到的,有自然的声音,也有人为制造的声音。语言是人类借助声音进行信息和思想交流的最基本的手段。

声波的传播速度一般取决于媒介物质的特性。在标准状况下(气温为0℃,一个大气压),声波在空气中的传播速度约为每秒钟340米。声波由振幅、波长、频率几个要素构成。声音的强弱由声波的振幅决定:振幅大,声音强;振幅小,声音弱。音调高低主要由振动频率(即声波每秒钟的振动次数)决定:频率高,音调就高,声音尖细;频率低,音调就低,声音粗犷。一般人耳能感受到的声音频率在每秒钟16赫到20000赫(1赫即1赫兹,表示每秒振动1次,20000赫就表示每秒振动20000次)之间。

电磁波同声波的物理性能相似,也由振幅、波长、频率几个主要要素构成。但电磁波的物理性质与声波明显不同。声波是因物体的机械振动而产生和传递的,电磁波则表现为电磁场的振动变化。电磁波的传播就是电磁场的振动变化引起相邻的空间发生电磁场变化,如此循环往复传向远方。这种电磁场的振动变化传播速度极快,每秒钟可达 30 万千米。电磁波的传播要比声波的传播复杂得多。电磁波不但可在许多能传播声波的物质中传播,还可透过一些非导电物质(如木头、砖石、水泥等)进行传播,也可以在真空中传播。电磁波振动变化的频率也比声波频率高得多。一般被人们称为中波广播的电磁波频率在 500 千赫(1 千赫=1000 赫)至 1600 千赫之间,用于电视广播的电磁波频率在 50 兆赫(1 兆赫=1000 千赫=1000000 赫)至 1000 兆赫之间,而大部分用于卫星电视的电磁波频率则在 2.5 吉赫(1 吉赫=1000 兆赫)以上。

正是利用电磁波传播速度快的特点,人们才实现了远距离通信,进而又实现了远距离传送声音和图像的梦想。

二、有线广播和无线广播的工作原理

1876 年,美国人贝尔发明了有线电话,并向人们展示了它的奇妙用途:可以远距离传送声音,传送人的讲话和音乐。电话发明的关键是声波信号和电信号的转换及电声信号的传送的实现。

简单来说,现代有线广播的技术原理和工作方式与电话极其相似。所不同的是,电话是一对一、点对点的信息传递,受话一方通常只是一个收听者,送话人和受话人在通话交谈过程中,身份在不断发生相互转化,声音信息的交流是双向的,即送话人在自己不说话而听对方讲话时就变成了受话人。广播的信息传递则是单向的,即只是由传播者传向收听者。在收听一方,有线广播系统常常连接了众多的广播用户,所以广播是点对面的信息传递。

有线广播的工作原理是:传声器(俗称话筒,相当于电话送话器)把声音转换成音频电信号,经广播机放大处理后,通过广播线路传给众多广播用户,用户的扬声器(俗称喇叭,相当于电话受话器)再把音频电信号转换成声音,供人收听。

无线广播的工作原理比有线广播要复杂一些。无线广播的工作过程既包括了有线广播技术中的声音信号和音频电信号的相互转换,又包括了无线电传送技术,即高频信号调制和解调、电磁波发射和接收的技术等。无线广播信号的传送不是通过导线,而是通过自由空间(如天空、大地、海洋、湖泊等)进行的。

无线广播的工作原理是:在广播发送的一方,电台的传声器把声音转换成音频电信号后,不是直接通过无线方式传送出去,而是先被送入广播机中的混频器,对载频发生器产生的某一固定频率的高频电信号进行调制,被音频调制的高频电信号通过专门的发射天线变成高频电磁波传向四面八方;在众多的接收机方,被接收天线收到的各种频率的电磁波信号被送入高频调谐器,并按照不同的载波频率,选择出应收的电台信号,再经检波器将高频电信号解调,即滤去作为信号载波的高频电信号,检出音频电信号,然后再通过扬声器还原成声音。

上面只是对有线广播和无线广播的工作原理进行了简单的描述,实际的工作过程要复杂得多。不管是发送端还是接收端,音频电信号和高频电信号都是极其微弱的,并且在传输过程中会不断衰减。所以几乎所有的广播信号传送通道都必须设置许多级放大器,不断将信号按原来的样子加以放大,以保证尽可能高的传送质量,还要采取必要的技术措施,消除伴随的各种干扰,尽量减少和避免不必要的信号失真现象。

三、高频调制和解调的原理

高频调制和解调技术是广播电视技术发明的核心。

语言和音乐的频率在20赫至20千赫之间,其波长大约从15千米到15000千米。图像信息的频率范围则在几赫到几兆赫之间,其波长约从几十米到几千万米。要直接传送这种频率不断变化的电磁波,从技术上讲是很困难的。根据无线电学原理,发射天线的长度应是波长的一半,而制造如此庞大的天线是不太可能的。同时,各种频率不断变化的信号混杂在一起,接收者也很难方便地选择出自己要接收的信号。所以,广播电视信号传输所采用的办法是将一固定频率的高频电磁波作为信号的载体,把声音信号和图像信号附在这个信号载体上面传递出去,以供人接收。声音和图像信号,通常分别称为音频信号和视频信号。广播电台、电视台发出的用于传送音频信号和视频信号的固定频率的高频电磁波被称为载波。载波的频率是人为设定的。通常一个广播电台、电视台或它们的某一套节目固定采用一个载波频率,并作为该台或该套节目的信号传送标志,这既是为了方便听众、观众有针对性地选择接收,也是为了和其他台的节目有所区别,以免相互干扰。如中央人民广播电台第一套节目的载波频率为639千赫。为使高频电磁波能够传送音频信号和视频信号,人们采用混频的方式,在发射高频电磁波前用音频信号和视频信号对高频电信号进行调制,然后再在接收端对所收的高频电信号解调,从而达到通过传送高频电磁波来传送声音和图像信息的目的。

高频调制的原理是:通过混频,用要传送的音频(或视频)信号去影响高频载波,使载波的某一参数随音频(或视频)信号的变化而变化,产生一个被调制的即叠加了音频(或视频)信号的高频载波。

高频调制方式有三种,使高频载波振幅发生变化的称为调幅,使高频载波频率发生变化的称为调频,使高频载波相位发生变化的称为调相。目前广播电视采用的高频调制方式主要是调幅和调频两种。

调幅的过程是用音频(或视频)信号控制高频载波的振幅,并使之按照音频(或视频)信号发生变化。调频的过程与调幅相同,所不同的是,音频(或视频)信号控制的是高频载波的频率,这种频率变化的范围在几千赫以内。为避免一个调频载波与相邻的载波产生干扰,调频广播的载波频率都安排在87兆赫以上,相邻的载波之间也要有几兆赫的间隔。

在接收端,要从众多频率的信号中挑选出要接收的信号,往往采用高频解调技术,使接收电路只容许与发射频率相同的信号通过。这种接收电路可随意调整与发射呼应的频率。高频解调即把音频信号或视频信号从高频载波上"摘取"下来,这项工作是通过检波器(调频广播采用鉴频器)实现的。

四、摄像和显像

高频调制和解调技术解决了通过高频电信号附载传送音频信号和视频信号的难题，但怎样将声音变成音频信号、将图像变成视频信号呢？换能器件的发明是广播电视技术的关键环节。被拍摄影像通过摄像机的镜头（光学透镜）投射在摄像管底部的硒板上，通过电子束扫描，记录下图像映射在硒板上的光线的变化。显像时再通过电子束扫描，在荧光屏上还原光线的变化，从而形成图像。另外，现代电子扫描技术的扫描方式不再是螺旋形的，而是从上到下、从左到右一行一行地进行扫描，每一行都包括数以千计的扫描点，并且摄取图像和显示图像的扫描运动是完全同步的。

由于电子扫描比机械扫描快得多，电子束比机械孔细小得多，扫描同样一幅图像，电子扫描可以做到行多、点多，将图像分解得颗粒更细，因此它产生的图像要比机械扫描清晰得多。同时，由于电子束可以实现精确控制，所以电子扫描也远比机械扫描要稳定。在现代电子技术中，为获得清晰稳定的图像，也为了实现能够相互传送图像信息的目的，人们对摄像和显像同步进行电子扫描的速度和精细程度作了统一规定。在我国实行的电视制式中，按照交流电的频率，电子束每秒钟对图像扫描50次（称为帧数），每扫描一幅图像，从上到下扫描625行。其他国家也都有自己的规定，如美国的电视制式，每帧图像扫描525行。

黑白电视中，每一个扫描点只有亮或黑两个状态的变化，许多个扫描点组成的图像可以体现出有黑有白，又有从黑到白中间许多不同程度过渡的灰色。不同程度的灰色由局部图像中黑与亮扫描点的不同比例组成。虽然黑、白、灰色已能显示出图像了，但仅仅黑与亮的变化很难反映出大千世界纷繁的色彩。

科学家们研究得知，所有的色彩都是由红、绿、蓝三种颜色混合变化而成的，红、绿、蓝是色彩世界的"三原色"或"三基色"。根据这个色彩原理，人们研制出了彩色电视。

彩色电视的原理是：在摄像时，摄像管中有三个电子束同时扫描投射有光图像的硒板，每个电子束分别记录每一个扫描点色彩红、绿、蓝中的一个基色信号，三个基色信号按一定的编码方式被分别传送到接收端；在显像管的荧光屏上，每一个扫描点都并列排着三个小的扫描点，每个小扫描点负责显示一种基色信号；传送来的视频信号中，三个相独立的基色信号分别通过三个电子束扫描相对应的扫描点，每三个小扫描点为一组大扫描点，混合显示出原来图像具有的色彩。由于电视原理比广播原理复杂得多，电视技术系统的构造也要复杂得多。电视信号的传送也是采用高频调制和解调的方式进行的，通过电磁波辐射播送、接收的途径也与广播信号相同。电视是既有图像又有声音的，电视同时采用两种高频调制方式，视频信号是调幅，音频信号是调频。

五、天线和电磁波的传播特性

无线电磁波的辐射和接收都是通过天线进行的，天线是广播电视发射和接收设施中不可缺少的重要组成部分。一般来说，天线长度是波长的一半时，天线发射和接收电磁波信号的效率最高。载波频率越高,所需的天线就越短。随着广播电视发送和接收设备的小型化,人们也不断采取一些技术措施,以实现天线的小型化。

根据无线电学的基本原理,电磁波的传播路径必须形成一个完整的闭合回路。人们通常以为,无线广播和电视的信号传输是通过"天空"这一自由空间进行的,并没有闭合回路。实际上,这个传播的闭合回路是存在的,它是由天空和大地组成的。

目前,我国使用较为普遍的有线广播,传送的是音频信号,实际上也是电磁波传输的一种。在整个有线广播系统中,信号传输导线和大地组成了一个传播的闭合回路。一些较为先进的有线广播系统,如靠载波传送信号的有线广播或多节目有线广播等,和无线广播的原理非常相似,即以高频载波附载音频信号。所不同的是,有线广播用导线代替了无线广播中的发射和接收天线以及两个天线之间的自由天空,与大地共同组成传播的闭合回路。

有线电视与有线广播则稍有不同,它以屏蔽电缆外面的金属层代替象征性的大地,与里面相互绝缘的芯线构成传播的闭合回路。

相对闭合回路的组成而言,人们习惯性地把广播和电视的无线传输称为"开路",而把有导线传输的称为"闭路",这就是人们把有线电视称为"闭路电视"的由来。

有线广播和有线电视以导线连接的范围形成信息传播的范围,无线广播和无线电视的传播范围则受发射功率、电磁波波长、地面环境条件以及接收机灵敏度等多种因素的制约。一般来讲,发射功率越大,传播范围越大,二者是成正比的对应关系。而在发射功率相同的情况下,接收一方的接收机灵敏度越高,就越能收到更微弱的信号,也就是说,越能收到更远地方发出的信号。

无线电磁波波长和传播范围的对应关系就复杂多了。

中波广播主要依靠地波传播,发射功率越大,传得越远,传播也越稳定。但由于受地面环境条件影响,中波在传播过程中衰减比较大,传播距离有很大限制。在发射功率相同的情况下,电磁波在宽阔的水面上(如海洋、湖泊等)要比在陆地上传得远,在平原上要比在山地上传得远。

短波广播主要靠天空中的电离层反射进行传播。虽然传播时短波也有很大衰减,但和中波相比,较小的短波发射功率就可以传播很远的距离。但短波广播有一个很大的缺点,这就是,由于电离层每时每刻都在发生变化,这种传播很不稳定,极容易受到天气变化甚至太阳黑子的影响。

调频广播和电视属于超短波,其传播特性近似光波,通常在可视距离以内的范围进行直线传播。由于地球表面呈圆弧状,在"一望无际"、毫无阻挡的情况下,即使发射功率再大,信号再强,调频广播和电视信号的传播距离通常也只能达到六七十千米。如果有高山和城市高大建筑物的阻碍,传播也会受到直接影响。

为扩大调频广播和电视的传播范围,人们自然希望"站得更高,看得更远",通过尽量加高发射天线,克服弧形地面对传送距离的限制。因此,有的发射天线被安装在较高的山上,借以扩大传播范围。在没有山的地区或城市,人们就专门建设高塔架设发射天线。目前世界上最高的电视高塔分别建在加拿大的多伦多(553米)和俄罗斯的莫斯科(536米),我国建设的上海"东方明珠"电视塔位居世界第三,为450米。

但增高天线毕竟是有限的,为此人们就改用其他方法来解决远距离传送问题。

一种是通过微波接力方式,即在地面上每隔 50 千米左右建设一个微波中继站,广播电视信号通过这个微波线路一站一站地接力传送,从而实现传送到远方的目的。在我国,电视传播有时也采用小台接收大台(或骨干发射台)信号,再用另一频率转发供观众接收的差频转发方式。

另一种是借助人造地球同步卫星,以实现大范围覆盖。地球同步卫星高悬在地球赤道上空约 3.6 万千米的同步轨道上,以与地球自转速度相同的速度围绕地球旋转,这就如同在 3.6 万千米的高处定点架设了一个广播电视天线,可以毫无阻挡地在地球与卫星之间进行直线性的电磁波传播。因此,由地面上发送的广播电视信号,通过卫星上的转发器再发回地面上,就可以传播到很大的范围。

一颗卫星发出的信号最大可覆盖地球表面 1/3 的面积。如果在地球同步轨道上每隔 120°间隔设置一颗同步卫星,有 3 颗这样的同步卫星,就可以覆盖除少数盲区外的几乎整个地球表面,也就可能实现全球性广播了。

无线电广播电视的有效服务范围是以无线电磁波的覆盖面积来表示的。如果某一广播电台或电视台发射的电磁波到达的地区,其信号强度在规定的标准以上,并且有一定的抗外来信号干扰能力,在这个地区人们就可用普通接收机较满意地收听、收看广播电视节目,这个地区就被称为覆盖区。可以用这一区域内可满意接收的绝对人口数和统计总人口数的百分比表示覆盖率,这就叫人口覆盖率。这一覆盖区域的面积和统计总面积的百分比为面积覆盖率。

第三节　广播电视的功能和特点

广播电视是各种社会信息传播方式中的一种,也是威力最大、最为现代化的一种大众传播媒介。与其他各种传播方式、传播媒介相比,广播电视具有自己独特的优势和特点。

一、广播电视的基本功能和特征

广播电视是以声音和图像信息为传播内容,以电磁波为传播手段的物质运动方式。声音和图像信息、电磁波及发送接收装置是这种传播方式和物质运动方式的三个主要的物质因素。广播电视的整个运动过程由前后两个信息转换过程(先由声音和图像信息转换成电磁波,后由电磁波转换还原为声音和图像信息)及电磁波的发与收这三个主要程序组成。与几乎所有其他现代传播方式、传播媒介的不同在于,广播电视借助现代电子技术,从电磁波的发送、接收到转换信息并把声音和图像信息传给观众的每一个步骤,都是在一瞬间同步完成的。也就是说,广播电台、电视台发送传播信息的过程与听众、观众接收信息的过程基本上是同步进行的。不管信息传播者和接收者之间相距多么遥远,只要同在地球之上，这一传播过程的时间差几乎为零。

广播电视的传播过程和运动状态是由一个点（广播台站或电视台站）传向由众多接收点（广播和电视接收装置）组成的面，并且对面上的每一个点都是同步进行的。"从点到面"的传播是由电磁波在自由空间散射和连接导线向四处伸展决定的，"同步"则是由电磁波的传播速度（每秒30万千米）决定的。声音和图像信息被"载入"电磁波发射出去，而且包括众多接收机在内的整个传播技术系统的所有环节都开动起来，就形成了一个完整的传播过程，并且实现了从点到面的同步传播和接收。所以，广播电视的基本功能和特征就是：电化声音信息和电化视觉信息（或简称为电声信息和电视信息）从点到面的同步传播和接收。这一基本功能和特征是广播电视与其他大众传播媒介的根本区别所在。

无线广播和无线电视借助电磁波在自由空间向四面八方扩散传播，除发射功率大小这一因素影响外，没有任何疆界、区域和范围的限制，呈现为开放式的传播。有线广播和有线电视则以可见的导线分布代替无线传播看不见的电磁波散射，导线形成的一定范围的空间代替了无线传播无区域限制的自由蔓延。导线散布得再多、再长、再远，其传播范围始终被限制在导线连接的闭合系统之中，因此有线广播和有线电视呈现为封闭式的传播。开放式和封闭式的传播方式的不同特征，是无线广播电视与有线广播电视的主要区别。

二、广播电视的主要特点

基于对广播电视的基本功能和特征的认识，我们可以发现广播电视有以下几个主要特点。

1. 广泛性

广播电视是以声音和图像的形式来传播信息的，其传播内容和接受对象具有广泛性的特点。由于传播信息的容量大，内容丰富多样，广播电视对几乎所有的自然事物和社会事物都具有极大的包容性，传播内容非常广泛。接受对象的广泛性主要表现在三个方面。一是接受对象不受年龄的限制。广播电视传播内容的丰富性和广泛性，规避了受众年龄层次的限制性。二是接受对象不受文化程度的限制。广播电视传播内容的声像性、直观性和可感性，摆脱了受众认知层次的受限性。三是接受对象不受时间、空间的限制。由于电磁波传播没有疆界的限制，广播电视也不像其他传播媒介那样要有相对较长的传播周期，而是可以根据人们的需要随心所欲地进行传播。

由于具有广泛的群众基础，广播电视得以迅速普及，收音机、电视机逐渐登堂入室，进入亿万人的家庭，广播电视也真正成为最大众化的传播媒介。

2. 及时性

及时性是广播电视最突出的特点。这一特点由两个基本因素决定，一是广播电视同步传受的基本功能和特征，二是极快的导电速度和电磁波传播速度。

依赖于极快的导电速度和电磁波传播速度，整个信息传播过程都是在瞬息之间完成的。广播电视同步传受的意义表现在两个方面。一是传受的时间周期短。报纸要有编报、印报、发行、读报的过程,影片、音像等其他记录媒介也有记录(音、像)、复制生产、社会流通、接受者重放这一过程。广播电视信息传播的过程同时就是信息接受的过程,这与其他任何传播媒介都是截然不同的。二是同步接收的范围广。只要所有的信息接受者都拥有或可利用接收工具,并且把接收工具开启的话,就可以实现所有接受者同步接收广播电视传播的信息。更为突出的是,通过广播电视,有可能在事发的同时,就将要传播的信息以现场直播的形式传播给亿万听众、观众,进一步实现信息发生、信息传播和信息接受三者之间的同步进行。可以说,广播电视的这种同步传受将及时性这一传播特点发展到了极限,这是其他任何传播媒介都无可比拟的。

3. 形象性

广播电视借助声音和图像传播信息,因而具有形象、真实、生动的特点。传播的内容以形象的方式直接诉诸人的听觉和视觉器官,使信息的接受者对信息具有了较强的感受力。这也是广播电视深受人们喜爱、具有广泛的群众基础并得以迅速普及的主要原因。

报纸主要依靠文字符号传播信息,虽然也作用于人的视觉器官,但报纸传播的不是直接的形象,需要人们通过阅读文字产生联想才能形成对形象的认识,从而理解和接受报纸所传播的信息。广播依靠声音符号传播信息,通过作用于人的听觉感官,可直接表现形象,使人们方便地理解传播的内容。电视则是多种信息符号的传播,语言、音响、影像综合作用于人的听觉和视觉器官,多符号,双通道,形象、直观的信息使传播更加直接。

广播电视的形象性具有两个含义:一是具体形象,二是艺术形象。具体形象是指广播电视传播的信息符号即信息的外在表现形式就是形象,而且是人和物的活的、立体的形象。广播电视通过各种人的语言、自然的和人为创造的音响、真实的活动的影像,为人们再现出客观世界的本来面貌。艺术形象是指广播电视传播的内容不仅是具体的形象,而且是用既符合客观世界本来面貌和社会生活本来面貌的又人为艺术化的形式来表现的。这就是说,广播电视传播的信息不仅真实地反映客观世界的人和事、景和物,而且反映人们包括传播者自己对客观世界的理性认识以及心绪、情感等。作为一种物质化的意识形态表现形式,广播电视产生的这种艺术形象不仅使人们易于接受广播电视传播的信息,而且很容易在信息传播者和接受者之间建立起感情交流的桥梁,产生强烈的感染力。

4. 兼容性

广播电视是综合性的信息传播媒介。从物理功能上看,广播和电视分别以声音和图像为主,传播多种信息符号。尤其是电视,它可以传播语言、音响、影像、文字、图表、图形等,几乎包含所有的信息符号。从文化传播功能上看,广播和电视可以传播各种文化形态和艺术形式。广播除传播人的语言外,还可以传播音乐、戏剧、曲艺、电影录音等,也可以创造出自己独有的艺术形式,如广播剧。凡是能够用声音表现的文化形态,广播都可以进行传播。电视则具有更大的兼容性,可以说,它对人类几乎所有的文化形态、艺术形式都兼容并蓄,无所不包。只要愿意,人们可以在电视上传播任何希望传播的内容,电视观众也可以通过电视看到任何想看到的东西。

5. 易逝性

广播电视同步传受的基本功能和特征,为其带来了迅速及时的优点和长处,但也带来了它的短处,这就是信息的易逝性。在看报纸时,人们可以对重要的信息仔细地看、慢慢地读,不仅可以反复阅读,而且可以暂时中止,留待下次续读,只要人们愿意,信息可以长期保留。广播电视则明显不同。广播电视传播是以电磁波为信息载体的,而电磁波只在传播的瞬间才产生,传播停止,电磁波也随即消失,所附载传播的信息也就不存在了。即便广播电台、电视台没有停止播出,电磁波还存在,但此时传播的信息已非先前传播的内容。因此,广播电视传播的信息是一瞬即至,又转瞬即逝,过耳、过目不留,丝毫不以人的意志为转移的。如果人们对广播电视传播的内容没听到、看到,或没听清、看清,或误听、误看,也不可能倒回去弥补,去重听、重看。如果不借助现代录音、录像等技术手段,广播电视传播的信息是无法留存的。针对广播电视的这一缺陷,人们只能采用反复重播信息的办法,使错过接收时间的人有机会弥补未能及时接收信息的遗憾。

6. 时序性

读者看报,版面一目了然,读者可以按照自己的兴趣喜好及对所载内容的关心程度任意选择阅读,或浏览,或仔细琢磨,对某一部分内容可以反复看,对有些内容则可以一扫而过,甚至不看。

广播电视则完全不同。广播电视传播就像一条源源不断的河流,节目按照编排的时间顺序依次播放。听众、观众对播出节目只能是被动地收听、收看。广播节目和电视节目的编排虽然是传播者人为规定的,但也只能尽可能照顾大多数人的口味,而不可能完全满足每一个人的具体需要。在一般情况下,编排好的内容严格按照时间的顺序播出,不以人的意志为转移,不可能任意打乱播放时间顺序,更不可能颠倒时间顺序。对播出的内容,除了不想听、不想看的可以不听、不看外,听众、观众对节目的播出顺序只能被动地接受,而不能改变。任意挑选节目,按自己的意愿随时收听、收看,这是做不到的。同时,受线性时间的限制,对没听到、没听清和误听或没看到、没看清和误看的节目内容,也不可能重新退回原来的播放时间加以弥补。

以上提到的广播电视的几个主要功能和特点,既体现了广播电视的优点和长处,也显示了它的缺点和短处。可以说,这些传播方式和技术上的功能和特点,决定了广播电视传播节目的特点。

三、广播电视特点的分类

在对广播电视特点的认识上,人们常常把广播电视作为一种传播方式的特点和广播电视节目的特点加以混淆,有时还会把一些关于广播电视工作的要求混同于广播电视的特点。比如,不少人把"时效性强"称作广播电视的突出特点。这其实是一种误解,至少这种表述是不准确的。广播新闻、电视新闻比报纸新闻时效性强是一种客观结果,但它只体现了广播电视新闻报道这一具体节目的特点,而且是就新闻工作特性而言的。广播电视新闻之所以有时效性强的特点,其根本原因同时取决于两个因素:一个因素是广播电视传播同步传受的基本功能和特征所形成的及时性这一传播特点,另一个因素则在于广播电视工作者能够按照新闻工作的特性人为努力去争取时效。这两个因素缺一不可。如果广播电视对应及时发出的新闻没发或迟发,或是刊登了某一新闻的报纸赶在广播电视新闻节目之前出版,使广播电视新闻落在报纸后面传送给听众、观众,就不能体现出广播电视新闻时效性强的特点。所以说,这种混合了人为因素的特点不能被称作广播电视固有的特点。广播电视的固有特点是传播过程中的及时性,而不是广播电视新闻的时效性。

认识广播电视的特点,就是认识和了解广播电视的特殊性。广播电视这种物质运动方式是一个完整的系统,这个系统是有层次的。所以,对广播电视特点的认识,既要体现广播电视总体的属性,又要体现广播电视不同层次事物的特点。

对广播电视不同层次事物特点的认识,需要运用图 3-1 表示的分类方法:

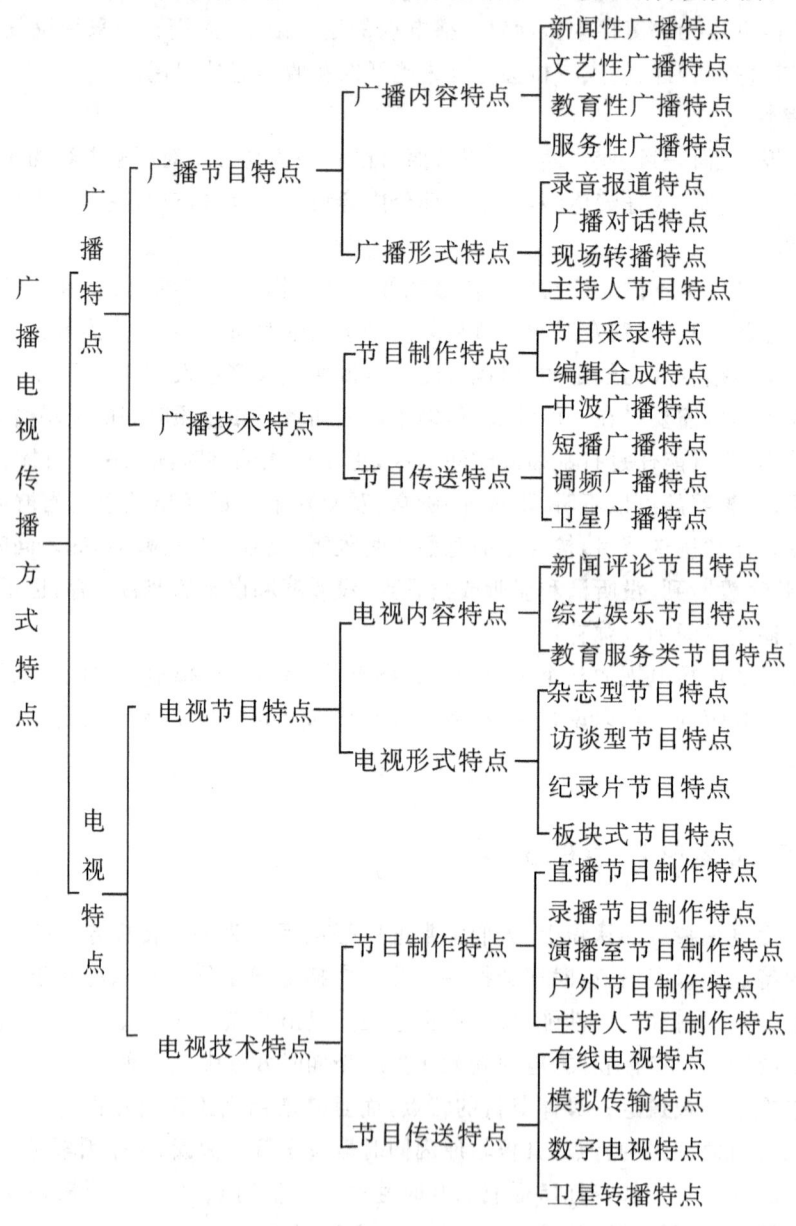

图 3-1　广播电视传播方式特点

第三章 广播电视技术原理和特点

对广播电视的层次还可进一步划分下去,如广播内容中的新闻性广播可再分为消息、专题、特写等,文艺性广播可再分为音乐、曲艺、戏剧、电影录音剪辑、文学欣赏、小说播讲、广播小品、广播剧等,广播形式中每一种体裁形式的特点都可细分为结构特点、语言特点等。当然,这里举例说明的分层次方法并不是一成不变的。对广播电视不同层次的划分,对每一个层次不同方面的划分,都可根据认识事物的不同需要来进行,从而具体、灵活地划分层次,认识和把握广播电视的特点。对广播电视不同层次事物特点的认识,我们将在以后的章节中具体叙述。

思 考 题

1. 技术在广播电视事业中具有怎样的地位?
2. 如何看待宣传工作和技术工作的关系?
3. 为什么说高频调制和解调技术是广播电视技术发明的核心?
4. 调幅和调频的区别是什么?
5. 彩色电视是采用什么原理实现的?
6. 中波、短波和超短波各有什么传播特性?
7. 广播电视的基本功能和特征是什么?
8. 广播电视有哪些主要特点?

延伸阅读书目

1. 党东耀.当代广播电视技术[M].北京:中国广播电视出版社,2007.
2. 杨晓宏.新编电视节目制作技术教程[M].北京:国防工业出版社,2003.
3. 秦瑜明.电视传播概论[M].北京:北京广播学院出版社,2002.
4. 刘爱清.广播电视概论[M].北京:中国广播电视出版社,1997.

第四章 广播电视技术系统

导 言

●本章学习目标：学生通过本章的学习，能够了解广播电视技术系统的分类及特点，掌握广播电视的主要技术环节以及广播电视技术发展的新形势。

●本章学习难点：广播电视传播中的五个主要技术环节，广播电视技术发展的新形势。

第一节 广播电视技术系统的分类及特点

一、广播电视技术系统的构成

早期的广播和电视都只是由无线电播发和接收两端简单的技术设施组成的。随着科学技术的飞速发展，全世界已经进入了数字化、信息化、网络化时代，广播电视事业也随之得到了迅猛发展。如今的广播电视事业已经发展成为多形态、多环节、多功能、多层次的规模庞大的系统，成为多种专业分工协作、具有高新技术的文化事业和文化产业。

广播电视系统的构成可分为技术系统和运行系统两大范畴。

技术系统是指广播电视这种现代化信息传播媒介的物质构成形式。广播电视技术系统可以从总体上明显地划分为相对独立而又关系密切的两个部分：一是承担信息播发功能的传播部分，二是承担信息接收功能的接收部分。在整个广播电视技术系统中，接收这一部分虽然有简单与复杂、先进与落后之分，但更多地表现为数量多少的差别。而传播这一部分则要复杂得多，可以说是千变万化。传播部分是广播电视技术系统和广播电视事业的主体，它的发展规模和技术水平通常是广播电视事业发展状况的基本标志。

广播电视技术系统通常是由具体的技术设施来体现的。从传播这一部分看，由一台或数台装备组成的承担广播电视传播任务的单一的广播电视台、站、点，如发射台、转播站等，以及台、站内部的某个技术部门或某种技术设施单元，如播控中心、演播室、编辑间等，一般都是技术系统的基本构成因素。它由许多环节和分工的部门组成，如节目制作、节目播出、节目传送、信号发射等自成体系的广播电台（站）、电视台（站）或由众多这样的台、站构成的网络，往往既是一个独立的技术系统，也是整个广播电视技术系统的组成部分。

从横向上看,广播电视技术系统可以分为若干种形态。从纵向上看,整个广播电视技术系统,或由每一种形态、每一具体广播电视传播网构成的广播电视技术分支系统,又都具有若干个环节。正是这一交叉组合的复杂的技术系统奠定了庞大的广播电视事业的物质基础。

对于广播电视技术系统的构成,可以首先从形态构成和环节构成两个方面来认识。

二、广播电视技术形态的基本分类

根据技术形态的不同,广播电视可分为无线广播、有线广播、无线电视、有线电视四大类。

无线广播按高频信号调制方式来分,主要有调幅广播和调频广播两种。调幅广播按照使用频率不同可分为中波广播、短波广播。频率范围是我国自行规定的。世界各国虽然也大体划分了相同的波段,但频率范围的划分不尽相同。

有线广播中除普通单声道广播外,还有多信号广播和立体声广播。

无线电视按使用频率不同可分为米波电视、分米波电视和厘米波电视,其中厘米波电视主要用于卫星广播。按技术运用状况分,除普通电视外,无线电视又有卫星直播电视、高清晰度电视、多伴音电视、图文电视等。

有线电视则可分为电缆电视和光缆电视两种。

按照上述技术形态划分,广播电视技术系统构成如图 4-1：

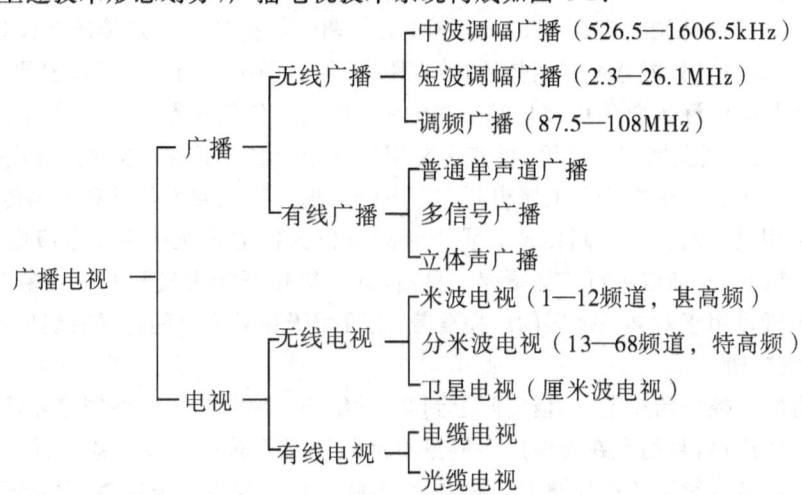

图 4-1 广播电视技术系统构成

三、不同技术形态的特点

1. 中波调幅广播

中波广播是发射频率在 526.5—1606.5kHz 之间、中波波段的无线广播。国外有采用长波波段(150—500kHz)频率的广播,长波广播和中波广播一起统称为中长波广播。

中长波广播都是调幅广播。中波广播在我国和世界上许多国家普遍采用,是广播服务的主要手段。我国的中央、省和地市级广播电台大都是中波广播,或主要的一套节目是中波广播。中波广播的特点是技术简单、传播信号稳定、接收效果好。它的电磁波传播形式包括天波和地波两种。白天主要依靠沿地球表面传播的地波进行传播,由于地球表面介质的吸收,电磁波衰减较大,传播距离较近。晚上,除地波外,还有一部分经电离层反射的天波。由于天波传播距离较远,所以中波广播晚上的覆盖范围比白天大。有些地方,白天收不到的中波广播,晚上却能收到。

2. 短波调幅广播

短波广播是发射频率在 2.3—26.1MHz 之间、短波波段的无线广播,属于调幅广播。短波广播依靠电离层反射的天波进行传播,它的特点是消耗功率小,传播距离远。我国及世界上许多国家都采用它作为对边远地区广播覆盖、远距离节目传送和对国外广播的主要手段。我国中央台和部分省级台除中波广播外,也采用了一些短波广播,对国外广播主要运用短波广播。

由于高空电离层随昼夜、季节、天气等的变化而时刻发生着变化,所以短波广播的传播不稳定,接收信号强度不断变化,收听时有声音时响时轻的感觉,还常常出现时有时无的"跑频"即频率漂移现象。为提高短波广播接收时的选择性和稳定性,人们在制造短波收音机时常把目前的短波波段再细分为两三个甚至十几个小的波段。

3. 调频广播

调频广播是发射频率在超短波波段、载波频率被调制的无线广播。我国无线电规则把调频广播的频率范围规定为 87.5—108MHz。调频广播的优点是传送节目音质好、抗干扰能力强,缺点是只能直线视距传播,传送距离近、范围小。调频广播在国外比较普遍,欧美等发达国家已逐步取消中波广播,对国内广播完全使用调频广播。我国自 20 世纪 80 年代起才大规模发展调频广播,目前主要用于城市立体声广播、电视伴音广播和广播节目传送。我国的许多中等以上城市开办了调频广播。微波接力传送和卫星传送广播节目通常都采用调频制。一些高山调频骨干台既可作为接力传送中央和省级电台节目之用,也可直接向所在地区进行广播覆盖。目前,县一级也开始大量开办小功率调频广播。县办调频台既可用于对县城地区的广播覆盖,也可用于在县乡之间传送有线广播节目。

4. 有线广播

虽然有线广播的历史最久,但实际上到 20 世纪 30 年代以后,一些国家才建立起真正意义上的有线广播,目的是在无线广播覆盖不足的情况下转播无线广播节目。但当无线广播的发展已基本解决了广播覆盖问题之后,有线广播不仅没有被取消,而且还在继续发展。我国是世界上有线广播最发达的国家之一。国外还发展了先进的有线广播、有线电视和计算机信息网络结合的综合服务系统。

5. 米波电视和分米波电视

目前我国广播电视主要使用米波波段(甚高频 VHF)和分米波波段(特高频 UHF),并正在开发厘米波波段(超高频 SHF)的卫星广播波段。米波电视和分米波电视的发射频率在 48.5—958MHz 之间,世界无线电行政会议(WARC)规定,可用于电视和调频广播的无线电频率共分为 6 个波段,各国应据此制定频率划分标准。

下面是我国各个波段的划分标准。

米波波段也称甚高频(VHF)，包括 3 个波段：

Ⅰ波段，48.5—92MHz，电视 1—5 频道；

Ⅱ波段，87.5—108MHz，我国用于调频广播；

Ⅲ波段，167—223MHz，电视 6—12 频道。

分米波波段也称特高频(UHF)，包括 3 个波段：

Ⅳ波段，470—566MHz，电视 13—24 频道；

Ⅴ波段，606—958MHz，电视 25—68 频道；

Ⅵ波段，我国未划分，但国外已有采用，比如美国已在Ⅵ波段把电视频率划分到 83 频道。

我国现在规划的各级无线电视台的发射频率一般都在米波波段 1—12 频道和分米波波段的 40 频道以下。

电视传播除频道划分的不同外，还有电视制式的区别。彩色电视是在黑白电视的基础上发展起来的。其制式要求与黑白电视兼容，彩色电视信号调制与解调方式与黑白电视信号不同，而且彩色电视采用与黑白电视不同的兼容方法，这就形成了不同的电视制式。制式的具体内容包括扫描方式、行数、行频、场频、帧频、视频带宽、频道宽度、图像和伴音频距、调制方式等多种技术因素。

根据国际无线电咨询委员会(CCIR)的建议，世界上共采用 3 种彩色电视制式。这 3 种制式是：

(1) NTSC 制。美国 1953 年提出的 NTSC 制式——半行频偏置的正交平衡调幅制，也用于加拿大、日本等国。NTSC 是美国国家电视制式委员会(National Television System Committee)的缩写。这种制式的特点是解码线路简单，成本低。

(2) SECAM 制。法国 1956 年提出的 SECAM 制式——逐行轮换调频制，是以改善 NTSC 制的相位敏感性而发展出的一种兼容彩色电视制式，也用于苏联和一些东欧国家。SECAM 是顺序传送彩色和存储(Séquentiel Couleur Avec Mémoire)的缩写。这种制式的特点是受传输中的多径接收的影响较小。

(3) PAL 制。联邦德国 1960 年提出的 PAL 制式——1/4 行频偏置的逐行倒相正交平衡调幅制，是以降低 NTSC 制的相位敏感性而发展出的一种制式，也用于英国和中国等国。PAL 是相位逐行交变(Phase Alternation Line)的缩写。这种制式的特点是对相位偏差不甚敏感，并在传输中受多径接收影响而出现重影彩色的几率较小。

这 3 种制式各有长处和短处。从 20 世纪 50 年代末 60 年代初起，不断有人提出一些新的制式方案，到现在已提出数千种制式，但目前比较成熟的仍只是上述 3 种。世界各国在开办彩色电视之初，都要首先规定自己要采用的电视制式。目前每个国家都采用 NTSC、SECAM 和 PAL 制式中的一种。由于牵涉到巨大的经济和政治利益，3 种制式之间互不相让，而目前又没有一种可统一采用的制式，因此全世界已开办彩色电视的国家和地区，采用 NTSC 制式、SECAM 制式和 PAL 制式的各有一些国家。可以说 3 种制式瓜分世界，在全球范围内形成了"三足鼎立"的局面，但是这 3 种制式之间至今尚未有一种可兼容的技术措施。尽管众多的科技工作者为此不懈努力，现在也只能通过制造包罗各种制式的所谓"多制式"或"全制式"电视接收机的办法解决不同制式间的收看问题,这种多制式或全制式接收机的生产成本和价格自然要比单制式接收机高一些。一个国家或地区通过卫星传送的电视节目和在有线电视系统中播放的电视节目,以及通过录像带市场流通的电视节目,其制式和无线电视的制式是一致的。

6. 卫星电视

1945年,英国的A.克拉克在他的科学幻想小说中首先提出了利用卫星进行通信的设想,他还提出采用三颗相互等间隔的同步卫星组成除两极地区以外的全球通信网的设想。经过各国科学家的艰苦探索,克拉克的幻想已变成了现实。自从1964年8月19日美国率先发射成功第一颗静止同步卫星"辛康—3"之后,C频段、低功率和中功率通讯卫星发展很快,可以传送数千路电话和数十路电视节目。20世纪90年代,数字技术进入了广播电视领域,卫星广播电视得到了飞速的发展。特别是数字视频压缩技术,使卫星广播电视实现了多频道化,并能多功能利用。

卫星电视的发展经历了三个阶段:

(1) 低功率卫星阶段。该阶段是卫星电视的起步阶段,采用上行频率为6GHz频段、下行频率为4GHz频段的C频段卫星,卫星上发射的等效全向辐射功率(EIRP)为33dBW。它的地面TVRO站天线口径为10英尺,由于价格较高,且安装架设对站址有一定要求,所以距离推广到个体接收有一定困难。

(2) 中功率卫星阶段。从1983年起,采用了Ku频段卫星,其EIRP等于47dBW,较之以前提高了很多。提高的原因主要是频率升高以后,相同口径的卫星天线的增益大为提高(天线增益正比于频率的平方)。其下行频率为12GHz频段,地面TVRO站的天线口径可减小到1.2米,使得个体接收的TVRO发展起来,很多私人家庭都装置了TVRO,当时形成了一个直播卫星电视接收的热潮。1987年,在有电视机的家庭中,使用卫星电视者已占30%。

(3) 高功率卫星阶段。目前正在研制EIRP达54dBW的大功率直播卫星,下行频率仍为12GHz。提高EIRP的主要措施是采用200W的星上功率放大器。这样一来,地面TVRO的天线口径可减小到0.6米,这为卫星电视进入私人家庭创造了条件。

从卫星电视发展的历史来看,它经历了从低功率到高功率过渡、从C频段到Ku频段过渡、从"差转型"向"直播型"过渡的过程,天线口径逐步减小,直到天线口径为0.6米,价格也逐步降低至私人家庭可承受的水平。它终于从集体接收方式发展到了个体接收方式,从而进入了家庭。

从广义上说,卫星广播和卫星电视是指利用同步卫星上所设的空间无线电台发送广播电视信号或其他信息供地面接收的广播电视传播方式。卫星电视现有三种方式:一是分配式卫星电视,它通过普通通信卫星将电视节目传到小型站或电视台或有线电视网后进入观众家庭;二是通过直播卫星将模拟电视信号直接传入千家万户,每台卫星转发器用这种方式只能传输1套节目;三是数字视频压缩电视直播,即电视信号经过模数转换和压缩后发送到直播卫星上,然后直接转发到家庭,地面接收机将信号解压缩和数模转换后输入电视机,每台卫星转发器用这种方式可传送4—8套电视节目。

无论是卫星传送,还是卫星直播,卫星本身并不发送自己的节目,而只是收转由地面发出的广播电视信号。地面上有一个至数个或数十个（将来也许有更多）专门定向向卫星发送节目信号的设施，它们被称为信号上行站。人们在卫星上对应地面的上行站设置了一个至数个或数十个信号转发器，负责接收地面上对应的上行站发出的信号，并转发回地面，覆盖一定的区域。卫星传送和卫星直播的地面发送端（上行站）可以是完全一样的，作为转发信号中继站的同步卫星也是一样的，并且卫星传送和卫星直播还通常同时设置于一个星体之上。卫星传送和卫星直播所不同的地方主要在于信号转发器使用的传送频率和传送功率不同。一般来说，卫星直播比卫星传送使用的频率要高，同时，为保证一般公众能有足够的信号强度直接接收，卫星直播采用的转发器的发射功率也要比卫星传送大得多。地面向广播卫星传送节目的上行信号（地对空）属于卫星通信业务，它的使用频段可以从通信频段中选取。从理论上说，虽然一个同步卫星转发的信号可以覆盖地球表面约 1/3 的面积，但实际上，为了减小功率消耗并尽量避免造成覆盖资源的浪费（如不必覆盖面积广大而人口稀少的海洋、大沙漠等），卫星转发器的设计都采用定向方式，电磁波覆盖范围（波瓣）固定在人口稠密地区，以求获得最大的覆盖效益。卫星传送的地面接收设施必须采用直径较大的抛物面接收天线（一般直径在 3 米以上），卫星直播的地面接收天线要小得多，一般 40 厘米到 50 厘米就可以了。

与地面广播系统相比，卫星广播系统有许多优点，它不受地形和建筑物的阻挡，可方便、迅速地一举解决信号覆盖问题。由于网络结构大大简化，环节少，建设卫星广播系统的投资比建设地面广播系统少得多。同时，卫星广播系统信号传送质量好，信息容量大，特别是可以同时传送多达几十套、上百套的电视节目和数以百计、千计的广播节目，远非地面广播系统可比，又不易受到自然灾害的破坏。此外，地面信号可通过设置移动上行站传送，增加了信息传播特别是新闻报道的灵活性。卫星广播系统特别适合面积较大、地形复杂特别是多山的国家和地区采用。

20 世纪 80 年代，在卫星传送技术得到广泛运用的同时，广播卫星的关键部件——长寿命、大功率行波管的研制技术有了重大进展，这为卫星广播进入实用阶段创造了条件。目前欧洲一些主要国家，如德国、意大利、俄罗斯等均建立了本国的卫星电视直播系统。日本和北美、西欧的一些国家已开办了卫星直播电视节目。我国从 1984 年起开始租用国际通信卫星向全国传送中央电视台的节目。1987 年以后，我国通过自己发射的通信卫星传送中央电视台的电视节目和中央人民广播电台、国际广播电台的多路广播节目。一些省（自治区）也通过卫星传送本省（自治区）的电视节目。1992 年 10 月 1 日，中央电视台开办 CCTV—4 国际频道，对东南亚华人进行电视广播。1996 年 8 月 1 日，我国租用了美国泛美系列的 C 频段卫星转发器，用 MPEG-2/DVB-S 标准制式传送中央电视台第 3、4、9 套节目（第 9 套为英语版节目）。1997 年 9 月 20 日，英语电视频道开播，中央电视台通过亚洲 2 号、泛美 3R、4、8、9 号、银河 3R 等 7 颗卫星向全世界华人和外国人进行电视广播。从 1997 年 1 月 1 日至 1999 年 10 月，全国各省、市、自治区的广播电视节目全部上星，通过卫星传送。除浙江、山东、四川、云南、贵州 5 省的电视节目采用模拟传送外，其他 26 个省、市、自治区的广播电视节目均采用数字压缩技术传送。1999 年 1 月 1 日，我国正式启动卫星直播到村的第一期工程，即租用鑫诺 1 号卫星的一个 Ku 频段 2A 转发器，采用数字压缩方式（MPEG-2/DVB-S 标准）对传送的 8 套中央电视台的节目（多路单载波

MCPC)和8套广播节目(7套中央人民广播电台的节目和1套中国国际广播电台的节目，MUSICAM方式)进行卫星直播。"村村通"第二期工程已于1999年10月1日顺利开播，通过鑫诺1号卫星的2A、3A、4A、5A四个转发器，传送中央和地方44套电视节目和多套广播节目。在我国的周边国家，目前还有印尼、马来西亚、菲律宾、泰国、老挝、印度和越南等国已经或将要建立本国(或本地区)的卫星电视直播系统。

7. 电缆电视和光缆电视

作为有线电视的一种，电缆电视是通过高频电缆连接众多的电视接收机，组成信号传输分配系统，将电视节目直接传送给用户的一种区域性的电视广播。电缆电视是在共用天线系统这一电视集体接收方式的基础上发展起来的。它起源于20世纪50年代初美国的边远地区，主要用在电视覆盖的边缘或有高山、高层建筑物和其他障碍物阻碍电磁波传播的阴影区以及电磁波多次反射造成严重重影和外界干扰严重的地区，将优质的电视信号通过电缆直接输送给各个电视用户。随着电视事业的发展，原来这种共用天线系统逐渐超出接收系统的范围和功能。它直接输送给电视用户的，不仅有通过性能优良的共用天线接收到的电视节目，还有通过微波通信线路、卫星地面接收站传送来的和自己制作播送的电视节目。电缆电视与无线电视的主要区别就在于，它用电缆连接的传输分配网络代替了无线电磁波的发射设施。

与无线电视相比，电缆电视有如下特点。一是传输节目的容量大。由于受空中其他各种无线电业务(如通信、导航、遥控遥测等)占用频段的限制，无线电视所使用的频道有限。尤其是具体到一个地方，为避免与相邻地区的无线电视相互干扰，无线电视可使用的频道数量更少，通常只有几个至十几个频道。而电缆电视则不受这个限制，一般可播十几套、几十套电视节目，国外目前最多的已经能播送上百套节目。二是电缆传输不易受外界的天电干扰、工业干扰和其他各种无线电信号的干扰，节目传输质量较高。三是容易对传输范围进行控制，并易于采用加密措施，对电视用户实行有偿服务。四是电缆电视网可以和计算机网络及各种数据信息库相连接，用途更加广泛，能够把业务范围扩展到人们生活需要的许多方面。电缆电视从20世纪70年代开始在我国出现，但数量不多。20世纪80年代中期以后，电缆电视开始在我国大规模发展，目前已遍布全国城乡，成为许多地方改善电视收视质量和丰富节目内容的主要手段。

光缆电视是20世纪70年代后期在激光通信手段发展的基础上产生的一种新的电视节目传输技术。光缆电视系统的基本构成同电缆电视相近，所不同的是连接网络的缆线的构造。光缆内不是普通的导电金属，而是光导玻璃纤维；光缆内传输的也不是普通的电磁波，而是可载送电视信号的激光。被电视信号调制的激光束在细若发丝的光导纤维中以每秒30万千米的速度传播，同样能实现传递电视信号的目的。由于光缆传输具有频带宽、节目容量大(一根光导纤维可传送上千路电视信号)以及损耗低、没有普通电磁波干扰等特点，因此，它能满足高质量图像和多节目双向传输(既可从电视中心台传给用户，也可同时从用户传给电视中心台)的要求，比电缆电视有更广泛的应用前景。现在，美国、英国、加拿大、法国、日本等国已将光缆传输实际应用于有线电视领域，我国一些地区也在进行实验性的运用。

第二节　广播电视的主要技术环节

广播电视这个信息传播的完整技术系统有若干个构成环节,而且每一种形态所独立形成的分支系统也都有若干个和总系统完全一致的构成环节。广播电视这个大系统及各个形态独立组成的子系统,把声音和图像转换为可传播的信息载体,通过传播、接收后再还原成声音和图像,整个运行过程就像一根"链条",每一个技术环节都是组成这个完整"链条"的不可分割的一部分。声音和图像的传播形式是节目,以此为中心形成的所有工作环节,构成了一个有头有尾的完整的技术通道。通过这个通道,信息传播过程才得以实现。在这个通道中,无论缺少哪一个环节,整个传播"链条"就不能成立,通道也就中断了。

广播电视传播这个完整的技术通道包括节目制作、节目播出、信号传送、信号发射(或分配)、信号接收(节目还原)五个主要的技术环节,广播电视技术系统因而分别形成了节目制作系统、节目播出系统、信号传送系统、信号发射(或分配)系统和信号接收系统五个组成部分。

一、节目制作

节目制作是广播电视传播的第一个环节,其主要职能就是准备和生产广播电视的传播内容。这个环节是广播电视宣传工作和技术工作的最集中、最直接的结合点。正是由于这个结合,才产生了精神产品和物质产品不可分割的有机的统一体——广播电视节目。通过采访、录制(录音、录像),获取声音和图像素材,再通过编辑合成,生产出可供播出的广播电视节目。

1. 节目制作的工艺流程

从节目的生产工艺上看,节目制作包括前期和后期两个阶段。前期主要是通过采录这一工艺手段,获取制作节目的声音(如语言、音响、音乐等)和图像素材;后期主要是通过编辑合成等工艺手段,对声音和图像素材进行整理、加工,并按传播意图进行专门组合,使之成为可供播出的声音广播和图像广播节目。节目制作的一般工艺流程是采访—采录素材—播音—编辑合成。在节目制作流程中,有时播音在电视图像编辑合成之后,有时编辑合成和播音甚至包括采录素材都要进行反复、多次穿插,有时采访、撰写、编辑加工供播音采用的文字稿件和播读文字稿件也是获取节目素材的一部分。另外,播音和演播节目内容也是节目制作不可缺少的工艺手段。

2. 节目制作部门和人员

节目制作系统是广播电视台站不可缺少的构成部门,一般都要设立专门的机构,配备专门的人员和一定的技术设施,以专门从事节目制作工作。

大多数广播电视台站都根据节目的不同分类(如新闻、文艺、教育、服务等,甚至区分得更细),划分若干个节目采编、制作部门。比如,大中型广播电台、电视台往往分成若干个部,小型台站则是在节目编辑部中划分几个组,或对数量较少的工作人员进行简单的分工。由于广播节目的采编、制作工艺相对简单一些,仅采录、编辑单一的声音素材,而且所用的设备也比较少,操作非常简便,所以通常一个人或少数几个人就可以完成从采录到编辑合成包括播音在内的全部节目制作过程。而电视节目的采编、制作工艺则要相对复杂一些。电视节目采录的素材既有声音素材,又有图像素材,声音和图像素材的采录及后期编辑合成有时还要分别进行。电视节目的采录和编辑制作设备也比广播设备体积大、种类多、性能复杂,常常需要有人专门操作,如记者采访时只能手持话筒摄取音响,图像却要由另外一个人(专门的摄像师)操作摄像机来拍摄。这样,电视节目的采编、制作常常不可能由一个人包揽独自进行,而要由几个人协作完成。所以,许多电视台的节目采编、制作部门除有从事采访、编辑、播音和创作业务的记者、编辑、播音员、导演等专业人员外,还要有负责操作使用专门技术设备的录音师、摄像师(有时可由记者兼任)、录像师、灯光师等技术人员,两类人员相互配合,共同完成节目采编、制作任务。

3. 节目制作中的硬技术

节目制作中的应用技术包括硬技术和软技术两个方面。硬技术是指节目制作必要的技术设备和技术条件,它主要包括:

传声器——摄取声音素材的专用器件,它是制作广播节目必不可少的设备。没有传声器不可能产生广播节目,电视节目也将成为只有图像没有声音的"哑巴",而且没有性能优良的传声器也不可能制作出高质量的节目。

摄像机——摄取图像素材的专用设备。在摄像机发明运用之前,电视图像是靠电影摄影机拍摄的,所摄电影胶片先是由电影放映机放映播出,后发展为经专门设备转录为磁带,然后编排播出。国外在20世纪70年代末、我国在20世纪80年代中期才淘汰摄影机,改用摄像机。目前,在国内外电视台中,摄像机都是制作电视节目的关键设备。摄像机的核心部件是摄像管,它用于把光的图像转换成视频电信号。国外最新研制生产的摄像机采用了固体摄像管技术(CCD),不仅体积明显缩小,重量减轻,而且有更高的灵敏度和清晰度,可在比较微弱的光线下摄取图像。

录音机——采录声音素材的专用设备,它是制作和保存节目的关键设备。广播发明后很长一段时间是没有录音机的,所以早期广播电台播出的节目都是一次性的,不能保留,重新播出等于再制作一次节目,而且广播节目的制作和播出是同时进行的,二者密不可分,节目制作的过程也就是节目播出的过程。录音机的发明运用引起了广播工作过程的重大变革,它使节目制作过程和播出过程严格划分成两个阶段,分别形成广播节目传播的两个环节。一方面,有了录音机,人们就有充裕的时间精心采录素材,为生产高质量的节目创造了有利的条件;另一方面,录音机还可用于保存声音素材和制作好的节目,制作出的好的节目也不再限于一次性播出,不但可多次重复使用,还可长期留存作为资料,特别是一些珍贵的声音资料可作为历史文化遗产长期留存。录音机的工作原理是把声音转换成的音频电信号以磁化方式记录在某一金属物体上,在放音时再"摘"取下这个磁化信息还原成音频电信号和声音。早期的钢丝录音机在使用相当长的一个时期后完全被淘汰。现代的录音机是磁带录音机,磁化信息记录在磁带上。磁带录音机可以达到很高的录音质量,可以方便、清晰地录音并最大限度地保持原有音色,避免声音失真。磁带录音机可分为单声道、双声道立体声以及多声道等不同类型,可根据制作节目的不同需要配用。一般广播电台都使用体积较大的开盘式录音机,录音、放音质量好,单盘磁带的信息量大。记者外出采访则使用便携式或袖珍式录音机。

录像机——采录图像素材及制作和保存电视节目的关键设备。没有录像机以前,电视如同早期的广播一样,电视节目的制作过程和播出过程也是不可分的,播出的电视节目也是一次性的。自20世纪70年代录像机出现之后,电视节目传播的工艺流程才产生了具有进步意义的改变。现代的磁带录像机与磁带录音机的工作原理近似,所不同的是,录音机磁带录入信号的磁迹是与磁带行走方向平行、居于磁带中央的一条直线(双声道立体声录音机为上下平行的两条直线),而录像机磁带录入信号的磁迹是扫描式的,即由4个磁头按照一定的规律在行走的磁带上进行扫描。现代录像机一般为螺旋扫描式,磁迹在磁带上呈现为一条条斜线,每两条磁迹大约相当于记录了屏幕一帧图像的信息。

电子编辑系统——电视节目制作后期加工合成的专用设备。广播节目和电视节目的后期编辑合成工作都包括两个任务:一是把采录的素材按播出意图进行加工整理、删减和组合,形成完整的节目;二是加入必要的背景材料或补充材料,以丰富节目的内容。电视节目后期制作还有一个任务是采用电子特技方法,使图像更为绚丽多彩。一般广播节目的编辑合成工作多采用手动的方式,在两台录音机上就可以进行。电视节目的编辑合成工作则要复杂得多。电视拍摄和播出在早期使用电影胶片时,节目制作的后期工作如同电影片的生产过程一样。当电视台大量使用摄像机之后,节目后期制作的工作就完全由电子编辑系统承担了,主要靠专门的电子编辑机和特技机来完成。电子编辑机采用电脑技术,把两台录像机组合在一起,对电视画面及伴音任意整理加工、颠倒顺序和组合。电子特技机同样采用电脑技术,可把画面处理成各种艺术效果或生成新的字幕和画面。有了电子编辑系统,电视节目制作不仅方便、快捷,并能保证较高的质量,而且有了更为广阔的艺术创作天地。电子编辑系统还包括其他一些复杂的技术设备,比如,如果要把不同制式的电视节目或素材编辑在一起,就需要有专门的制式转换设备。

电子新闻采集设备(ENG)——电视记者外出采访的专门设备。采录节目素材的工作是面向全社会的,不可能都在电视台的演播室内进行。特别是电视记者采访新闻,根本不可能携带和使用电视台装备的笨重的摄像机。就像广播记者使用便携式或袖珍式录音机一样,电视记者也要使用一种小型、便携的摄像机。在电子科技和工业高度发展的基础上,现在各国电视记者都普遍采用了电子新闻采集设备(Electronic News Gathering,简称ENG)。这种新型的摄像系统,体积虽小(重量最小的只有几公斤),但包括了摄像机、同步系统、编码器和录像机等全部设备,可直接将所摄素材录成磁带。这种ENG,有摄像、录像分成两部分的分体式机和摄像、录像合在一起的一体化机两类。最新型的一体化机具有大型摄像系统的拍摄质量,而体积和重量只有固定式室内摄像机的十几分之一或几十分之一。ENG的出现,对电视节目前期制作具有非常重要的意义。有了它,电视记者才最终丢弃了电影摄影机,电视也才进入了全电子化阶段,电视新闻的时效才得以大大提高。随着卫星技术的发展,通过卫星直接传送新闻素材的方式使国际新闻传播发生了重大变化,也因此产生了一种新的卫星新闻采集形式(Satellite News Gathering,简称SNG),即电视记者用随身携带的小型卫星传送站可通过卫星随时随地将采集的新闻加以传播。美国有线电视新闻网（CNN）率先采用这种设备，在1990年海湾战争中大显身手。我国的中央电视台现已配备了这种装备，用于重大新闻的采访。

电子现场节目制作车（EFP）——大型电视节目采录和实况转播的专用设备。电子现场节目制作车（Electronic Field Production），也称电视转播车，实际上是一个小型化的、可移动的电视技术系统。它除配备有多台摄像机、录像机外，还有电子编辑机、特技机、导演控制台和小型微波传送设备等，可在采录现场制作节目，将节目信号录在磁带上，也可传回电视台直接播出。大型的电视台一般都配备有这种设备。一些大型的广播电台也配备有类似的现场制作广播节目的技术系统。

广播录音室——广播节目制作中采录声音素材的专用场所和设施。一般广播电台都配置有录音室。一些中型以上电视台通常也有设置，专用于为电视节目配音。广播录音室一般由控制间、采音间两部分组成。控制间主要配备有录音机、导演切换台、监听设备等，并和采音间有直通的电讯联系。采音间一般分为语言播音、文艺采音两种。一般中型以上广播电台还专门配置大型采音间及较高技术特性的音乐采音间等。根据不同节目的特点，大型乐队、小型乐队及古典音乐、现代通俗音乐、戏曲曲艺等对采音间的技术特性有不同的声学要求，但一般都要求采音间有良好的隔声、吸声（避免回声）和防震性能，以保证节目制作过程不受干扰并能产生较好的声学效果。许多广播录音室在设计建造时就考虑到这样一个因素，即使之兼有直播节目的功能。

电视演播室——电视节目制作中组织节目演出及采录素材和直播节目的专用场所和设施。电视演播室由控制间和演播间两部分组成。控制间主要配备录像机、导演切换台、监听监视设备及与演播间的通讯联系设施等，演播间通常设置一台或数台摄像机。电视演播室的分类和技术性能、设置要求与广播录音室类似，所不同的是，电视演播室还有一个最大的特点，就是要求配备良好的灯光和必要的布景区。电视演播室的灯具应能根据节目内容的要求合理布光，并能随时按导演的意图进行变化。现代化大型电视演播室的布光一般是依照事先设计好的程序，由计算机自动调节的。

4．节目制作中的软技术

节目制作中的软技术是指正确和巧妙地运用各种技术设备和技术条件制作出高质量广播电视节目的技术技巧，它主要包括：

拾音技术——传声器运用及声音采录技术，包括传声器种类和型号的选择、传声器的设置布局（与声源的相对位置）、录音电平控制及正确处理传声器与采音间内声学特性的关系等。拾音是艺术和技术的结合，其运用对节目制作质量及效果有直接的影响。拾音技术不仅对广播节目制作来说是重要的，对电视节目制作来说同样也是重要的。

摄像技术——摄像机运用及图像拍摄技术，包括摄像机的灵活操作、画面构图技能和推拉摇移等镜头运动规律的掌握、摄影用光技巧等。摄像也是艺术和技术的结合，并且艺术技巧的运用比技术操作更具有重要的意义，但艺术技巧的运用又是靠技术操作来实现的。因此，摄像师本身要具有一定的技术知识和较高的艺术修养，应能在技术操作过程中贯彻艺术创作意图或表现意图，摄取合乎要求的图像素材。

照明技术——电视节目拍摄的应用技术之一。灯光照明不仅是电视节目演出中必不可少的一部分，还常常是艺术创作的一个重要内容，而且电视摄像机对照明也有特殊要求。因此,照明师不仅要按照艺术创作意图或表现意图布置各种不同的灯光照明,而且要使光线符合摄像机的技术要求,保证拍摄质量。照明技术在专门的电视演播室内大量运用,在电视记者外出采访拍摄新闻片时也时常应用。

录音合成技术——广播节目后期制作的专门技术。它不同于简单地把单一声音素材整理和打乱顺序重新编排的广播编辑工作,而是对多种声音素材进行技术加工,以提高成品节目的质量。其内容主要包括:多种声音素材混录、混入不同的背景效果,多声道录音等。录音合成也是艺术和技术的结合,要有优良的音频处理设备,而且从事录音合成工作的人员必须要有一定的艺术修养和熟练的操作技巧,通常由专职录音师或音响导演来完成。

电视图像编辑技术——电视节目制作的应用技术之一。电视图像编辑与纯属于艺术技巧的电影片剪辑不同,电视图像编辑的基本要求包括电子编辑系统性能、操作技术的掌握和画面艺术技巧的运用两个方面。毫无疑问,电视图像编辑也是艺术和技术的结合,它是完成电视节目制作不可缺少的基本手段。与电影编辑还有一个很大的不同是,电视图像编辑可以借助电子编辑系统,运用电子特技的方式,产生许多美妙的艺术效果。

二、节目播出

广播电台、电视台的任务就是通过向公众播发自己的节目,实现广播电视传播的目的。节目播出是传播技术通道的第二个环节,但却是传播活动的真正开端。因为节目制作的目的就是为了播出,而只有节目被播出,才算真正开始了传播的过程。

1. 节目播出的技术种类

在录音机、录像机广泛运用之前,广播电视的节目制作和节目播出是完全不可分的,节目制作过程就是节目播出过程。在现代广播电台、电视台中,节目制作和节目播出的过程已基本划分开来,分别成为独立的环节。但节目制作和节目播出混为一体的直播节目方式作为现代广播电视传播的主要形式也被广泛运用,并且随着更为先进的电子科技手段的采用,直播方式还在不断地发展。

节目播出方式及节目来源大致可分为三种:

录播——指播出事先制作好的节目的录音带或录像带。这种录音带或录像带可以是本台新制作的节目,也可以是交换得来的节目或作为商品买来的节目,也可以是收录的其他广播电台、电视台的节目或本台播出过的节目。在录播这种方式中,由于节目播出作为独立环节与节目制作区分开来了,其任务就是按照事先编排好的播出顺序依次播放录音带或录像带,所以它完全是技术性工作。

直播——指节目形成的同时就直接播出的方式。直播又可分为演播室(广播为播音室)直播和现场直播两种。播音室或演播室直播是在广播电台、电视台内进行的,设计建造时就装备了一定的技术条件,直播时也往往不会受到外界不利因素的干扰和影响。现场直播则多是围绕会议、文艺演出、体育比赛等大型活动实况进行的,一些新闻报道也有采用,目的都是为了提高信息传播的时效。现场直播有的是在室外进行的,有的是在特定的室内条件下进行的,因此不同的活动性质、节目内容和环境条件对直播的要求也不同,但直播往往都要配备复杂的现场节目制作和控制、播出、信号传送等完整的技术系统。由于直播节目本身是节目制作过程和节目播出过程的融合,所以全部直播工作过程也是艺术和技术的结合,其中既有艺术性工作、编播性业务工作,也有技术性工作。

转播——指直接转发播出外来的节目信号。转播是纯粹技术性的工作。其中包括:转播通过卫星、微波、电缆传送来的节目,转播其他广播电台、电视台的节目等。转播节目有的是固定转播某台或某一套完整的节目,有的是定时转播某台或某套节目的某一段时间、某一个栏目播出的节目,有的则是临时安排转播某一节目。

一般来说,录播、直播、转播这三种节目的播出方式并不是截然分开的,有时常常结合运用。比如,在广播电台、电视台播出的一套节目中,某一段时间可能是录播,另外一段时间可能是直播,也可能还有一段时间是转播。对一个具体的节目来说,录播中间可能插入直播或转播的内容,转播中间也可能插入录播或直播的内容。

从工作性质上看,节目播出这个环节是编播业务工作的终点。直播中还少不了编播业务人员的参与,而录播和转播则完全是技术性的工作。在向播出部门提供了完整的节目编排顺序和节目录音带、录像带之后,编播部门的任务即告结束。广播电视节目传播的任务就完全由技术部门来负责完成,节目传播流通过程的后三个技术环节就完全在技术领域里进行了。

2. 节目播出的技术设施

节目播出的技术设施主要有放音或放像机、控制台、信号放大器、信号输出端等。

一般小型广播电台、电视台,节目套数不多,节目信号直接经输出端输送到发射台去。大型的广播电台、电视台,一般办有多套节目,多半设有节目播出的总控制室,包括本台的和外来的多套节目全部集中在总控制台,经过矩阵网络,被分别送入各自的信号放大器,再经信号输出端传送出去。当大型电台需同时向多个方向送出多套节目时,往往还设置了专门的调制机房,按需要把多个节目信号组合在一起,通过小型微波设备或电缆送往发射台或微波干线终端站、卫星地面站。

为了保证准确及时地播出各种节目,现代化的广播电台、电视台大都采用计算机系统自动控制节目播出,这样可大大提高节目播出的准确性,减少播出事故并降低值班技术人员的劳动强度。

3. 节目播出部门

节目播出部门是任何一个广播电台、电视台都不可缺少的机构。节目播出部门一般分为计划部门和执行部门。计划部门一般设在广播电台、电视台的总编室,有的直接称为(播出)节目组,其任务是划分节目时间、制订栏目规划和编排节目播出顺序。计划部门直接的工作成果就是提交编排好了播出顺序的节目单,以供执行部门执行。

节目播出的执行部门通常称为播出部,其职能就是按节目单落实播出任务。播出部一般包括放音(放像)机房、播出机房(信号放大和信号输出)、控制室等机构和在这些机构工作的值机人员、指挥调度人员等。

三、信号传送

信号传送是从节目播出到信号发射之间的一个过渡环节,但也是一个非常重要的环节。其重要意义在于:没有信号传送,信号发射环节就无法工作,广播电视传播就不能进行;信号传送系统技术质量不高,信号发射得不到好的节目信号,会直接影响广播电视传播的效果。

从技术角度考虑,信号传送系统的建设可以极其简单,也可以非常复杂。说其简单,那就可能简单到不需任何有难度的技术设施。比如,一个小型或中型的广播电台、电视台,楼下是播出机房,楼上是发射机房,从播出信号输出端联通到发射机,大概有几米、十几米传送馈线就实现了信号传送,楼顶的发射天线就直接完成了本台的传播覆盖。说其复杂,那就有可能复杂得没有止境。比如,"美国之音"的对华广播,是从美国华盛顿播出,节目信号经海底通讯电缆和通信卫星传送到菲律宾的发射台,然后对中国发射的,其对欧洲的广播也以同样的方式传送到设在欧洲的发射台或转播台。我国中央电视台的几套节目为实现对全国的覆盖,同时采用了电缆传送(送到电视塔用于覆盖北京市和送到微波干线终端站、卫星地面站)、微波传送和卫星传送的方式。不管简单还是复杂,信号传送这个环节都不容忽视。在实践中,由于它往往成为广播电视传播系统中的薄弱环节,所以,为保证向信号发射提供优质的节目信号,信号传送系统必须与节目播出系统、信号发射系统同步建设,特别是无线发射台和覆盖网的建设必须包括信号源即信号传送系统的建设。

信号传送一般分为近距离信号传送和远距离信号传送两大类。

1. 近距离信号传送

近距离信号传送是指在几千米到几十千米的范围内,由广播电视中心台向位于同一城市的发射台进行的传送。近距离信号传送一般采用电缆或光缆,在电缆、光缆架设或铺设不便的情况下,也可采用小型微波设备。这几种传送方式都可以得到比较高的传送质量。其中,小型微波系统造价低,建设难度小;电缆、光缆系统传输比较稳定,设备简单,维护方便;光缆的传送容量更大,不受外界的电磁波干扰,有逐渐取代电缆的趋势。

2. 远距离信号传送

远距离信号传送是指几百千米到几千千米甚至更远距离的传送。在我国,远距离传送一般用于中央或省一级广播电台、电视台,向设在外地的发射台传送节目信号。

远距离信号传送的手段主要有短波传送、微波传送和卫星传送。

短波传送是指在覆盖的同时解决信号传送问题,它曾经是中央和省级广播电台传送节目的主要手段,发挥过不小的作用。但它的缺点是传送质量不高,且不够稳定。20世纪70年代至80年代,在微波和卫星传送电路建立及广泛应用之后,短波传送已成为一种辅助手段或备用手段。

微波中继线路可用于全国性的节目信号传送,也可用于省内的信号传送,还可以同时把多路广播电视节目传送到远方。目前,我国中央人民广播电台和中央电视台的节目分别利用邮电系统建立的微波干线(4GHz频段)向大多数省会城市传送节目信号。一些省级广播电台、电视台利用自建的广播电视专用微波线路(8GHz和1.4GHz频段)向地市、县传送节目信号。微波传送体制是在每一个信号通道内同时传送1路电视图像信号和3—4路声音信号同时传送。

卫星传送则更适用于大范围的信号传送。目前,中央人民广播电台、国际广播电台和中央电视台的节目都主要通过卫星进行传送,部分省、自治区也利用卫星传送节目。20世纪90年代末,我国绝大多数省、自治区都已经利用卫星传送广播电视节目。

微波传送和卫星传送都可以得到比较高的传送质量。与微波传送相比,卫星传送的优点是建设较为简便。只需借助一颗卫星(专门发射卫星或租用已有卫星的转发器),建立一座地面信号上行站,便可在全国任何地方随处建立地面接收站,以接收卫星传送的节目信号。而且地面接收站的建设费用很低,最便宜的仅等于一台电视机的价格。在地广人稀、地形复杂、架设微波条件困难的地区,如海岛、荒原等,卫星传送对于解决覆盖问题显得特别有效。虽然微波传送的范围受到一定局限(离开传送线路就不能收到传送信号),但对于中型电台、电视台较小范围的信号传送来说,卫星传送的意义就不大了,经济上也不合算。相对而言,微波传送的造价就便宜多了。微波电路和卫星电路一般都是双向的,因此可以实现信号的双向传播,这对于新闻信息采集、节目交流和开发附加功能(如召开电话会议等)具有重要意义。

四、信号发射

把广播电视节目信号通过无线电磁波发射出去,这是广播电视传播的最主要特征和基本工作方式。信号发射是广播电视传播过程的第四个技术环节,同时也是传播者与接受者行为的交接点。传播者的活动到此结束。全部传播过程的建立,就剩下信号接收一个环节了。

1. 信号发射的任务

信号发射的任务是把广播电视节目信号转换成可在自由空间中传播的电磁波,向尽可能大的区域扩散,并使服务区域内的公众能方便、满意地接收。

广播电视节目的信号发射是由专门的发射台承担的。发射广播节目信号的称为广播发射台,发射电视节目信号的称为电视发射台,不播自办节目而仅仅负责直接转发广播节目信号和电视节目信号的发射台分别称为广播转播台和电视转播台,利用差频方式转播节目信号(接收信号频率和发射信号频率不同)的称为差转台。广播发射台和电视发射台发射的节目信号和发射设施虽有所不同,但其工作性质是完全一样的。而发射台和转播台也仅仅是信号的来源有所不同,其发射节目信号的本质是一样的。

信号发射主要是针对无线广播和无线电视而言的。在有线广播系统和有线电视系统中,由于通过自由空间和无线电磁波进行传播的途径被闭合系统的连接导线取代,无线广播电视中的信号发射环节及功能也被信号分配发送环节取代。有线广播电视信号分配发送环节的任务同无线广播电视信号发射的任务类似,但工作性质明显不同。有线广播不用将节目信号转换成电磁波,而是通过分配网络将信号进行直接对用户的传送;有线电视虽然也将节目信号调制转换成高频电磁波,但仍是作为信号对用户进行直接的传送,既不需要很强的辐射电能,也不进行电磁波辐射。

2. 发射台的构成

承担信号发射任务的发射台主要由两部分设施构成：一部分是发射机，一部分是发射天线。其附属设备一般还有电源装置、发射机冷却装置、信号调度装置、天线倒换装置等。发射机的任务是按节目信号调制发射频率（载波），产生可辐射电磁波的射频电能。根据产生射频电能的功率大小，发射机可分为小型、中型、大型、超大型几种。一般小型发射机的功率为：中短波广播300瓦以下，调频广播和电视广播1千瓦以下。中型发射机的功率为：中短波广播300瓦至3千瓦，调频广播和电视广播1—10千瓦。大型发射机的功率为：中短波广播3—10千瓦，调频广播和电视广播10—30千瓦。超大型发射机的功率为：中短波广播10千瓦以上，调频广播和电视广播30千瓦以上。

发射天线是发射台的特有标志，其任务是将发射机产生的射频电能转换成高频电磁波，使之携带广播电视节目信号播发到预定的对象地区。发射天线与发射机之间由专门的射频馈线相连接。发射台在工作时，被广播电视节目信号调制的射频电能经馈线从发射机输送到发射天线上，在天线周围产生相应的交变电磁场，无线电磁波就从天线周围以极快的速度向远方传播出去。根据无线电学原理，当天线长度是波长的一半时，电磁波辐射效率最高。因此，不同射频所使用的发射天线的结构和大小也不同。一般来说，中波广播的发射天线为垂直式的无方向性天线；中型以上发射台的天线通常是一座高度在50—200米的铁塔，铁塔周围与铁塔高度相同的半径范围内埋有金属地网；小型发射台的天线则是一根直立的金属线，上端连接有水平辐射叶，以弥补天线长度的不足；短波广播的发射天线为水平双极式定向天线；调频广播和米波电视广播的发射天线是体积较小的、无方向性的蝙蝠型天线；分米波电视的发射天线是体积更小的无方向性的电容式天线。

为尽量减少信号损失，发射天线与发射机之间的馈线长度越短越好。所以发射台的发射机房一般都建造在发射天线下面。因中波和短波广播发射台的天线（包括地网）占地面积太大，也为了尽量减少城市建筑对电磁波传播的影响，中波和短波广播发射台一般都建在城市郊区的空旷地方，只有少量以覆盖本市为主的小型中波发射台建在市内。调频广播发射台和电视发射台为得到最大的覆盖效益，一般都建在城市中心人口密集地区或邻近人口密集地区地势较高的地方，当没有适当高度的地形时，则选择高大建筑物或专门建造高塔来把天线架高。一座城市的调频广播发射台和电视发射台通常设在一起，多套节目的调频发射天线和电视发射天线分别安装在同一高塔之上，既节省投资，便于集中维护，又利于听众、观众接收。

3. 发射网的建立

单个发射台的覆盖区域和服务范围是有限的。对一个面积大的国家和地区来讲，由于地形和空间距离的限制，不论发射台的功率有多大，要靠一个发射台解决全部区域的覆盖问题是不可能的。所以为了较好地实现尽可能大的范围和区域的有效覆盖，就必须建立由许许多多发射台组成的广播电视发射网，提高覆盖率。广播电视传播的广泛性、及时性以及它能直接深入到每一个家庭等优势都是以这样一个庞大的发射网作为其物质技术基础的。

统一的广播电视发射网，按其性能可分为广播发射网和电视发射网，按其工作频段可分为中波广播网、短波广播网、调频广播网、米波电视网和分米波电视网等。

我国地域广大、地形复杂，人口分布又很不均衡，广播电视网的建设和组织运行是一个复杂的系统工程。为提高中央广播电视节目的覆盖，满足人民群众对节目传播的基本要求，我国专门建立了中央广播电视传送和发射网，即在全国许多地方建立了大功率的骨干发射台，并依靠众多中小型发射台、转播台同步发射中央广播电视节目信号。各省、自治区分别在自己的行政区域内建立了自己的广播电视节目信号传送和发射网。许许多多、大大小小的广播电视发射台、转播台组成的广播电视发射网形成了一个庞大的专门技术系统。数以万计的技术人员组成的技术大军常年默默无闻地奋斗在艰苦的高山上或寂寞的荒原上。正是由于他们在这个关键的技术环节上所作出的无私奉献，才使亿万人民得以享受到广播电视这一现代物质文明和精神文明的成果。

五、信号接收

广播电视传播的最终实现是受众接收到所传播的节目，所以广播电视传播的技术通道一直延伸到受众。由众多接收机（收音机和电视机）组成的"接收"一方，既是与"传播"一方相对立和相对应的技术系统，也是广播电视信息传播过程的第五个技术环节。没有信号接收这个环节，传播部分再先进、发展规模再大、传播内容再丰富，传播过程都是不能成立的，也不可能实现信息传播的目的。

一般说来，"接收"可分为个体接收和集体接收两种状态。个体接收是指一台接收装置形成的接收状态。虽然实践中往往存在着一台接收机同时由多人收听、收看的现象，但由于只是一个信号接收转换装置，所以只视作个体接收。集体接收是指多台接收装置通过一定的技术设施连成一体，组合为一个信号分配系统，但信号转换装置依然相互独立的接收状态，如共用天线电视系统等。

个体接收也好，集体接收也好，接收一方的规模、数量和技术水平也往往成为广播电视事业发展的显著标志之一。但接收方面的技术发展必须和传播方面的技术发展相适应。

广播电视的普及程度由广播电视的覆盖率和接收机的普及率两个指标来表现。广播电视的覆盖率可以表现广播电视传播的规模和范围以及覆盖区域潜在的受众数量。接收机的普及率表现实际存在的广播电视受众的数量。

要进一步提高广播电视的传播功效，一是要通过加大发送功率和多建发送网点，尽量扩大广播电视的覆盖面，提高覆盖质量和覆盖水平；二是要进一步普及接收工具，改进接收手段；三是要改善传播环境，特别是改善接收的环境条件，改进和提高接收的技术效果和质量。

一般说来，城市比农村广播电视覆盖条件好，覆盖质量和覆盖水平较高。其主要原因在于，广播电视发射台多建于城区或城市郊区，城市中有比较高的电磁场强度，信号强，接收效果就好。由于城市里工业集中，多种工业设备产生的电磁干扰会严重影响广播电视的接收质量。同时，城市里非常集中的高层建筑也会对电磁波传播产生阻挡和折射作用，严重影响对广播电视特别是电视信号的接收，以致城市居民常常无法正常收听广播、收看电视。相对而言，农村中的各种干扰较少，与城市相比，农村有较"清静"的广播电视信号接收环境。但由于在广大农村特别是边远地区,广播电视电磁场强度较低,接收广播电视信号也有很大困难。无论是城市还是农村,发展有共用天线系统的集体接收系统,都有利于改善接收环境和效果。山区的接收效果比城市和平原乡村要差得多,常常要花费大量资金建设差转台以解决覆盖不足的问题,对人口分散的深山,只能靠采用卫星传送或直播来覆盖。

第三节　广播电视技术的发展趋势

科学技术是第一生产力,依靠先进的科学技术促进经济及各项社会事业协调发展是我国社会主义现代化建设的中心内容。广播电视是社会事业的重要组成部分,它本身又是依靠先进的科技手段武装起来的现代化的传播工具,所以也必然依靠科技进步来推动事业的发展。科学技术是广播电视事业发展的基础,也是广播电视事业发展的先导。

从20世纪80年代到21世纪初,广播电视在整个世界范围内正面临着一个重大的变革。由于各个科学技术领域的发展都达到了一个新的水平,这些领域的新技术、新成果应用到广播电视领域里来,将会使广播电视技术产生一个新的飞跃,广播电视事业的发展也将呈现出崭新的面貌。

一、广播电视技术的主要发展趋势

从20世纪90年代中后期开始,许多国家,特别是发达国家,都已开始大力普及数字广播电视。数字技术为广播电视在信息时代的发展插上了腾飞的翅膀。有专家认为,数字世界的平台和社区对于维持奥运会的吸引力也有重要作用。刚刚结束的北京夏季奥运会被标榜为第一届数字奥运会。可以说,数字广播电视(主要是数字地面电视)已开始进入攻坚阶段。

数字广播当前在全球发展的整体态势是稳中有进,许多国家都迈出了向数字广播发展的步伐。1999年,数字广播收音机首先在欧洲问世,当时价格十分昂贵。现在,数字广播收音机的价格已经下降了许多。新的数字广播内容服务和数据服务将进一步推动消费者对数字广播收音机的需求。不过,专家分析,从模拟广播向数字广播转换将是一个长期而缓慢的过程。当前,除少数国家,如美国的数字卫星广播和英国的数字地面广播遥遥领先外,多数国家仍处于数字广播的实验阶段,它们的数字广播管理框架还有待确定,覆盖面也有待扩大。

在数字电视领域,数字地面电视由于面临种种问题而更为各国所关注。目前位居数字地面电视发展前列的国家有美国、英国、西班牙、瑞典、芬兰、德国、意大利、荷兰和日本。尤其是英国,一马当先,数字地面电视发展最快。据统计,到2003年12月底,英国数字电视家庭用户总数已达到约1235.78万户,占全部家庭的50.2%,以5年时间突破了50%

大关,仅 2003 年第四季度,数字电视家庭用户就增加了 42.3 万户。欧洲国家也迈出了引人注目的步伐。俄罗斯、挪威等国都宣布了全面转换数字地面电视的日期,瑞典等国家还新增办了数字地面电视频道。在世界数字地面电视的大竞技场上,亚太地区的国家也是令人瞩目的一支大军。其中不仅有日本、韩国、澳大利亚,还有印度、新加坡、马来西亚等国家。文莱、印度尼西亚、新加坡、泰国、缅甸和越南也在跃跃欲试,计划共同开发东南亚数字地面电视市场。

广播电视技术的主要发展趋势包括三个方面。一是一些新形态媒体初步显示了蓬勃的生命力,如宽带电视的出现。在日本,商业地面电视网已在进行部分节目的宽带传输,日本广播协会也在进行宽带传输实验。荷兰、挪威也进行了宽带电视试播。还有手机直播电视的出现。在 2004 年 3 月,韩国电信推出了卫星—手机直播电视业务,据称它是世界上第一家通过卫星向移动电话进行电视直播的公司。新加坡新媒体集团也与新加坡汽车公司合资开办了据称是世界第一家的数字地面移动电视公司。二是创造和建立新的技术体制以及具有新的技术功能和社会功能的新型电子信息传播媒介,如高清晰度电视系统、激光电视系统、多媒体电脑网络系统等,也有可能导致新的广播电视形态的出现。三是大量科技的广泛运用。电视信号的数字化给电视节目质量带来了变化,也为电视节目制作播出工艺流程带来了变革。新型记录媒体的引入在广播电视行业意味着数字化时代向信息化时代的又一次转折。

从总体上看,广播电视技术的微观发展,如新技术、新器件、新设施的运用和技术功能的改善等将日新月异、层出不穷,不断改变广播电视事业的面貌。宏观发展也将取得重大成就,新的技术体制的建立和新的技术形态的创造都面临挑战,这将从根本上引起广播电视事业的重大变革。技术上的微观发展和宏观发展相互促进,推动广播电视更快、更大地发展。

二、中国广播电视技术的发展与展望

20 世纪末,广播电视发展进入了数字电视时代。国务院 1999 年 82 号文件的颁布,标志着我国有线电视事业进入了一个新的历史发展阶段。文件明确:"广播电视及其传输网络,已成为国家信息化的重要组成部分。"有线电视将在国家信息化建设中发挥更大的作用,广播电视向数字化过渡是必然的趋势。当前阶段的特点是:有线电视的网络化、多功能化、数字化和产业化。21 世纪,科技发展将依靠科技进步以更高速度向前推进,广播电视也将面临更大的发展机遇和挑战。我国积极推动广播电视数字化的进程,虽然已取得了良好的进展,但我们在技术上还落后于发达国家,在覆盖率、覆盖质量、节目制作和传送能力、节目多样化、信息传播服务水平等方面与发达国家相比还有不小的差距。根据中国广播电视事业发展的需要,广播电视技术工作面临的任务是:跟踪和采用先进技术,改进传播手段,加速全国覆盖网的建设,提高覆盖率;加快技术改造,提高节目制作能力,提高广播电视传播的技术质量和服务质量。技术发展的具体要求是:

(1) 积极采用卫星传送、调频广播、微波传送、数字化、多工广播等多种先进技术,注重广播电视节目传送网、覆盖网和广播电视节目制作、播出中心的建设;

（2）推广计算机技术的运用，促进广播电视节目采编、制作和播出的现代化；

（3）大力加强广播电视新技术的研究开发，推广已开发的科技成果，如第二副载波传送广播节目技术、模拟分量电视技术、电视双伴音技术、图文电视技术、广播电视数字化技术、计算机制作立体动画技术、激光音盘和视盘技术等；

（4）跟踪世界先进科技，对 Ku 频段直播卫星系统、数字广播、数字电视、高清晰度电视等广播电视高新技术的实际应用进行超前性研究。

三、新兴的广播电视技术

1. 多工广播

多工广播是多路信号传输方式运用于声音广播的技术。它在一个发射频道同时播送两路以上声音广播节目，或在播送声音广播节目的同时播送其他附加信息。这种广播方式，能更有效地运用频谱资源和发射系统。目前实用的多工广播有调频多节目广播、卫星数字化多路节目广播和附加业务讯道广播等。卫星数字化多路节目广播通常是与电视、数据等信号同时传送的。附加业务讯道广播目前主要在调频广播中实现，已运用于以下三个方面：一是发射台与发射台之间的业务通信，包括通话、远动信号和数据传送；二是向广播接收者提供进一步的服务，如接收机的自动调谐和切换，盲人教育，为旅馆提供背景音乐、数据传送等；三是开办无线传呼或播送其他业务信号，如自然灾害的紧急警报广播、指导驾驶人员的公路交通广播等。

2. 电视多工广播

电视多工广播是指在电视广播中除播送常规的图像和伴音信号外，还利用频域空隙或时域空隙附带传播其他信息以扩大业务范围的一种新型广播方式，因此它又是一种新型的信息传播媒介。电视多工广播不仅可大大提高频谱资源的利用率，还能充分利用现有电视网的发送设备发挥更佳的传播作用，有很高的经济效益和社会效益，所以很有发展前途。电视多工广播主要包括以下四种：

电视双伴音广播——在现有电视广播伴音（称主伴音）之外，再增加一路附加伴音（称副伴音），可用于同时播送两种语言或播送双声道立体声伴音。

电视图文广播——在现有电视节目之外，以数字信号形式附加播送由文字或图形组成的图像信息。1 套电视节目能够同时附加播送大约 10 套图文信息，可用于报告新闻、天气预报、市场行情、交通信息、股票信息、金融信息等简短文字消息和简单的图形，还可为耳聋的观众播送电视节目的同期解说字幕，在现有的电视机上安装专门的附加器便能随时收看。

电视传真广播——将电视广播的及时性、广泛性和印刷报纸的记录性、可存性两类特点综合起来的一种信息传递手段。它利用电视伴音的副载波传送印刷文字和彩色图片传真，是电视机和传真机的结合。

多节目静止图像广播——利用一个现有的电视频道，同时播送由静止彩色图像和相应伴音组成的多套节目。它主要适用于电视教育。现在研究开发的模拟制多节目静止图像广播可同时传送 46 路彩色图像。

3. 新型立体声广播

目前，双声道调频立体声广播已在国内外普遍采用。一些国家现已在实验中波调幅立体声广播。立体声伴音的电视广播也已出现并进入实用阶段。在调频立体声广播中，有的国家开始探索立体感更强的新制式，如四声道全景声广播、三维空间环绕声广播等。

4. 立体电视

立体电视又称三维电视，简称3D—TV。这是一种能模拟实际景物的真实空间关系的电视系统。立体电视是利用人的视觉生理作用来获得立体感的，因而具有很强的真实感和临场感。

立体电视可分为两大类：一类叫普通立体电视，或叫双眼立体电视，模拟人眼观看景物时的双眼视差及其调节会聚作用，只能显示景物某一方向上的深度感，这种立体电视有戴眼镜（补色镜或偏光镜）和不戴眼镜两种观看方式；另一类叫自动立体电视，是一种可复现景物真实空间关系的全景显示系统，不需戴眼镜观看，而且在观看位置改变时，所观看到的图像的空间关系也随之变化。立体电视技术现已成功地应用到教育、科研、工业及军事等部门，用于电视广播的技术方案尚在实验之中。

5. 高清晰度电视

高清晰度电视是一种新的电视制式，简称HDTV。由于它的显示屏幕宽大，水平和垂直分解力都比现行电视制式高约1倍，因而在大屏幕上显示的彩色图像格外细腻鲜艳，富有真实感，其清晰度接近彩色电影。首先进行高清晰度电视实验性广播的日本建议高清晰度电视的主要参数为：每帧图像1125行，屏幕宽高比5∶3。目前，国际上正在着手拟订高清晰度制式的演播室标准。高清晰度电视技术不仅可用于电视广播，还可广泛用于各种需要优质彩色大画面的领域，并且为电影及图片摄制提供了电子制作的可能。

21世纪，互联网、宽带通信网和流媒体的迅速发展将是广播、电影和电视传统方式的竞争对手。我们必须认真对待，冷静分析，充分发挥广播电视的特长，占领制高点，不断发展自己，求得新的生存和发展。

思 考 题

1. 广播电视技术形态是怎样分类的？
2. 广播电视包括哪几个技术环节？
3. 节目制作包括哪些应用技术？
4. 节目播出包括几种方式？
5. 信号传送有什么意义？有哪些途径？
6. 信号发射的任务是什么？
7. 信号接收有哪两种形式？
8. 广播电视技术的发展趋势有哪些？

延伸阅读书目

1. [法]洛特非·马赫兹.世界传播概览——媒体与新技术的挑战[M].北京:中国对外翻译出版公司,1999.
2. [美]艾伦·B.阿尔巴朗.电子媒介经营管理[M].北京:北京大学出版社,2004.

第五章 广播电视事业的性质和职能

导 言

●本章学习目标：学生通过本章的学习，能够对广播电视事业的组成、社会属性以及广播电视的职能和作用有一个全面的了解，能够更科学地规划21世纪我国广播电视的运营模式。

●本章学习难点：广播电视事业的社会属性，广播电视的职能和社会作用。

第一节 广播电视事业的组成

自广播电视诞生以来，无论是在中国，还是在世界其他国家，由于受到政治、经济、文化以及地域等多方面因素的影响，广播电视事业的发展各具特点，但都已发展成为现代社会中规模庞大的社会事业。

一、广播电视事业的含义

通常情况下，在大多数市场经济比较成熟的西方国家，广播电视事业从诞生伊始，作为精神产品的生产和服务部门，就已成为人们社会经济活动中不可缺少的组成部分。事业是什么呢？它是指人们所从事的具有一定目标、规模和系统而对社会发展有影响的活动。它包括四个基本要素：(1) 有意识、有目的地经常进行的活动；(2) 一定规模；(3) 一定的系统，主要是指一定的社会组织形式；(4) 对社会发展有影响。

广播电视事业就是这样一种事业：它是人们以信息传播为主要目的，借助广播电视这种电子技术媒介进行的传播活动。随着社会的发展，这种传播活动不断地进步和发展，不断地产生、建立和完善适应社会发展需要的规模和系统。这种传播活动建立在一定的技术系统之上，以该系统服务于社会的特定目标和规模为基础，使全部传播活动成为一种社会事业的组织形式。它具体体现为具有不同属性、职能的广播电视机构和工作部门。这些机构和工作部门构成的运行系统就是广播电视事业的主要存在形式。

二、广播电视事业的组成

尽管电子技术的发明提供了重要的物质条件,但广播电视事业的诞生,最根本的动因是社会的需要。20世纪30年代至50年代是广播事业发展的黄金时期,之后西方发达国家的电视事业也开始蓬勃发展起来。一般来说,广播电视事业主要由三个大的分支系统组成。这三个分支系统是:节目传播系统、管理系统、支持系统。不仅一个国家或地区的广播电视事业从总体上看主要由这三个分支系统组成,而且其广播电视事业每一个层次(比如一个局部地区的广播电视机构或部门)也大多是由这三个部分组成的。

1. **节目传播系统**

节目是广播电视传播的基本单位,也是我们了解外部世界的窗口。所以,节目传播系统是广播电视事业的主体,它主要是指以各级广播台站、电视台站为主体建立的广播电视节目传播覆盖网络。节目传播系统也可称作节目运动系统,它是以广播电视节目的运动状态为特征的,其职能就是承担广播电视节目从生产制作到播发的全部任务。各个层次、各种规模的广播电视台站,虽然所处的地位不同,担负的具体工作目标不同,规模大小不同,办节目的数量不同,但有一个共同之处,即它们都是生产制作、传输、播放广播电视节目的。离开了节目的传播活动,广播电视台站就失去了存在的价值。

节目传播是广播电视事业的主要运动方式和特征。从宏观上看,节目传播系统是广播电视事业的主营系统,节目传播的状况是广播电视事业总体发展状况的主要标志和评价依据;从微观上看,广播电视事业的每一层次以及每一台站或机构等基本事业单元系统的内部,节目传播系统或部门都是该层次或该单元的系统主体。广播电视系统的其他一切分支系统或部门都是直接或间接地为这一系统主体服务的。

节目传播系统是由参与广播电视节目制作、播出、传送、发射四个主要环节的工作部门及众多的采、编、播、制等业务和技术人员共同组成的。一般来说,节目的制作流程包括前期准备、拍摄制作和后期制作三个阶段。因此,较大型的广播台站、电视台站通常将其无线电信号发射部分与其他环节和部门分离,建成独立的发射台或由众多小型单一的信号转播台组成技术覆盖网,而大多数广播台站、电视台站都是包括节目制作、播出、传送、发射各个环节和部门的功能齐全的综合机构。广播台站、电视台站一般都按与节目传播有直接关系的编播、技术两个方面的业务工作划分部门,如简单地划分编辑部、技术部等;也有许多台站综合编播和技术工作,按节目从制作到播发出去的主要环节划分工作部门,如采访部、编辑部、制作部、播出部等;还有一些广播台站、电视台站根据节目制作播出的工作量,按照节目的不同分类对节目制作的工作部门作进一步较细的分工,如新闻部、文艺部、社教部、少儿部、经济部等。

在广播电视节目生产制作过程中,技术部门及人员直接参与从采集素材到完成制作的整个过程,然后又独立进行节目的传输、传播工作。所以,在广播电视事业中,技术部门及人员也是节目传播系统不可分割的组成部分。

2. **管理系统**

不论是何种类型的广播电视事业,科学、合理的管理制度都是保证制度有效行使与落实管理职能的前提。广播电视事业是一个多形态、多功能、多层次、多环节的规模宏大的社会行业,广播电视节目传播系统又是一个由许多部门组成的运动系统,节目传播需要各方面众多的部门和人员通力合作、协同完成,自然需要有一个指挥有力的管理系统。对广播电视事业的管理主要分为两种:一种是对广播电视事业实施社会化、行业化管理,这通常是由政府主管广播电视事业的部门实施的;另一种是对广播电视事业具体业务工作或具体部门的专业化管理,通常是由广播电视事业内部尤其是由广播电视台站内部的管理部门实施的。因此,广播电视事业的管理系统是由各级政府主管广播电视事业的部门与广播电视台站内部宣传、技术、人事、经营等几个方面的管理部门组成的。

目前我国中央政府的广播电视管理部门是国家广播电影电视总局,地方从省(自治区、直辖市)到地(市、州、盟)、县(旗)各级政府管理广播电视事业的部门一般为广播电视厅、局(或处)。

广播电视台站内部一般实行"三位一体"的集体领导、分工负责的管理体制,即宣传业务实行总编辑负责制,技术工作实行总工程师负责制,人事和经营工作实行台(站)长负责制。在此基础上,根据需要设立必要的宣传、技术、人事、经营等几个方面的管理部门。其中,负责宣传管理的编委会、总编室(或宣传办公室)承担宣传政策和信息的传递、制订和实施节目规划、审定节目以及组织、安排节目播放等管理任务,负责技术管理的总工程师办公室及其他技术部门承担规划、组织节目制作、传播中的技术工作和技术部门建设、运行、维护、改造等管理任务,负责经营管理的部门主要承担人事、财务、物资、商品节目流通、广告业务等方面的管理任务。

目前,我国广播电视事业实行的是双重领导的管理体制,每一级广播电视部门或机构都既受同级党和政府的直接领导,又接受上一级广播电视部门的业务工作指导。管理就是服务,管理系统工作就是为了使节目传播和广播电视事业得到更快、更好的发展而进行的服务。

3. 支持系统

广播电视支持系统是节目传播系统必不可少的补充和完善,它主要是指在广播电视节目传播系统外围从事保障性和延伸性服务以及相关经营的行业部门。这些部门是与节目传播系统关系密切的从属系统,也是对节目传播系统的补充和完善。

广播电视支持系统主要包括以下几类行业、部门或机构:

(1) 以广播电视节目及有关知识为刊登内容的广播电视节目报刊业,如《中国电视报》及其他地方电视节目报刊等。电视节目报刊的主要任务是对广播电视节目内容进行宣传、介绍,它在引导听众、观众收听、收视和扩大节目影响方面有着重要的作用,同时它也是节目信息反馈及与听众、观众联系的重要渠道和桥梁之一。国内外的广播电视节目报刊都已发展成为一个规模庞大的产业部门。在我国,各种广播电视节目报刊的发行量通常位于所有报刊之首。

(2) 制作、发行视听节目的音像出版业。这是有着很高社会效益和经济效益的行业部门。音像出版业为广播电视节目在播放之外又增加了一个更为广泛的社会流通渠道,对扩大广播电视节目的影响有着重要的作用。但是,音像出版物实际上已改变了广播电视节目的原有性质,而成了专门的视听节目。同时,音像出版物在内容取材上也并不是仅仅来源于广播电视节目,它可以是专为商品流通制作和生产的其他音像制品。

（3）以广播电视为传播媒体的视听广告业。该行业的产品与广播电视节目的关系十分密切。它可以为广播电视业的发展提供强有力的经济支持,是与广播电视行业相互辅助、比翼齐飞的行业部门。

（4）广播电视专用设备、器材的制造、维修业。这是广播电视节目传播系统运行及广播电视事业发展的基础和保障。

此外,培养广播电视专业人才的教育事业、广播电视专业工程的设计建造业、进行广播电视专业技术研究和开发的科研事业等,也都为广播电视事业的健康发展发挥着不同程度的作用。

三、广播电视事业的结构形式

广播电视事业一般有以下三种主要的结构形式。

1. 散点式结构

散点式结构是指广播电视事业由众多独立存在、独立运行的广播电视台站及其传播系统组成。这种事业结构的特点是：每一个广播电视台站不论其自身服务规模大小,都是独立经营、独自构成广播电视节目传播体系的,并且有互不关联的不同服务对象。一般来说,这种散点式结构的事业发展状况基本上适应的是自由式和竞争式的事业管理制度。以美国为典型代表的资本主义广播电视事业的自由发展模式是这种事业结构的突出表现。虽然在西方资本主义社会的自由竞争条件下,也不乏"大鱼吃小鱼"的行业垄断、财团垄断现象,但行业垄断的结果只是事业结构关系的局部调整,并不能从根本上改变其散点式结构的特征。

2. 锥状式结构

锥状式结构是指广播电视事业由分为若干层次、不同层次之间有直接和固定联系的众多广播电视台站及其服务系统组成。这种事业结构的特点,一是广播电视台站及其服务系统按照服务区域的大小划分为两个以上的层次,每一层次由数量不等的台站组成,并且从上到下数量逐渐增多;二是不同层次之间联系紧密,这种联系有的表现为覆盖技术系统和信号服务区域,有的表现为节目传播和分配关系,有的表现为投资经营的分支机构,但无论从哪种表现上看,它们都有一个共同之处,即从下至上,每一层次都是上一层次服务系统的一个组成部分。这种事业结构带有很强的行业集团性和垄断性。在一个国家和地区内,往往以一个或少数几个全国性的广播电视机构为"龙头",依照行政体系或服务区域建立分支机构,形成从中央到地方或从全国到局部的锥状分布格局。苏联解体前的一元化的广播电视事业和日本、英国、法国等大多数国家的全国性广播电视机构以及诸如美国四大广播公司(美国广播公司、全国广播公司、哥伦比亚广播公司、公共广播公司)的垄断性广播电视机构,多是这种锥状式结构。我国广播电视事业结构按照中央、省(自治区、直辖市)、地(市、州、盟)、县(旗)四级行政区域进行建设,也具有较强的锥状分布特色。锥状式结构更多的是服从于社会需要和事业发展需要,并不表现为社会制度的不同。但同样是锥状式结构,由于受计划经济体制和政治体制的影响,社会主义国家的锥状式结构同资本主义国家的锥状式结构相比,与各级行政体系有着更为密切的关系。

3. 网络式结构

网络式结构是指广播电视事业以散点式结构或锥状式结构为基础,在不改变原有服务技术系统的情况下,通过节目交流、相互转播和建立新的节目传播渠道等,组成新的多元化的节目传播和分配等服务关系。这种新的关系组合可以是跨区域、跨层次的,甚至可以是跨国界的。这种网络式结构的形成取决于以下几个主要因素:一是卫星技术等广播电视技术的日益现代化,使跨区域的节目传播成为可能;二是各个国家和地区政治体制的演变以及社会经济、政治、文化的现代化发展,打破了固有的封闭式的地域政治和文化格局;三是国家间关系调整和世界新闻、文化传播新秩序的建立。在我国,自20世纪80年代以来,这种网络式结构的变化尤其明显和突出,中央台和省级台、地市级台之间,省台与省台、地市台与地市台之间,以及各台与国外广播电视机构之间有了更多的节目交流与合作的关系,通过建立多种联系渠道,在节目传播方面打破了原来比较单一的锥状式结构的格局。

四、广播电视事业的结构特征

世界各国广播电视事业虽然有不同的结构形式,但普遍具有以下几个突出的结构特征。

1. 系统性

广播电视事业是一个相对独立的社会行业,它以节目传播为主体构成一个完整的系统,整个大系统中可按纵向、横向分为若干个子系统,每个子系统又可再细分为若干个更小的子系统。比如,整个广播电视系统可分为若干台站和传播网络;每个台站和传播网络如同整个广播电视系统一样,可大致分为节目传播、管理、支持三个子系统;节目传播系统又可细分为节目生产制作系统、节目传送发射系统、节目交流系统等。但不论怎样划分系统,所有从事广播电视事业的部门都具有共同的行业性质和任务,具有统一的行业规范,服务于一个共同的行业目标。

2. 层次性

广播电视事业从纵向上可划分为不同的层次。层次性特征在锥状式结构中表现得较为明显和突出。层次性往往体现为这样几种形式:第一种是行政层次,通常以国有广播电视事业的行政隶属关系和管理关系为标志;第二种是区域层次,通常以广播电视事业的服务区域为标志;第三种是经营层次,通常以事业经营者和投资者的社会经济地位及事业规模为标志。我国广播电视事业的行政层次、区域层次、经营层次是大体一致的,基本上可分为中央、省、地市、县、乡、村六个层次(乡、村两级主要是有线广播,个别地方有有线电视),层次之间的界限也比较明确。但随着改革开放形势的发展和技术条件的改善,我国已经出现打破某种层次界限发展广播电视事业的现象。比如,部分省台节目通过卫星转发,已形成了跨区域覆盖,甚至全国覆盖的状况,不同区域、不同行政层次的台站也普遍存在着相互交叉覆盖的状况。这就使行政层次、区域层次、经营层次大体一致的格局有了一定程度的改变。一般来说,国外广播电视事业虽然也有很强的层次性,但层次的划分没有这么多,行政、区域、经营三种层次也往往并不完全对应。

3. 统一性

广播电视事业是一个完整的统一体,它围绕着广播电视节目这一社会精神产品的生产和流通,形成了有规则、有组织的广播电视传播这一社会运动方式。虽然在广播电视事业的不同机构、不同部门之间有着包含竞争因素的具体工作目标和服务方式,但所有广播电视从业部门和从业人员的终极目标,都是为了以更多的数量和更高的质量实现广播电视节目传播这一根本目的,以满足全社会对广播电视传播的要求。

4. 联系性

广播电视各系统之间及每个系统内部各部门、各工作方面之间都不是孤立运行的,而是相互联系的。从纵向上看,广播电视事业不同层次之间有紧密的联系。这种联系性一般体现为节目传播的联系、技术运行的联系、经营的联系和管理的联系等几个方面。节目传播的联系最为多样,也是最普遍、最经常的联系。

5. 协调性

广播电视系统内部各个部分之间不仅有紧密的联系,而且有着相互依存的关系。其各自的运行不仅是广播电视系统整体运行的一部分,而且是相互协调的。在广播电视事业结构中,节目传播系统、管理系统、支持系统这三大运行系统之间有一定的比例结构,相互之间是协调运行、协调发展的。比如,传播一定数量的节目,必然要有一定的事业规模,要配备一定数量的采编、制作和技术部门及人员,而一定数量的节目生产和传播机构又需要相应的管理、运行保障、后勤服务部门及人员。只有这些条件配套起来协调运转,才能保证广播电视系统的正常运行。没有这种协调性或这种协调关系遭到破坏,必然会影响广播电视事业的健康发展。

第二节 广播电视事业的社会属性

社会属性是一个含义非常广泛的概念,所以,由于理解角度的不同,人们对广播电视事业社会属性的认识有很大不同。有的是从广播电视事业的一般属性着眼,有的是从广播电视这种社会媒介的功能着眼,有的是从广播电视承担的社会职能和发挥的社会作用着眼。即便在同一个着眼点上,人们也可能形成有很大差别的认识。

广播电视事业的社会属性,可以从两个方面来看,一是广播电视事业的基本性质,二是广播电视事业的一般属性。

一、广播电视事业的基本性质

要了解广播电视事业的基本性质,先要弄清楚广播电视的本质。广播电视的本质有以下三个认识层次。

一是认识广播电视的自然属性。作为以电子音像技术为手段的信息传播媒介，广播电视实质上是一种适应生产力发展和科技发展水平的高级化的通信手段。它的功能，也可以说是自然功能，就是传递以声音、图像为符号的信息。从自然功能的意义上看，它不仅可以被任何人、任何社会集团所利用，而且不限于为单一的社会目的服务。比如，同样的技术装备和设施，除了可用于现在的广播电视所承担的职能外，还可用于通讯、导航、干扰、军事、监测等多种职能。

二是认识广播电视的社会属性。广播电视并不是客观世界的自然物，它是人类创造的，是人的社会活动的产物。它在技术上趋于成熟之后，就完全成为人们社会活动的工具，并为人们特定的社会活动目的服务。它以传递音像信息的功能为基础，被人们用于传播新闻讯息、进行意识形态宣传、开展社会教育、提供文化娱乐等。这些社会用途使广播电视超出仅作为通信手段的意义而成为一种新兴的综合性的社会文化传播媒介。作为社会文化传播媒介，广播电视是以广泛的社会公众为对象的。因此，与人与人之间的信息传播媒介相比较而言，广播电视是一种大众传播媒介，是以电子音像技术为手段的大众传播媒介。从社会活动的产物这个意义上看，广播电视仍是可以为任何人、任何社会集团所利用的。比如，原本为资产阶级所利用的广播电视一旦被无产阶级掌握，便转而为无产阶级利益服务。

三是认识广播电视的社会特征。广播电视这一媒介的发展及它在社会生活中发挥的作用，使它成为人们的一项重要的社会活动，并由此不断向高级化、专业化发展而成为一种具有相当规模的社会事业。作为一种社会事业，广播电视必然依附于一定的社会个人或集团，而非独立存在。广播电视这种大众化的社会文化传播媒介，除了仍然具有一些自然属性和物质特征之外，还具有一些明显的社会特征：一是大众性，具体体现为传播内容的广泛性和通俗性、服务对象的广泛性、传播方式的公开性和生活化等；二是文化性，主要体现为传播内容所包含的各种文化形态以及广播电视自身构成的独具特点的文化形态；三是意识性，意识性特征是广播电视最主要的社会特征。意识性特征说明，广播电视传播是以声音、图像为信息符号和信息方式的，且所传播的内容不论以何种信息方式表现，都是人们的意识的产物，所表现的客观世界实际上是人们主观反映的结果。因此，以人们意识成果和精神产品为内容的传播活动必然具有意识性，广播电视传播的实质就是人类的一种意识形态活动。

广播电视传播活动的意识性特征，常常使广播电视事业带有特定的意识形态色彩，广播电视这种传播媒介也自然而然地成为一种意识形态工具。这就是广播电视事业的基本性质，而意识形态性就是广播电视事业的本质属性。不同性质的广播电视事业主要取决它所具有的不同的意识形态特征。

二、广播电视事业的一般属性

由意识形态性这一本质属性所决定，广播电视事业还具有下列几个一般属性。正是由于本质属性和一般属性的不同，才产生了各种各样的不同性质的广播电视事业。

1. **所有权决定性**

我们都知道经济基础决定上层建筑。作为意识形态工具的广播电视是上层建筑的组成部分。上层建筑由经济基础所决定,并能动地反作用于经济基础,为经济基础服务。从马克思主义的这一基本原理出发,认识广播电视事业的性质,一要看它所依附的经济基础即社会经济制度的性质,二要看它自身的所有制性质。按照马克思主义的经济决定论的观点,我们可以看到,属于上层建筑领域的广播电视事业与它的经济基础相适应的最突出表现,就是它的所有权决定性。

所有权决定性就是所有制决定性。其特征:一是广播电视事业经营者的所有制性质决定广播电视事业的性质,也决定它的宗旨和任务;二是所有制性质决定广播电视传播内容的意识形态性质;三是所有制性质决定广播电视传播活动的方针。这就是说,广播电视事业所处的社会经济制度和经营者的所有制性质及它的经济地位,都不可避免地对广播电视事业产生决定性的影响,这是不以人的意志为转移的。由于经济、政治利益的需要,经营者不仅要求他所拥有的广播电视事业与其所有制性质相适应,而且要为其经济基础服务,为所有者和经营者的利益服务。这是一个普遍的规律,绝对不可能有违背这一规律的例外现象存在。比如,在以公有制为主体的社会主义制度下,广播电视事业就具有公有制的社会主义性质,其宗旨、任务、传播内容和活动方针等都是与社会主义性质相适应的,为全体人民所有的广播电视事业必然要全心全意地为人民服务,为社会主义的经济和政治制度服务。

所有权决定性是广播电视事业的一般属性中最重要的一种社会属性,而且这种属性在任何社会条件下都适用,一般来说也具有永恒的意义。

2. **阶级性**

在阶级社会中,各种意识形态都会打上阶级的烙印,古今中外概莫能外。广播电视是一种意识形态工具,其传播的内容属于意识形态范畴,因此也必然具有阶级性。并且,阶级性还常常是广播电视性质及广播电视传播活动和传播内容的鲜明标志。

广播电视事业的阶级性通常表现在这样几个方面:一是广播电视事业业主(所有者、经营者)的阶级地位,使广播电视事业带有从属阶级的性质;二是广播电视从业者尤其是直接从事传播活动的节目编播人员的阶级地位和阶级立场,使广播电视节目内容和传播活动有意识地或无意识地、明显地或隐蔽地体现出其从属阶级的意志;三是广播电视节目内容和传播活动直接或间接地适应不同阶级的需要,为某一特定阶级的利益服务。

阶级性是广播电视事业在阶级社会中的又一种重要的、必不可少的社会属性,但这种社会属性是以存在于阶级社会中为前提的,并且是附属于意识形态性这一本质属性的。

3. **政治倾向性**

政治是经济的集中表现。在有阶级的社会里,经济利益是各阶级最基本的利益。各阶级为维护本阶级的经济利益展开激烈的阶级斗争,处理与其他阶级的关系,这便成为政治的主要内容。政治倾向性的表现形式为代表一定阶级的政党、社会集团、社会势力在国家生活和国际关系方面的主张、政策和活动。

政治倾向性又是阶级性的集中体现。广播电视事业具有的鲜明的阶级性也自然表现为广播电视事业及传播活动的政治倾向性。其主要内容包括:支持、宣传体现本阶级利益的政党、社会集团、社会势力的政治主张和政策,反对其他阶级尤其是敌对阶级的政治主张和政策。虽然并非所有的传播内容都具有政治倾向性,但从总体上看,政治倾向性是广播电视事业的一种重要的社会属性。这种政治倾向性可以是潜在的、间接的或隐蔽的,也可以是明显的、直接的或公开的。在阶级斗争和政治斗争尖锐、激烈的历史条件下,广播电视事业的政治倾向性往往表现得十分强烈和鲜明,甚至广播电视直接演变为阶级斗争、政治斗争的思想武器和宣传武器。

4. 舆论性

广播电视所具有的意识性、大众性、文化性特征及迅速及时、真实生动、形象感人等传播特点,使它得以发挥功效强大的舆论作用。舆论是社会公众或一定的社会集团对事物的大体一致的看法和意见,具有一定的支配人们行为、道德的权威性和无形约束力。新闻舆论和意识形态宣传是社会舆论的向导,对社会舆论往往能产生巨大的影响。广播电视的新闻传播、社会教育、文化娱乐以及广播电视特有的意识形态宣传等多种功能,几乎都可以反映社会舆论、影响社会舆论,甚至专门形成社会舆论。所以,广播电视事业具有舆论性,广播电视实际上是一种强大的舆论工具。在具有鲜明阶级性和政治倾向性的前提下,广播电视事业的舆论性必然具有特定的指向作用。也就是说,广播电视不仅是一种强大的意识形态工具,而且必然成为特定阶级的舆论工具。

从以上的论述中,我们可以得出这样的结论:广播电视是以电子音像技术为手段的大众传播媒介,在阶级社会中,它往往成为一定阶级、一定社会制度的意识形态工具,尤其是其强大的舆论工具。这是对广播电视事业的本质和社会属性的完整、概括的表述。

三、两种性质不同的广播电视事业

无产阶级广播电视事业与资产阶级广播电视事业,或者说社会主义广播电视事业与资本主义广播电视事业,性质截然不同。正如毛泽东同志曾经论述过的那样:在社会主义国家,报纸是社会主义经济即在公有制基础上的计划经济通过新闻手段的反映,与资本主义国家报纸是无政府状态的和集团竞争的经济通过新闻手段的反映不同。这一关于报纸的论述,也适用于同样是新闻媒介和大众传播媒介的广播电视。

我们从广播电视事业的本质属性和一般属性来看,社会主义广播电视事业同资本主义广播电视事业的区别主要表现在以下几个方面。

1. 所有制性质截然不同

资本主义社会的经济基础是生产资料私有制,私有制、自由化、集团竞争和集团垄断是资本主义社会的根本标志。资本主义社会的广播电视事业就是私有制、自由化、集团垄断和集团竞争的产物。在这种制度下,广播电视事业为资产者和垄断财团所有。除了在从业队伍中有无产者作为雇佣劳动者遭受剥削以外,广播电视事业中根本没有无产阶级和劳动人民的地位。

社会主义社会的经济基础是以公有制(包括全民所有制和集体所有制)为主体的,广播电视事业也全部是公有制的。比如:在我国,广播电视事业的主体是国家开办的,属于全民所有;一小部分是集体所有制的,主要是某些乡村有线广播和企业、社区的有线电视等。这种公有制的性质,决定了广播电视事业归劳动人民所有,由人民共享。社会主义社会的广播电视是人民的广播电视,这是社会主义性质的广播电视的本质特征,也是社会主义广播电视事业与资本主义广播电视事业的最根本的区别。

2. 与听众、观众的关系截然不同

在资本主义社会,除了广播电视事业的所有权中没有劳动人民的地位以外,资产者和垄断集团拥有的广播电视事业,还把听众、观众作为尔虞我诈的竞争的盘剥对象和精神奴役的对象,不遗余力地推销带有腐朽的资产阶级思想的精神产品。

在社会主义社会,劳动人民被视为历史的创造者和国家的主人,也理所当然地是广播电视事业的主人。人民不仅是广播电视事业和广播电视传播活动的参与者和评判者,也是受益者。劳动人民有权利要求广播电视成为自己的舆论"喉舌",成为宣传、组织、动员、鼓舞广大群众为自己的利益而奋斗的思想武器和工具。

3. 传播内容的意识形态属性和政治倾向性截然不同

在资本主义社会,为资产者和垄断财团所有的广播电视事业不但不可能公开承认它的阶级属性,而且从来都在所谓"新闻自由"的旗帜之下,掩盖其以资产阶级利益为标准、为私有制服务的阶级实质。广播电视节目传播不可避免地大量进行着渗透资产阶级世界观、价值观、文化观、历史观及政治观点和生活方式的意识形态宣传,反而极力以"客观、公正、无倾向性"的美誉为自己标榜。

在社会主义社会,广播电视事业公开宣称自己的无产阶级的阶级属性,宣称自己反映无产阶级和广大劳动人民群众的利益、坚持工人阶级政党领导的政治倾向性。广播电视事业还宣称自己是无产阶级思想宣传的武器,是劳动人民和党的舆论"喉舌",其根本任务就是在为社会主义的经济生活、政治生活、文化生活提供服务的同时,宣传无产阶级的世界观、价值观、历史观和文化观等,用无产阶级的思想武装人们的头脑,培养、教育社会主义新人。

4. 活动宗旨和方针截然不同

资本主义制度下的广播电视事业从总体上说是以营利为目的的,尔虞我诈的竞争和变态、色情、暴力等传播内容是资产者拥有的广播电视事业牟取暴利的主要手段。

社会主义的广播电视事业是社会主义精神文明建设的重要组成部分,注重社会效益是广播电视节目内容和传播活动的基本准则,以健康的内容陶冶人们的身心是社会主义广播电视事业的鲜明标志。社会主义广播电视事业与广大听众、观众结为知己和朋友,共同创建社会主义的美好生活。

第三节 广播电视的社会职能和社会作用

广播电视作为大众传播媒介中最重要的形式,在传播信息的方式上具有其他媒介无法比拟的优势,因此也就承担着多种多样的社会职能,发挥着更为显著和巨大的社会作用。

一、广播电视的社会职能

人们通常认为,广播电视有新闻传播、社会教育、文化娱乐、社会服务这四种社会职能,广播电台、电视台的四大类节目就是按这四大职能设置的。这种认识虽有一定的道理,但这种简单地把职能与节目对应起来的方法并不科学。因为,某一类节目可能同时体现几种职能,而某一种职能又可能体现在某几类节目之中。另外,这种对职能的划分方法忽略了另一种极为重要的职能,即广播电视作为意识形态和社会舆论工具进行舆论宣传的职能。同时,社会服务职能也是一个比较宽泛的概念。从总体上说,社会服务是通过各种职能实现的,具体的社会服务职能也少不了信息和知识的传播,而这些又属于新闻传播和社会教育职能的范畴。

综合人们目前对广播电视职能的认识,广播电视的主要职能大致有以下几种。

1. 新闻传播

广播电视是为适应人们迅速传播信息的需要而产生的,从它诞生之日起,就被人们用来传播新闻,至今它仍然是最有影响的新闻传播媒介。作为电子新闻媒介,广播电视为及时、形象地扩大和延伸新闻信息的传播提供了便利的条件。因此,从广播电视的发展历史可以看出,新闻传播内容是广播电视节目的主体,是支撑广播电视全部信息的传播的骨干。新闻传播是广播电视最基本、最主要的社会职能。特别是在当代,人们对新闻信息时效性和数量上的要求更高,广播电视媒介持续不断地公开、大量地向观众提供着各种事件发生、变化的信息,以满足社会各团体组织和个人的信息需要。

随着社会的发展,为了与近年来的观众及社会需求相适应,在世界各国的广播电视机构中,新闻节目占据传播主导地位的倾向在继续强化,大多数广播电台、电视台的新闻节目都占其全部播出时间的1/4以上。商业性广播电台、电视台的新闻节目的播出时间也逐步增多,它们力求以快捷的新闻报道争夺听众、观众。在我国,新闻频道的开播以及新闻节目比例的上升也体现着新闻节目的重要性和观众对新闻信息的巨大需求。

在新闻传播的职能中,传达政令是一项重要内容。我国社会主义的广播电视尤其如此。作为党和政府的"喉舌",把党和政府的路线、政策、法令及工作方针及时传达给群众,成为上下沟通的桥梁,也是我国广播电视履行新闻传播职能的组成部分。

2. 舆论宣传

新闻报道作为人们对客观事物（包括自然现象和社会现象）的反映，是人们意识的产物，是建立在人们能动地认识客观事物这一基础之上的。由于认识事物的立场、观点、方法不同以及所处的社会地位、社会关系、个人素质等方面的不同，人们对同一事物也会形成完全不同的认识。这种新闻报道的意识性特征和主观色彩，自然使广播电视的信息传播带有意识形态宣传的性质。新闻节目在传播信息的同时还包含着对人的思想观念、政治倾向、信仰等方面的潜在的影响，包含着传播者对客观事物的认识。由于传播者的社会地位和社会政治、经济关系的影响，由人的意志主导思想观念、政治倾向、信仰等方面的宣传也是必然的，广播电视就直接成为宣传的工具。因此，广播电视媒介要积极地将社会舆论引导到有利于社会和人民的轨道上来，通过新闻传播中的解释性报道既不失客观又态度鲜明地引导舆论。

不仅新闻报道可以成为宣传的内容，而且广播电视传播的娱乐、教育、服务等其他节目也可以成为宣传的内容。几乎广播电视的每一种节目内容都能反映社会舆论，并在社会舆论中发挥导向作用。作为社会舆论宣传的工具，广播电视的舆论宣传职能十分明显和突出。可以说，广播电视传播的舆论工具的性质决定了广播电视的舆论宣传职能，而舆论宣传职能反过来又进一步强化了广播电视传播的舆论工具的性质。

3. 社会教育

广播电视承担着教育的职能，是最有效的社会教育的工具和手段之一。从广义上讲，广播电视传播新闻、传达政令、发表言论、宣传政治思想和引导社会舆论，甚至包括传播娱乐节目、服务节目等，都包含着教育的意义。从狭义上讲，广播电视具有学校教育的功能，它被誉为千百万人的"空中大课堂"和"没有围墙的学校"。所以说，广播电视的社会教育职能包括两个方面：一是它通过日常播出的各类节目，对听众、观众进行德、智、体、美以及思想政治工作等诸方面的教育，以提高全民族的思想政治觉悟、道德素养和科学文化素质；二是它通过开办各种传授系统知识的正规的广播学校和电视学校以及举办专门性的知识讲座，直接为社会培养专业人才。我国的实践证明：从20世纪广播电视开办专门的教育节目以来，特别是从七八十年代以来，广播电视为发展文化教育事业、培养社会主义建设人才，发挥了重要的作用。

4. 文化娱乐

现代社会人们的生活节奏加快，增强了人们对健康、正当的娱乐活动的需求，广播电视作为休闲娱乐的主要工具和手段成为多数人的选择。文化娱乐职能是广播电视为人们的社会生活服务的一个极其重要的方面，也是它有别于其他大众传播媒介的显著标志之一。目前在我国社会娱乐生活相对贫乏的情况下，随着收音机、电视机的"登堂入室"、进入家庭和更加小型便携，欣赏广播电视文化娱乐节目成为相当多的中国人日常生活中不可缺少的重要内容之一。电视成为世界上与人们日常生活关系最为密切的娱乐工具之一，而电视剧也被证实是最受观众欢迎的艺术形式。文化娱乐节目是广播电视节目中比重最大、时间最长、形式最为多样的节目形式。

广播电视播出的丰富多样、健康有益的文化娱乐节目，一方面，可以丰富人们的业余文化生活，使不同文化层次、不同年龄和具有不同兴趣爱好的听众、观众愉悦身心，在学习、劳动之余得到消遣;另一方面,通过健康的节目,可以寓教于乐,使人们在娱乐消遣中受到思想观念上的潜移默化的影响,陶冶了情操,促进了社会主义精神文明的建设。

5. 社会服务

从广义上讲,广播电视传播的所有节目内容都是为听众、观众服务的,都属于社会服务的范畴。但从狭义上讲,社会服务主要是指广播电视通过某些特定的服务性节目为听众、观众提供各种具体的服务,比如报时、预报天气、广告、经济信息、生活顾问、法律咨询、经济生活指南、观众点播和投诉等。随着科学技术的进步和生活内容的多样化,广播电视可以提供服务的项目将越来越多,将逐渐渗透到人们日常生活的方方面面,在帮助人们排忧解难、指导人们生活和工作等方面的作用将越来越大。人们对这方面的需求也会越来越大,广播电视的社会服务职能也将得到更充分的发挥。

广播电视是具有多种社会职能的大众传播媒介。虽然从总体上说,上述各种职能是缺一不可的,但对具体的广播电视机构来说,其具备的社会职能可能有主次之分,也可能只具备某一种或某几种社会职能,比如音乐台只突出其文化娱乐职能,教育台更注重社会教育职能等。充分发挥广播电视的各种社会职能,使其各展所长、协调互补,才能满足社会各方面的需求。

二、广播电视的社会作用

作用是指凭借(或运用)某一事物的职能对其他事物产生的影响和效果。作用是职能的延伸,是职能实践的结果。

作用与职能,既有区别,又有密切的联系。没有职能,就发挥不了社会作用,产生不了社会影响和效果;社会作用比较好,就说明职能发挥得较好,反之则说明职能不具备、不完善或因种种原因不能正常发挥。一种职能可以产生几种或几方面的社会作用,而某几种职能又可产生同一种社会作用。社会主义广播电视的社会作用主要有以下几种。

(1) 沟通作用。广播电视是沟通、交流信息的媒介和"桥梁"。对内,广播电视的开放式传播,是上下左右之间沟通、联系的桥梁,既可以使上情下达、下情上达,沟通党和政府与群众的联系,又可以使信息在群众之间得到有效的传播;对外,广播电视的跨国传播,使不同地区、不同国家、不同民族之间的距离缩短,增强相互之间的沟通和了解,在政治上增强全民族的凝聚力,在经济上促进信息的流通和社会主义建设的发展。

(2) 教化作用。广播电视是一种能产生强烈感染力的信息渠道,它能通过各种节目和最为群众喜闻乐见的通俗易懂的方式,向群众灌输思想和科学文化知识,从而达到宣传、教育的目的。同时,它对群众的思想观念、生活习惯都会产生潜移默化的影响。

(3) 动员作用。广播电视传播具有强烈的感染力和号召力,可以对听众、观众的言行产生直接的影响:一是在听众、观众中潜在地建立服从宣传意志的自觉意识,二是通过传播内容对听众、观众产生示范效应。

(4) 导向作用。广播电视是舆论宣传的有力工具,其传播的内容能对社会舆论及相当多的听众、观众的言行产生具有引导力的影响,从而把舆论及公众言行引向一定的方向和目标。

（5）感染作用。广播电视传播不仅直接影响人们的言论及社会行为,而且直接影响着人们的情绪和心理。广播电视节目内容可以在听众、观众心中引起好恶、喜怒哀乐等感情的变化和发展,产生社会性的感情趋向和共鸣。

（6）批评作用。广播电视在传播信息、反映客观事实及引导社会舆论的同时,可以揭露社会弊端,并借助社会舆论的力量对其进行批评和监督,以促使问题得到有效解决。这种批评和监督是社会制衡体系中重要的软性力量。

广播电视的社会作用还可以有很多,但主要有以上几种。这些作用是衡量广播电视事业的发展状况及社会影响大小的主要标志。

思 考 题

1. 广播电视事业包括哪些组成部分?其相互之间有什么关系?
2. 广播电视事业一般有哪些结构形式?有哪些结构特征?
3. 应该怎样认识广播电视事业的本质属性?
4. 广播电视事业有哪些社会属性?
5. 社会主义广播电视事业与资本主义广播电视事业有哪些区别?
6. 广播电视有哪些社会职能?
7. 广播电视的社会作用主要有哪些?

延伸阅读书目

1. 陆晔,赵民.当代广播电视概论[M].上海:复旦大学出版社,2005.
2. 李岩.广播电视新闻学[M].北京:高等教育出版社,2005.
3. 黄匡宇.广播电视学概论[M].广州:暨南大学出版社,2005.

第六章 广播电视节目体系

导 言

● 本章学习目标：学生通过本章的学习，能够掌握广播电视节目的主要类型和特点，并进一步把握广播电视节目的基本分类方法；了解广播电视节目产生和发展的基本脉络，从而认清广播电视节目未来发展的大致方向。

● 本章学习难点：广播电视新闻性节目的特点，教育性节目的任务，文艺性节目的特征。

第一节 我国广播电视宣传的基本要求和节目分类

一、我国广播电视宣传的基本要求

我国的广播电视事业是社会主义事业的一部分，起着上令下达、沟通政令、政治宣传和舆论导向的作用，是党和政府与民众沟通的桥梁和纽带。根据社会主义广播电视事业的根本性质和任务，我国对广播电视宣传有以下几点基本要求：

（1）坚持社会主义的政治方向，坚持四项基本原则；贯彻执行党的路线、方针、政策，并为党和政府各个时期的中心工作服务；坚持以马列主义、毛泽东思想为指导，贯彻"以正面宣传为主"的方针，以"团结、稳定、鼓劲"为基调，以健康向上的丰富多彩的内容教育和鼓舞亿万人民群众，促进社会主义的物质文明和精神文明建设。

（2）坚持为人民群众服务的方针。一方面，通过上情下达和下情上达沟通党和政府与人民群众的联系，成为党与群众之间密切联系的桥梁与纽带；另一方面，热心为群众服务，真正成为人民群众喜闻乐见的知心朋友。既要办好为各方面群众所共同感兴趣的节目，满足全社会共性的需求，又要根据需要和可能，开办各种不同内容、特点和服务对象的节目，努力满足不同职业、不同年龄、不同文化水平、不同兴趣爱好的听众、观众的特殊要求。

（3）贯彻"百花齐放"的方针，"扬独家之优势，汇天下之精华"。服务对象的广泛性给广播电视宣传带来非常复杂和艰巨的任务，但职能的多样性又使广播电视宣传具有其他任何传播媒介所不具有的传播优势。广播电视宣传的内容本身就是多种文化、多种信息的综合体,是各种文化传播的集大成者。因此,广播电视宣传从内容到形式都必须贯彻"百花齐放"的方针,将天下文化精华集于一身,为社会生活的不同需求服务。

(4) 注重发挥自身特点,不断创新、发展,使内容和形式得到完美统一。广播电视宣传既要努力提高节目的思想性、知识性、艺术性和趣味性等,增强广播电视节目的感染力和吸引力,也要勇于坚持创新、改革,发挥广播电视的特点,使节目日趋丰富多彩、生动活泼、通俗易懂、寓教于乐。内容是通过形式来表现的,形式又必然是不断发展变化的。在积累丰富的办节目经验和保留传统的、优秀的节目形式的同时,广播电视宣传要不断创造新的形式,更充分地发挥广播电视具有的多种职能优势,增加节目品种,增大节目容量,用尽可能完美的节目形式表现更为丰富多彩的节目内容,争取更大、更好的宣传效益。

二、广播电视节目分类

1. 节目分类的基本原则

节目分类是我们认识广播电视节目的手段和方式,其目的在于认识和把握广播电视节目的特征及生产和传播的规律,以便于能动地做好广播电视宣传工作。

广播电视节目的分类可以有不同的方法和标准。最基本的分类方法是按照节目内容的基本属性来分类。比如,以传播新闻信息为主旨的节目属于新闻性节目,传播文化知识的节目则属于教育性节目,对一个社会事件的真实报道要归入新闻性节目,但为反映这一事件而创作的电视剧则应算是文艺性节目了。

在实践中,还有其他分类方法,常常是从不同角度考察而确定的分类标准。比如,按照节目的选题范围,可分为综合性节目和专题性节目;按照节目的服务对象,可分为面向全社会观众的一般对象节目和面向部分观众的特定对象节目。广播节目和电视节目都有不少特定对象节目,如少年儿童节目、对农村广播节目、人民子弟兵节目、老年人节目、残疾人节目等。

当然,节目分类也不是一成不变的。社会对广播电视传播的需求是无止境的,广播电视宣传要不断适应和满足社会的需求,节目的内容和形式都在不断地发展变化。随着社会的发展和广播电视自身的发展,节目分类的调整变化以及旧的节目类型被新的节目类型取代和替换都是必然的。

2. 广播电视节目的主要类型

人们对事物的认识都是从该事物所属的类型开始的,对节目的类型有一个清晰、明确的认识是认识广播电视节目的一个必要的前提。目前,我国广播电视节目基本分为四大类:新闻性节目、教育性节目、文艺性节目、服务性节目。这是依据节目内容的基本属性来划分的。

国外广播电视机构的节目分类方法有的与我国相类似,有的则有较大不同。比如,国外有一种节目类型称为"娱乐节目",这其实是一个很宽泛的概念,不仅包括我们所认识的文艺性节目,而且包括被我们称为是服务性节目的一些内容和其他一些广播电视宣传中没有的节目内容。

一般来说,有什么样的宣传职能,就有什么样的节目,因为节目就是根据职能任务确定的。我们依据节目内容属性划分的节目类型与广播电视宣传的职能任务有密切的关系。我国的广播电视节目长期分为新闻性节目、教育性节目和文艺性节目三类。到改革开放的20世纪80年代,人们对广播电视的社会性服务职能有了清楚的认识,才产生了服务性节目。这类节目不仅把广播电视宣传为社会服务、为观众服务的目的具体化了,而且它本身就反映了广播电视在新闻传播、社会教育和文化娱乐三大职能任务之外的又一大职能任务。社会服务这种职能任务是广播电视自诞生以来就具有的,是社会对它的客观要求。但长期以来人们忽略了社会服务这种职能任务存在的社会意义,更忽略了承担和执行这种职能任务的能动作用,从而导致人们对服务性节目缺乏必要的认识,不能很好地完成生产和传播这类节目的使命。到目前为止,人们对广播电视节目的这四种类型,已基本达成共识。这四类节目分别按照各自的特点和生产、传播规律在实践中不断发展。

就具体的节目而言,节目类型并不能和职能任务画等号,二者之间一般都会有交叉。一个节目常常会承担多种职能任务。比如:科技报道既承担新闻传播职能,也有教育作用;文艺性节目除可提供娱乐消遣外,还可以同时报道文艺动态,也有文化教育的作用,后两者则分别属于新闻传播和社会教育职能。同时,一种职能任务又常常通过多种节目来完成。比如,思想教育作用可以分别通过新闻性节目、教育性节目、文艺性节目、服务性节目等来实现。

在广播电视的实际工作中,由于人们对节目分类原则和标准有不同认识,节目分类有时也出现一些混乱现象。比如,人们常常把专题节目单独划为一类,与新闻、教育、文艺、服务四大类节目并列,混淆了节目内容和节目形态的差异。这显然是不科学的。产生这种现象的一个客观原因与一些广播电台、电视台的机构设置有关。一些广播电台、电视台通常设有专题部,这就使人产生一种误解,把专题节目算为一类节目,与其他四类节目并列了。这也说明人们需要对节目的属性特征和节目分类加深科学的认识,从而能动地把握节目生产和传播的规律。

第二节　新闻性节目

新闻性节目是以传播新闻、报道和评论社会真人真事为主要内容的广播电视节目的总称。新闻性节目是广播电视宣传的主体,是要摆在首要地位的。广播电视新闻性节目既具有许多与报刊新闻共同的属性和共同遵循的规律,又有自己的一些独特个性。

一、广播电视新闻性节目的特点

广播电视新闻性节目的特点体现在与其他节目和其他新闻传播媒介(如报纸)的比较之中。

1. **面向全社会，具有强烈的时代感**

新闻性节目是反映真实的自然和社会生活的，因此它的内容是极其广泛的。它的报道对象包括天文地理、社会人生、政治经济、科学文化、思想言行等各个方面，几乎无所不包，而且它所报道、反映的新闻信息也是为社会生活的各个方面服务的。它报道的内容常常反映现实社会的最新变化，把握着社会发展的脉搏，具有强烈的时代感。

2. **用客观事实说话**

新闻性节目和其他节目的另一个重要区别是：它真实地反映社会生活，用客观存在的事实说话，反映社会各方面关心的问题，传递对人们有用的信息。真实是新闻的生命力所在，新闻真实首先是事实的真实。新闻性节目客观、真实地描述事实的本来面貌，用客观事实说话，就是"根据事实来描写事实"，这是由新闻本身的属性决定的。

3. **时效性最强**

广播电视新闻性节目在时效性上具有无时间差的现场传播的独特优势。因为随着电子科技的飞速发展，广播电视拥有了最现代化的信息采集和传播手段，这是它和其他新闻传播媒介相比的最大优势。它不但能够对发生过的新闻事实及时报道，而且还能在新闻发生的同时进行同步报道，这种"快"而"灵活"的特点，是报纸所无法比拟的。与广播电视的其他各种节目相比，新闻性节目的显著特点之一是有时效性的要求。

4. **传真性强**

广播新闻能够真实地传播新闻事实发生的现场音响，电视新闻则声画并茂，将现场景象生动真实地展现给观众，使观众有身临其境之感。这种极强的传真性，不但能给受众留下深刻的印象，使其易于接受新闻信息，而且能够极大地调动受众的参与意识。利用广播电视自身的音像特点传播新闻信息是新闻性节目与其他各种节目的主要区别。

5. **信息容量大**

广播电视新闻和报纸新闻相比，既可以反复多次播报，也可以在每次播报的单位时间里尽可能地增加信息容量，其信息容量比报纸大得多。

从总体上看，广播和电视传播新闻除了有许多共同特点外，还有一些不同。广播以声音表达新闻，可以充分利用语言简洁的优势尽量扩大传播的信息量，并凭借目前接收条件方便的优势扩大新闻传播范围；电视则依靠声画并茂的优势尽可能地增强新闻的感染力，作为一种立体信息传播方式，它能够如实地再现现场，并且实现了观众的多层次参与。

二、广播电视新闻性节目的任务和地位

广播电视新闻性节目的任务是报道和评论最新的新闻事实。凡与此有关的节目都属于新闻性节目。

在广播电视节目体系中，新闻性节目处于首要地位，是广播电视节目的主体和骨干。虽然从节目所占的播出时间上看，新闻性节目无论在广播中还是在电视中，一般都不是最多的，但新闻传播是广播电视作为新闻传播媒介的首要职能。更重要的是，从节目自身所具备的特点、内容的重要性以及对社会所产生的影响和作用来看，新闻性节目都不能不在广播电视宣传中居主体地位。我们通常说，社会主义的广播电视是党、政府和人民的"喉

舌",这主要是由广播电视的新闻性节目和新闻舆论宣传的功能方面体现出来的。

新闻性节目在广播电视宣传中居主体地位,这主要表现在:

(1) 在宣传计划制订和实施、宣传管理方面,新闻性节目是重点内容;

(2) 新闻性节目在播出安排上常常占据最突出的时间位置,如早晚黄金时间、整点时间等;

(3) 新闻性节目编播部门常常是广播电台、电视台最突出、最庞大的机构,人员多,管理力量也较强。

新闻性节目居主体地位,一般是就总体而言的,也主要是就一些综合性的广播电台、电视台而言的。随着改革开放的深入发展,各类专业电台、电视台逐渐建立,在这些台的播出节目中,新闻性节目可能不占首要地位,有的台新闻性节目量很少,播出时间很短,有的台甚至完全没有新闻性节目。专业台的出现也是广播电视事业本身适应社会需求的一种发展趋向,但这种发展趋向并未改变广播电视的新闻传播职能,也并未动摇新闻节目的主体地位。事实上,不断强化广播电视的新闻传播职能,是世界性的发展趋势。

三、广播电视新闻性节目分类

广播和电视的新闻性节目都分为两类:一类是单个的新闻报道节目,一类是新闻性节目的组合——栏目。

1. 广播新闻报道节目

就单个的新闻报道节目而言,广播新闻报道节目可以包括许多内容和形式,但大体上分为以下五种新闻体裁:

第一种是消息。它属于动态性报道,以直接提供事物发生、发展的信息和反映事物变化的面貌为内容。消息是实现国内外要闻总汇的主要渠道,在新闻性节目中处于重要地位,是新闻性节目的主体和骨干。消息报道的特点是要素(5 个 W)突出、时效性强、篇幅短小、报道面广、信息量大等。消息报道的时间根据需要可长可短,但要求以短为主,并且在内容明了的基础上越短越好。除大量的一般消息外,这类报道还包括各种短讯、简讯等。

第二种是通讯。它以对新闻事物和新闻人物进行细致性和深度性报道为内容。广播通讯一般包括事物通讯、人物通讯、概貌通讯、工作通讯、新闻特写、专访、录音报道、调查报告等。通讯和消息的区别在于,它不仅提供事件发生、发展的有关信息,而且侧重对事件发生、发展的过程和人物特征进行较为详尽、细致的描述和刻画,或对新闻事实的缘由、结果、意义等作深入探讨。通讯的篇幅和节目播出时间要比消息长一些。通讯是在消息的基础上发展起来的,因此一般也要有 5 个 W 这些基本的要素。

第三种是系列报道。确切地说,系列报道是一种报道节目组合,它以多次报道构成一个完整报道为特征。这其中又包括两种:一是并列性报道,它围绕一个主题对相关的多种事物分别进行报道,然后将多次的个别报道有机地联系在一起组成一个节目单元;二是连续性报道,它对一个新闻事实的发生、发展的全过程或对该事实的各个侧面进行跟踪式报道,然后将多次个别报道组成一个完整报道。系列报道所包括的多次个别报道组成一个完整报道的基础是,这些个别报道是在一个主题之下或者是围绕一个新闻事实展开的,目的是着重通过多次报道突出某种主题思想、挖掘共性、反映具有普遍意义的共性或者趋势,以引起社会舆论的重视。每次报道的具体题目、报道风格可以不求一致,甚至体裁运用也可以是多种多样的,即一个系列报道可以包括消息、通讯,甚至可以包括新闻评论等形式。

第四种是新闻评论。这种新闻体裁兼具新闻性和政论性特点。与消息、通讯所不同的是,它不着重报道新闻事实,而是围绕新闻事实发表议论和见解,从而阐明报道者的观点。消息、通讯重在反映事物,并且是客观的;新闻评论则重在发表意见,包含有较多的主观成分。新闻评论的发出者可以是评论者个人,也可以是评论集体,还可以是广播电视机构。新闻评论一般包括社论、社评、时事评论、述评、编后话、评论性专题等。其中,社论、社评是代表编辑部发表见解的;述评和评论性专题通常含有报道描述新闻事实的内容,述和评相结合,夹叙夹议,以事实为议论的基础,以议论作为叙述事实的主线和核心。新闻评论可以是对一个时期、一个地区性的问题进行的概评、概论,也可以是对某一特定事件、人物进行的一评一论。新闻评论的篇幅可长可短。

第五种是政令性通告。这种节目作为新闻性节目是社会主义广播电视所特有的,是由广播电视作为党和政府"喉舌"的性质和职能决定的。广播电视将完整地播发政府的政令、法规等内容作为一个独特的节目品种经常予以采用,目的在于使党和国家的声音迅速及时、原原本本地传达给每一个群众。

2. 电视新闻报道节目

电视新闻报道节目主要包括消息、专题报道、系列报道、新闻评论、政令性通告五种节目。这五种节目与广播新闻的五种节目有相同和相似之处,区别在于电视新闻报道节目除了依赖声音作为信息传播的载体,还主要靠图像来表现和传达信息。

电视新闻报道节目中的消息包括两种方式。一种是口播新闻,其传达新闻信息的基本方式是凭借口述语言,这与广播传达新闻信息的方式是一样的。在口播新闻中,常常可以在电视屏幕上播发文字、图表、照片及资料性活动图像等,这对所传播的信息起到辅助和补充说明的作用。另一种是图像新闻,其传达新闻信息的基本方式是活动图像和口述语言相结合,或者是以图像为主、以口述语言为辅,或者是以口述语言为主、以图像为辅。与广播新闻中的消息相同的是,电视新闻中的消息一般也要求要素齐全,新闻信息简洁明了,报道方式为直接叙述,节奏快,篇幅短小等。由于图像新闻中图像在传达新闻信息中发挥着重要作用,因此电视新闻还要求新闻中所播发的图像必须和事实的发生、发展有直接的关系,并且确实是由记者亲自赶赴事发现场进行摄录获取的图像。如果新闻中的图像不符合这些要求,即事后补摄或挪用过去的图像,甚至是"张冠李戴"地用其他和事发现场无关的图像代替,即便图像本身也是社会真实面貌的反映,但由于不符合新闻事实自身的要求,不能真实地说明新闻事实的现象和本质,也都属于不真实的新闻报道。

电视专题报道和广播报道中的通讯类似。一般来说,电视新闻中的消息报道由于凭借图像传递新闻信息,易于表现事物的表象,而往往对事物的本质揭示不够,所以借助专题报道对事物进行深入、细致的反映就显得尤为重要。专题报道是电视新闻宣传中的常用体裁之一,主要用于对新闻事实进行详尽、深入的报道。因为电视新闻和新闻纪录电影的发展有渊源关系,所以电视专题报道常常借鉴新闻纪录电影的制作方法和技巧。通常,新闻纪录电影也可在电视中作为专题报道播放。

电视系列报道和广播系列报道的功能、作用、特点都是相同的。在我国,电视系列报道和广播系列报道主要是从20世纪80年代以来才得到发展的。

电视新闻评论在我国出现的历史还不长,也是20世纪80年代以后才出现的,发展得也很不充分,但已显示出其旺盛的生命力。电视新闻评论与广播新闻评论的功能、作用、特点也是相同的。但值得指出的是:在各种评论性节目中,为真正体现电视特点,经常大量采用述评和评论性专题。这两种形式可以运用大量图像资料及现场报道,述和评相结合,使观众既能了解事实的来龙去脉,又能体会到对该事件的分析与评论。这两种形式很受观众欢迎,其传播效果也很显著。

3. 广播电视新闻节目栏目

早期开办的广播电视,一般都由广播电台、电视台随心所欲地播出节目,既无计划也无规律,常常是有什么内容播什么内容,播出时间随意确定,先播什么后播什么也是随意安排的。随着广播电视事业的发展,节目播出也逐步走上正轨。除了定时播出外,为了适应社会发展及听众、观众的需要,广播电视渐渐开始实行计划播出,以使听众、观众方便地收听、收看广播电视节目。在现代广播电视事业中,栏目化是节目播出方式的主要特征。

栏目化是广播电视节目编排、播出的一种方法,即将若干个反映同一内容或同一类型的节目编排、组合在一起,形成一个独立的节目单元,或归为一个栏目,使这个栏目有一个固定的名称、标志、开始曲和时间长度,并固定安排在某个时间播放。如《东方时空》就是由四个不同的独立板块组成的新闻栏目。广播电视节目栏目化可以使节目的内容、类型系统化,节目编排条理化,时间长度规范化,播出时间固定化,既有利于组织节目制作与播出安排,又便于听众、观众定期、定时收听、收看,培养其视听习惯,从而使节目拥有相对稳定的受众。

从广播电视的发展历史来看,广播电台、电视台最先开办的节目一般都是新闻性节目,最先设置的节目栏目一般也都是新闻节目栏目。并且,由于新闻性节目往往能适合社会各个层次、各个方面听众、观众的需求,每个广播电台、电视台又普遍在黄金时间设置重点新闻栏目,所以大多数广播电台、电视台的重点新闻栏目也通常都是收听率、收视率最高和最受听众、观众欢迎的节目栏目。如我国中央人民广播电台早晨的《新闻和报纸摘要》节目、晚间的《各地广播电台联播》和中央电视台的《新闻联播》等节目栏目作为全国的信息总汇,开办几十年经久不衰,一直是在我国听众、观众中享有盛誉的名牌节目栏目。

广播电视新闻节目栏目从内容上可分为综合性、杂志性和专一性三种。大多数新闻节目栏目都是综合性的,综合性栏目是将不同题材、不同内容的新闻按一定的编排原则编排在一档节目内。这种新闻栏目由于其内容的丰富性而决定了其受众群体的广泛性和多层次性,一般是广播电台、电视台的重点新闻节目。杂志性栏目是多种题材、内容的组合,一般由专门的主持人主持。它在内容上"杂"而不乱,长短结合,中心突出;在形式上板块结构,综合变化,灵活多样。专一性栏目是按社会行业、社会生活方面或地域划分来编排新闻内容的,如工业新闻、农业简讯、科技动态、经济要闻、体育新闻、港台新闻、国际新闻等,适应了非群体化传播时代的需要。这类新闻可以深化行业报道或突出对某地区的报道，满足社会公众的特殊需求。专一性的新闻既可单独构成一个大的播出栏目，也可在综合性栏目中占据一隅，以若干条相同类型的新闻组合成一个小栏目或一个新闻集纳式的播出节目群。

广播电视新闻节目栏目一般都采用固定时间播出的方式。在播出时间安排上，通常采用三种原则方法。一是占据"黄金"时间。早晨6点至8点和晚间7点至9点这两个时间段是一天中绝大多数听众最便于收听广播的"黄金"时间，晚上7点至10点是电视观众收看电视节目的"黄金"时间，所以大多数广播电台、电视台都在上述这两个"黄金"时间段中安排重点新闻栏目。二是整点播新闻，即在每个小时的整点时刻安排新闻栏目。三是插空补"白"，即利用一切栏目空隙安排5—10分钟的短新闻、要闻等。加快新闻传播节奏、提高新闻传播的密集度、多办新闻栏目是适应社会现代化要求而使广播电视得以发展的一个标志。新闻性节目一般按计划的栏目播出，但遇到突发性重大新闻时，便可能打乱正常的节目时间安排，临时插播新闻节目。这种现象在宣传中是常见的，也是广播电视利用其自身优势适应现代社会发展的具体表现。

广播电视新闻节目栏目还可以运用多台联办的传播方式。这种方式称为联播，即各台在规定的时间内统一转播来自中心台的新闻节目。这样可以发挥广播电视传播网络的优势，使新闻信息能够在较大的范围内得以迅速扩散。我国目前中央和省两级广播电台、电视台都办有新闻联播节目。在联播节目时间，其下属各地方台一般都要转播。此外，一些地市级台和县级台，也都有各式各样的新闻联播节目，还有一些经济区域台开办有以交换新闻为主的新闻联播节目。这种联播有利于扩大新闻的覆盖面，促进信息在更大范围内传播，促进广播电视新闻性节目数量的增加、质量的优化和提高。

第三节 教育性节目

社会教育是人生继家庭教育、学校教育之后的又一种教育形式，其教育时间最长，社会效益也极其显著。广播电视的发展，尤其是电视的普及，使社会教育有了一种新的媒介和途径。广播电视通过教育性节目开展和普及社会教育，旨在提高听众、观众的科学文化素养以及相关的专业知识和技能，为培养优秀的社会主义人才作出了不可磨灭的贡献。广播电视教育是整个社会教育中影响最广、最生动、最活跃的部分。

一、广播电视教育性节目分类

目前，我国广播电视教育性节目一般分为两类：一类是教学节目，一类是社会教育节目。

1. 教学节目

教学节目如同学校授课，系统地传授科学文化知识。这类节目通常包括两种教学内容：第一种是综合性的学历教学，如中央广播电视大学，它包含各种专业课程，与全日制学校类似，按国家规定的教学大纲安排教学计划，通过广播电视进行开放式授课，学生来源既有应届高中毕业生，又有在职职工或其他社会人员，国家承认其具有与全日制学校相同的学历；第二种是应用教学，如"中央农业广播学校"、电子技术讲座、计算机应用讲座等，类似职业教育，主要是为就业培训和知识更新服务的。

2. 社会教育节目

广播电视在日常宣传中最大量、最经常的教育性节目是社会教育节目。社会教育节目的内容、形式等比教学节目要复杂得多，教育方式也和教学节目不同。根据节目内容的不同，社会教育节目通常分为理论节目、知识节目、特定对象节目等。

理论节目是社会主义广播电视的一个突出特色。这种节目侧重于对群众进行思想教育，通过通俗系统地讲解马列主义的基本原理，从理论上阐述党的方针、路线、政策，分析社会上带普遍性的思想倾向问题，同时也阐述一些社会科学理论问题，普及社会科学知识。我国中央和省这两级广播电台的理论节目都有几十年的历史，并有了相当雄厚的基础，在实践中也取得了很好的成功经验；电视则由于其自身长于形象表现而不善于思辨的特性所制约，这种理论节目至今还没有得到很好的发展。

知识节目侧重于通过趣味性的节目向群众传授各种领域的科学文化知识。由于内容丰富，它逐步形成了名目繁多的节目和栏目，如"文化生活"、"法律讲堂"、"探索发现"、"绿色空间"、"健康之路"、"人物志"、"大家"等。与理论节目不同的是，电视由于其声像俱佳的优势，后来居上，其知识节目通常办得比广播的知识节目更为生动活泼。

特定对象节目是依社会行业、职业、年龄或地域、经济形态等因素来划分的一种社会教育节目，如"农民节目"、"少儿节目"、"牧区生活"等。特定对象节目的针对性较强，因此其传播效果相对显著。

以上分类只是一种大体情况，实践中常常可以根据需要而有所变化。随着广播电视节目改革的进一步深入，还会产生和发展一些新的社会教育节目形式。此外，还出现了一些融新闻性、教育性为一体的综合性和板块性的社会教育节目，如中央人民广播电台开办的《午间半小时》节目等。

二、教学节目的特征

利用广播电视开展社会教学，就是借助广播电视这种现代化大众传播媒介所具有的各种优势来弥补课堂教学和学校教育的不足。所以，广播电视教学节目的特征是通过广播电视自身的特征来体现的。

（1）教学对象的广泛性。广播电视教学不受课堂、师资、文化水平等方面的限制。一个教师讲课，可以有成千上万的人听讲。学习的人只要有收音机、电视机等接收工具，不管是在室内还是室外，也不管是在家里还是办公室或是在旅途中，都可以听课。这种开放式的教育，为更多、更好地培养适合社会主义发展需要的知识型人才发挥了巨大作用。

（2）教育结构的多层次性。教育是有层次的，有初等教育、中等教育、高等教育等。学校教育由于受客观条件的限制，每个学校一般只能选择一个层次来进行教学，不可能既开办小学课程，又开办中学和大学课程。广播电视教学则可以突破这个限制，能够满足观众接受多层次教育的需要。一个广播电台或电视台，可以在某一频率或频道的不同时间里，分别播出"广播电视大学"、"广播电视中学"等教学节目；也可以在相同时间里，使用不同的频率或频道，播出不同的教学节目，以满足不同层次听众、观众听课的需要。

（3）教学内容的多样性。广播电视教学节目可以根据观众的多种要求，安排多种多样的教学内容。比如，为弥补学校教育的不足，开办广播电视大学、中学及小学的综合性教学节目；为培养多种语言人才，开办多语种外语教学节目；为培训行业专门人才，开办广播电视专科教学节目；为满足观众生产、生活、艺术享受等需求，开办广播电视应用教学节目，如各种技术培训、知识讲座等。

（4）教学师资的权威性。在学校教育中，出类拔萃的教师毕竟是少数，因此只有少量的学生能够听到著名专家、教师的教学内容。广播电视教学节目则可以聘请这为数不多的"名师"来讲课，使更多的学生受益。这不但可以提高教学质量，而且也可以通过比较和竞争提高教师的业务水平。

当然，广播电视教学节目也存在一些不足。比如，固定的播出时间和一瞬即逝的传播方式使错过接收机会的学生难以弥补缺课内容，又没有更多的时间琢磨与思考；不直接与教师接触使师生之间缺乏交流，学生无法与教师面对面地探讨问题；按时间顺序播出的节目使听众、观众无法主动选择收听、收看的课程，缺少机动性和灵活性；分散接收使学生缺乏一定的约束等。

三、社会教育节目的特征

广播电视社会教育节目所包括的理论节目、知识节目和特定对象节目，在内容上有相近和交叉，所以具有以下共同特征：

（1）传播对象的专一性与广泛性的统一。特定对象节目的一个显著特征是收听或收视对象明确、收听或收视群体相对窄化，即具有传播对象的专一性。理论节目和知识节目也在不同程度上有着相对专一的受众。这种相对专一的受众可以说是社会教育节目得以生存和发展的基础。同时，广播电视具有受众广泛的特点，这又使得节目在相对专一的受众群体之外，其他人都可以收听、收看，因而可以说受众在相对稳定的同时又是不断发展变化的。这种相对专一性与广泛性的统一便构成了社会教育节目的首要特征。

（2）知识性、教育性与现实性、新闻性的统一。社会教育节目是通过传播理论和社会政治、文化、科技等诸方面的知识来达到教育目的的。但这种知识的传播和普通的教学节目不同，它不是系统地灌输某种知识，而一般是围绕党和国家的总任务及某一时期的中心工作来确定选题，按照现实的要求为社会现实服务。同时，社会教育节目内容还常常包含反映社会现实、联系社会现实传授知识的内容。因此，社会教育节目自然也就不可避免地要具有一定的新闻性特点，尤其是特定对象节目，由于其所包含的多方面内容，它的新闻性更突出一些。一般说来，从知识节目到理论节目再到特定对象节目是新闻性渐强，反之，则是知识性渐强。过于强调知识性而排斥新闻性或过于注重新闻性而忽略了知识性都是片面的。

（3）教育规律与广播电视传播规律的统一。广播电视的社会教育节目作为教育的一个组成部分,理所当然要遵循教育的一般规律。制作节目既要注意节目内容上的思想性、科学性和系统性,也要注意教育方法上的循序渐进、启发诱导、理论与实际相结合等。但同时这类节目又是广播电视传播内容的一个组成部分,因此必须符合广播电视传播的一般规律。

四、社会教育节目的任务

我国广播电视社会教育节目,主要有以下五项任务:

(1) 思想理论教育。思想理论教育包括讲授马列主义基本原理、社会科学知识,传播无产阶级思想体系,批判资产阶级思想体系,围绕党的中心工作介绍国内外经济、文化领域的新思想、新观念等,尤其要注重理论宣传教育,提高广大人民群众的马列主义、毛泽东思想的理论水平。

(2) 党的方针、政策和法制教育。广播电视可以采用实况转播和录音、录像等方法,把党和政府的方针、政策、法律法规、重要会议和领导人的重要讲话,迅速准确地传达给人民群众,同时也可以运用专题讲座、问答等方式系统、具体地讲解各项方针、政策和法律法规等。

(3) 科学技术教育。广播电视科学技术教育要紧密结合我国科学技术较为落后的实际,以普及基本知识为主,以注重实用性为辅,同时也应注意介绍国内外科学技术的新发展、新成果等。

(4) 文化知识教育。传播各种文化知识,丰富群众的业余文化生活,提高全民族的文化素质和文学艺术欣赏水平,是广播电视知识节目的一个重要任务,也是占广播电视社会教育节目播出比重较大的内容。

(5) 职业技能教育。职业技能教育随着社会生产的发展越来越重要,广播电视社会教育节目义不容辞地应当担负起提高劳动者素质的重任。

五、广播与电视在教育性节目上的差异

广播与电视在教育性节目上既有共性特征,也有个性特征。电视依靠画面和声音来进行信息传播,比单纯依靠声音进行信息传播的广播有明显的优势。但广播与电视在办节目上都必须各展所长。在教学节目内容上,广播适合于中外语言教学和文史哲等方面的知识教学以及艺术方面的音乐、戏曲知识教学,电视则除了以上内容外,更适宜数理化等理科和工科课程的教学以及书画、摄影、舞蹈等艺术课程的教学。在社会教育节目内容上,广播长于说理,适合于用通俗的讲解形式进行理论、政策、思想教育和科学知识的宣传;电视则可借助一定的艺术形式,如电视小品、电视故事、电视风光片或新闻专题片来间接表达某种思想、观点和政策。同时,对于多方面的科学技术知识、生活常识及各类现场举行的知识竞赛,电视比广播更具有明显的表现优势。

第四节 文艺性节目

在广播电视节目体系中,文艺性节目是播出时间最多的节目,在广播电视宣传中占有重要的地位。

一、广播电视文艺性节目分类

广播电视文艺性节目包含的内容较多,从不同的角度可以有几种不同的分类方法。

(1) 按照节目来源分类。广播电视文艺性节目有三种来源:第一种是广播电视特有的艺术品种,如广播剧、电视剧及各种广播小品、电视小品等;第二种是对一些社会文艺品种进行加工使之成为具有广播电视特点的文艺节目,如电影录音剪辑、电视小说、音乐电视等;第三种是直接取材于社会文艺,即把某些社会文艺节目直接引入广播和电视进行播出,如广播电视实况播出的歌舞、音乐、曲艺、戏剧等。

(2) 按照节目功能分类。广播电视文艺性节目按功能可以分为四类:第一类是欣赏型节目,以播送各种形式的文艺品种、文艺作品为主,从而实现广播电视提供娱乐的社会功能;第二类是知识教育型节目,主要向听众、观众传授、普及文艺理论知识和文艺技艺,这也是实现广播电视教育大众的社会功能的途径之一;第三类是服务型节目,主要为听众、观众提供文艺信息、文艺知识方面的咨询,解答疑难问题,满足群众求知的愿望和其他各种有关的要求;第四类是评介型节目,主要是评介文艺作品及其创作者、表演者等。这种节目分类方法在广播电台有较长的历史和比较成熟的实践,在电视台则起步较晚,目前初具雏形。

(3) 按照艺术种类分类。广播电视文艺性节目按艺术种类通常分为六类:一是音乐节目,如中外声乐、器乐歌舞剧的音乐录音录像剪辑和选曲等;二是戏曲节目,主要是中国的各种戏曲,如京剧选段;三是曲艺节目,包括鼓书、相声、评书等各种说唱艺术;四是文学节目,如广播电台的文学欣赏、小说连续广播和电视台的文学欣赏节目等;五是电影和话剧,如广播电台的电影录音剪辑和电视台播出的电影片以及广播电视对话剧演出的实况直(转)播等;六是广播剧和电视剧,尤其是电视剧,已成为电视文艺性节目的重头戏。

以上三种分类方法中第三种较为常用。其原因在于:一是这种分类方法既符合艺术本身的归类要求,又符合听众、观众的欣赏习惯,易于被节目制作部门和听众、观众接受;二是这种分类方法比较适合于广播电视节目定时、分段的编排方式,易于进行节目的实际编排。

二、广播电视文艺性节目的特征

广播电视文艺性节目是文艺与广播电视结合的产物,这种结合通过现代化的大众传播媒介将具有悠久历史的文学艺术演变为现代的年轻艺术门类——广播电视文艺。从传播手段上看，文艺性节目主要有以下特征：

（1）包容性。广播电视文艺，尤其是电视文艺，是迄今为止包容性最强的一种艺术。小小荧屏，既可以展现文学、戏剧、音乐、美术、舞蹈等一切艺术种类，又可以古今中外、天上地下，无所不有，无所不包；既可以有高品位"阳春白雪"式的文艺精品，又可以有"下里巴人"式的大众通俗文艺，如国粹京剧和地方文化艺术二人转都可以借助于广播电视得以传播。这种借助最现代化的传播方式所体现出来的包容性，是广播电视文艺性节目区别于其他节目的一个最显著的特征。

（2）渗透力与群众性。随着广播电视的日益普及，广播电视文艺性节目在不断发展完善的同时，进入了亿万人的家庭生活，成为群众业余文化生活形式中最为方便的一种。其受众广泛，不受年龄、性别、文化程度等方面的限制。虽然这个特征也是广播电视其他节目所共有的，但由于亿万群众业余生活与娱乐消遣的密切关系，广播电视文艺性节目的社会影响力远比其他节目更为深远。一部好的电视剧可使"万人空巷"，精彩的剧情和深入人心的人物形象常常成为人们街谈巷议、茶余饭后的最好话题。

（3）连续性。广播电视文艺性节目能够满足群众足不出户便可连续、定期地欣赏文艺节目的需求。我国曾经有过连台本戏和连续讲说长篇评书等文艺形式，但随着社会的发展已不复存在，广播电视文艺性节目则又提供了这种可能。小说连续广播、长篇评书、电视连续剧等大大地满足了群众这方面的需求。一些评书表演艺术家将作品搬上荧屏，得到了观众的认可和喜爱，取得了更好的传播效果，其中有一些作品在全社会造成了"轰动效应"。连续性已成为广播电视文艺性节目的显著特点与优势。

传播形式的特征带来了广播电视文艺性节目接收与审美的独有的特点。

第一个特点是节目选择的自由性和欣赏的随意性。广播电视接收工具广泛普及，节目频段（道）也不断增多，受众在传播中的主体地位使广播电视不断地从以传者为中心到以受者为中心进行转换，受众可以自由选择自己感兴趣的节目，不像到电影院或剧院，只能被动地观看所安排的内容而无法选择。同时，欣赏广播电视节目，受众既可以全神贯注，也可以漫不经心、一心二用，不像在公共场所那样受到各种条件的约束。这种自由性和随意性，既是广播电视文艺性节目的优势和长处，又是它的一个缺陷，因为它常常可能影响和干扰听众、观众对广播电视文艺性节目的有效收听、收看，无法取得应有的传播效果。

第二个特点是受众情感体验的单一性和审美认同的群体性。收听、收看广播电视文艺性节目往往是在小范围、近距离内进行的，听众、观众除了强烈感受到节目本身的影响外，一般不能像在公共场所那样感受和体验到其他人的强烈情绪。这种情感体验虽然单一，但却因直接受到节目本身的强大感染力而促使受众产生与节目或节目主持人感情交流的愿望。同时，如果欣赏了同一广播电视文艺性节目的受众都产生了类似的情感和认识，便在艺术审美上形成一种认同，从而产生轰动效应。一些电视连续剧之所以在社会上轰动一时，便是这种审美认同所产生的结果。

三、广播电视文艺的社会功能和作用

广播电视文艺是社会文艺的一个组成部分,其社会功能和作用与社会文艺是一致的。但因广播电视传播媒介的特性,广播电视文艺比起其他社会文艺,其社会功能和作用要更突出和强烈一些。这主要表现为以下两点:

(1) 娱乐作用。如果说收听、收看新闻、社会教育等类节目是为了广知天下事或接受一定的知识的话,那么听众、观众欣赏文艺性节目则主要是为了进行娱乐和消遣。我们强调广播电视文艺的娱乐作用并不排斥文艺性节目必须具有一定的思想性、教育性,而且要把思想性、教育性置于首位。但娱乐毕竟是客观存在的社会需求,也是文艺的重要社会功能和作用。广播电视文艺应该"寓教于乐",通过轻松活泼的艺术形式潜移默化地对群众进行思想品德教育。我国是发展中国家,经济不发达,人民群众的文化生活还相当贫乏,听广播、看电视仍然是亿万群众业余时间的主要娱乐活动。广播电视文艺应当注意发挥自己的娱乐作用,满足人们的这种正常需求。

(2) 社会教育作用。毫无疑问,广播电视文艺的社会教育作用同娱乐作用一样是客观存在的,也是适应社会客观需求的。好的广播电视文艺性节目应该在使人赏心悦目的同时感受到一种思想的启迪和鼓舞,使人逐渐培养出高尚的情操和高雅的情趣,使人获取各种有益的社会知识和生活知识。当然,广播电视文艺的社会教育作用可以是直接表达的,但更经常、更普遍的是通过文艺性节目所展示的艺术形象来感染人、影响人的。在某些时期,也不排斥广播电视文艺具有较强的宣传鼓动性。但在强调这种宣传鼓动性的同时,不可忽视文学艺术的美学特征,不可违背文艺的基本规律。

四、广播电视文艺与其他社会文艺的关系

广播电视文艺是社会文艺的一个组成部分,它与其他社会文艺的关系是:

(1) 其他社会文艺是广播电视文艺的重要节目来源。除广播电视文艺特有的艺术形式如广播剧、电视剧等之外,广播电视文艺性节目大部分取之于其他社会文艺。可以说,每一种广播电视文艺性节目都有与之对应的社会文艺作为其节目来源。并且可以说,每一种社会文艺形式都可相应地产生广播电视文艺性节目。广播电视文艺性节目的制作者必须密切注意其他社会文艺发展的状况,积极发现、选择、采集适合广播电视播出的文艺性节目,以丰富广播电视节目内容,满足听众、观众的需要。

(2) 广播电视文艺与其他社会文艺是相互促进又相互制约的。一方面,其他社会文艺的发展状况,直接影响着广播电视文艺的发展。如社会文艺舞台上近几年戏曲、戏剧不是很景气,广播电视的同类节目便同样受到影响,剧目、节目不够丰富,听众、观众也大量减少。但另一方面,广播电视文艺又并非单纯地受其他社会文艺的制约,它也可以反过来促进和推动其他社会文艺的发展。如广播电视播放一些著名艺术家演播的相声和评书,就能使相声和评书艺术得到很大的推广,既使其从简陋的戏院、书场登入大雅之堂,又使其家喻户晓、人人皆知。

（3）广播电视文艺源自其他社会文艺，又高于其他社会文艺。这里的"高于"有两方面的含义。一方面，广播电视文艺更加注重社会效果。广播电视是个开放型的传播系统，无论从年龄层次、文化层次方面来看，还是从人数等方面来看，广播电视文艺的接受者都远远多于其他社会文艺的接受者。这就需要广播电视工作者对所拟制作、播出的文艺性节目及其来源的社会文艺加以认真选择，真正取其"精华"，注重节目播出后的社会效果。另一方面，广播电视文艺要适合广播电视自身的特点和要求。广播电视文艺是以声音和图像为载体的，是诉诸人的听觉与视觉器官的，如某些只适合阅读的文学作品便难以直接使用，须经加工成具有广播电视特点的节目才能提供给受众。

第五节　服务性节目

早在广播电视产生初期，服务性节目就出现了。但在我国，由于认识上的局限性，服务性节目一直不太被重视。直到20世纪80年代，随着改革开放的发展，人们对广播电视的职能任务有了更完整、更深刻的认识，服务性节目才日益受到关注，并有了较大的发展，逐渐成为一个独立、完整的节目类型。

一、服务性节目的界定与划分范围

我国的广播电视是社会主义性质的广播电视，因此，从广义上说，其宗旨就是全心全意为人民服务，因而所有的节目都可以说是服务性的。但具体来讲，服务性节目则是指在广播电视新闻性节目、教育性节目和文艺性节目之外，所有直接帮助听众、观众解决各种社会生活实际问题的节目。这类节目最明显的特征就是实用性强。它以特定的内容，给人们的工作、思想、生活提供具体而实用的服务。因此，所有这些广播电视节目都可以算是服务性节目，如天气预报、报时、观众信箱、咨询服务、寻人寻物、婚姻服务、市场经济信息以及介绍各种实用生活知识的节目等。现在有争议的是：广播电视广告是否算是节目，是否属于服务性节目的范围。对此，人们有不同的看法。应该看到，广告是广播电视固定播出的内容，具有节目的属性，理当算是广播电视节目。事实上广播电台、电视台也是把广告作为节目来制作和播出的。从广播电视广告节目的本质属性来说，它是为广大听众、观众了解商品和市场信息服务的，是为人们如何进行生产和生活消费提供指导和服务的，所以自然应归入服务性节目一类。

二、广播电视服务性节目分类

就内容而言，服务性节目包括纯服务性节目和含有服务内容的节目两种，通常所说的服务性节目一般仅指前一种。

纯服务性节目可分为单项性服务节目和综合性服务节目两类。

单项性服务节目内容单一,主要是提供一种知识或解决一个方面的具体问题,如中央电视台的《天天饮食》、《健康之路》、《中华医药》、《证券时间》、《鉴宝》等栏目,都是将具体的知识作为节目内容的。

综合性服务节目常常在一个节目里安排多种服务项目,内容丰富,涉及生活领域的诸多方面,如中央电视台的《生活》、《为您服务》、《生活全天候》等栏目,又如上海电视台的《生活之友》、北京电视台的《服务窗》、天津电台的《为听众服务》等栏目。

就形式而言,服务性节目又分为普及型服务性节目和特定对象型服务性节目两类。

普及型服务性节目内容广泛,具有普遍性,一般适合各种职业和不同年龄、文化层次的听众、观众,如《天气预报》、《银屏导视》等。实践证明,这类节目在社会上常常是很受欢迎的。

特定对象型服务性节目主要是为某一层次的观众开办的,如专门为老年人提供服务的节目和专门为残疾人提供服务的节目等。像《半边天》、《夕阳红》、《找工作》、《天生我才》等栏目都是针对具体的观众群体而设置的。随着社会经济、文化的发展,这类节目的需求会越来越大。

三、广播电视服务性节目的任务

广播电视服务性节目的任务是由我国广播电视的性质来决定的,主要体现在以下两个方面:

(1) 在思想感情上做听众、观众的知心朋友。广播电视服务性节目与其他三类节目相比,更加贴近于群众的日常生活,也就能够更加具体地针对各方面的群众出现的各种现实问题,用谈心、对等交流的方式进行启发和诱导,解除群众心中的疙瘩。一些广播电台、电视台开办的"信箱"一类的节目,往往成为群众最喜爱的节目之一,经常收到大量群众来信,倾诉他们在学习上、工作上、生活上遇到的困难和苦恼,甚至连一些不愿向亲人倾诉的话也告诉了节目主持人,希望得到理解和帮助。

(2) 在工作生活上做听众、观众的参谋和顾问。现代社会商品经济发达,人们迫切需要了解各种经济、技术信息,沟通产、供、销渠道,促进生产的发展。广播电视能运用传播迅速、影响广泛的特点,通过各种经济服务性节目在这方面给听众、观众以切实的帮助。同时,一些诸如"购物指南"、"养生之道"之类的多种节目,也能为人们提供生活指导和服务。

思 考 题

1. 我国广播电视宣传有哪些基本要求?
2. 广播电视节目主要分为哪几类?
3. 新闻性节目有什么特点?它具体是怎样划分的?
4. 教育性节目包括哪些?

5. 文艺性节目包括哪些？
6. 哪些节目属于服务性节目？
7. 谈谈你对教育性节目的理解。
8. 结合本书试分析你自己所喜欢的一个广播或电视文艺性节目。
9. 服务性节目的制作要点是什么？

延伸阅读书目

1. 黄匡宇.广播电视学概论[M].广州：暨南大学出版社，2005.
2. 张莉，张君昌.中国电视十佳公共栏目[M].北京：新华出版社，2004.
3. 王婷.电视谈话节目创作散论[M].北京：中国经济出版社，2005.

第七章 新时期广播电视发展形态

导 言

● 本章学习目标:学生通过本章的学习,能够了解新时期广播电视的发展趋势,认识新媒体对传统广播电视媒体的影响,掌握不同新媒体的发展形态。

● 本章学习难点:新时期广播电视的发展趋势,广播电视数字新媒体。

第一节 新时期广播电视的发展趋势

人类已经跨进新世纪的门槛,21世纪是知识经济主导的世纪,其中信息产业是经济发展的牵引机,高新技术则是经济发展的助推器。在这种背景下,构成信息产业主体部分的传媒产业必将面临巨大的变革,同时,传播技术的日新月异推动着广播电视事业在挑战中生存、发展。

一、新时期国际广播电视的发展趋势

1. 数字风暴席卷全球

数字技术的普及堪称现代信息领域最大的一次技术革命,这场革命的浪潮在20世纪末的最后几年迅速席卷全球。数字技术所到之处,不仅改变了人类的生产方式、生活方式、思维方式,也改变了人类的信息传播方式。随着数字处理技术、存储技术、传输技术等新技术的发展,数字化设备正进一步向小型化和智能化方向发展。为推动广播电视业自身的发展,世界各发达国家都在实施数字电视广播计划。目前,美国的ATSC(先进电视制式委员会)、欧洲的DVB(数字视频广播)组织、日本制定ISDB(综合业务数字广播)的机构,都在极力向其他国家和地区推广各自的制式。世界其他国家和地区在密切关注新一代电视技术发展的同时,对数字电视广播制式的选择都非常慎重。在声音广播方面,欧洲的国家、美国、日本都相继提出了自己的数字声音广播标准或方案,投入了大量的人力、物力和财力建立实验网和单频网。美国的广播企业已建立数字卫星广播系统(DSB),力图实现数字声音广播的全球覆盖。此外,传统的中、短波广播也开始采用数字调幅技术进行改造。值得一提的是,数字技术与电影的结合,使电影的制作发生了革命性的变化。数

字技术已在电影拍摄、特技制作、编辑、录音、发行、放映等各个环节被推广应用。数字技术的发展还使传统的广播、电视、电影、电信等业务出现了融合的趋势。

2. 网络媒体迅速发展

随着因特网在全球经济、文化等领域的迅速扩张、多维渗透,传统的广播电视正面临严峻挑战。目前,第二代因特网正在迅速发展,宽带高速交互网络正在形成新一轮的冲击波。随着密集波分复用(DWDM)技术的大量应用,光交换技术日趋成熟,光节点正逐步向用户端靠近,全光网络已成为今后全球基础网络建设发展的方向。大容量存储技术的成熟和商业化的实现,将使用户享受到更加丰富多彩的多媒体服务。

3. 卫星应用方兴未艾

随着全球经济一体化和信息国际化步伐的加快,卫星广播的地位和作用日渐凸显。卫星直接传送和接收广播电视节目不仅经济、便捷,而且覆盖范围广,因而受到很多国家和媒体组织的青睐。目前,卫星广播的发展趋势是建立 Ku-BSS(广播卫星业务)频段专用直播卫星系统(DBS)和数据传输系统。日本、美国、德国、法国、英国等国家对发展广播电视直播卫星系统都相当重视,并分别拥有自己的 Ku 频段直播卫星。

4. 无线接入前景广阔

利用无线技术实现高速数据服务及双向传递的无线宽带接入业务正在全球蓬勃兴起。1997 年 3 月,美国率先采用无线宽带接入技术,如 LMDS(Local Multipoint Distribution Service,本地多点分配业务)。无线宽带接入技术具有双向、宽带、高速传输等特点,投资省,接收灵活,维护方便,应用范围广,可以给广播电视带来新的发展空间。目前,除美国以外,加拿大、日本、韩国、英国、德国、法国等 50 多个国家都已相继开展无线宽带接入业务。

5. 智能技术日渐成熟

随着科学技术的飞速进步,人们已不满足于由人分析、判断,由设备实施、执行的生产和生活模式。如何使设备逐步具有越来越多的智能,让人们的工作和生活更加便捷和高效,已成为人类的新理念和科技发展的新方向。目前,世界许多发达国家在加大投入,积极开展具有分析和判断能力的智能系统的研究和开发。在广播电视领域,具有状态分析、自动调整、故障处理、按需分配等功能特点的智能化系统在节目制作、传输、用户接入等各个环节上已开始应用。

二、新时期国内广播电视的发展趋势

"九五"期间,我国广播电视科技取得了辉煌的成就,基本建成了世界上覆盖人口最多的广播电视网,形成了广播电视节目制作、播出和覆盖体系。截至 2006 年底,中国(除香港、澳门和台湾地区外)共有广播电视播出机构 2554 个,其中广播电台 267 座、电视台 352 座、广播电视台 1935 座;中、短波广播发射台和转播台 738 座,调频发射台和转播台 9909 座;微波站 2659 座,专用微波线路 85792 千米;电视发射台和转播台 47306 座,有线广播电视台 236 座,县级广播电视台 1543 座;卫星上行站 31 座,卫星接收站 278792 座;有线电视传输网络 300 多万千米,其中光缆网络 40 多万千米;全国广播电视人口综合覆盖率分别达到95.04%和96.23%,覆盖人口均在12亿人以上;全国电视机和收音机的社会拥有量分别达到4亿和5亿台。

1. 数字技术为广播电视带来一场变革

进入21世纪以来,中国广播电视业正处在从模拟技术向数字技术转换、从传统传媒向现代传媒转变、从计划事业型向事业产业型转型的关键时期。这对于中国广播电视业来说,既是历史机遇,又是严峻的挑战。

广播电视数字化将贯穿在今后5—10年的广播电视发展进程中。"十五"期间是中国广播电视数字化的准备和启动阶段,"十一五"期间则是中国广播电视业向数字化全面过渡、实现跨越式发展的新阶段。

在节目制播数字化方面,全国80%的广播电台、电视台到2006年底已经实现了台内节目制播的数字化。在网络传输数字化方面,城市有线电视数字化从局部试点开始向全国大中城市全面推进。截至2006年底,全国已有25个大中城市实现整体转换,并初步建立了有线数字电视技术新体系。在存储数字化方面,中央电视台目前拥有200个注录终端的数字化工厂,具备了每年可完成10万小时的影像资料的数字化生产能力。在终端接收数字化方面,截至2006年底,全国拥有数字电视用户1266万户,占全国有线电视用户的9%。

广播电视经过几十年的发展,传输手段由无线发射发展到有线和卫星传输,频道数量增加,覆盖范围扩大,但在传统的模拟技术条件下,这些发展都只是量的变化、外延的扩大。数字技术的出现将会给广播电视带来一场深刻的变革。今后10年,广播电视业将是变化最大、发展最快的行业之一。广播电视数字化将会对国家、社会、人民群众的精神文化生活和信息传播产生重大的影响。

数字技术给广播电视带来量的变化。采用数字技术后,有线电视分配网可传送的节目容量达500套左右,频道资源大大增加。数字技术极大地拓展了广播电视的发展空间,使广播电视不仅能提供公共类节目,还能提供专业化、对象化、个性化节目,使广播电视在进行传统"广播"的同时,还可进行专业化的"窄播"服务,从而能满足人民群众千差万别、千变万化的需求。

数字技术给广播电视带来质的变化。数字技术不仅大大提高了节目质量,还可以使广播电视由传统的单向广播式服务向交互、端到端、一对一服务方式转变,可以对每一套节目、每一个用户进行管理和服务,大大提高了广播电视的管理水平和服务水平。数字化的广播电视提供的是"节目+信息+服务+娱乐"。在节目方面,除现有的公共节目外,数字化的广播电视还有多种专业化的广播电视节目、交互电视节目、视频点播节目;在信息方面,数字化的广播电视可以提供各种资讯信息和本地化信息,如股票信息、生活服务信息;在服务方面,数字化的广播电视可以进行各种电子政务和电子商务活动,如市政公告、市长热线、电视购物、短信彩信、互联网以及交费等社区服务;在娱乐方面,数字化的广播电视可以进行游戏、卡拉OK等娱乐活动。数字化使广播电视成为用户可以自选的"文化超市",使观众从被动地"看"电视变为自选地"用"电视,从而不断丰富人们的精神文化生活,使广播电视的用户接收端逐渐向多媒体信息终端发展,使广播电视从"网络为王"、"内容为王"转变为"服务为王"。

广播电视数字化推动了国家信息化。广播电视是我国最普及的信息工具,也是最好的信息载体,更是人民群众日常生活中不可缺少的重要组成部分。全国约有4亿台电视机,5亿台收音机,12亿多的人通过广播电视了解天下大事,享受资讯信息和文化娱乐服务。如果每个家庭的电视机都实现了数字化,就会极大拓宽广播电视的服务领域。广播电视数字化不仅能满足人们对广播电视节目的需要,还能满足人们对各种信息的需要,使每个家庭都能拥有一个集公共传播、信息服务、文化娱乐于一体的多媒体信息平台,使广播电视成为家庭通向社会的一个窗口,成为党和政府联系群众的纽带和桥梁,成为实现社会信息化、城市现代化的重要基础。

广播电视数字化带动了国民经济的发展。我国13亿多人的精神文化需求是一个庞大的市场,满足这个市场的需求就会形成一个庞大的产业。广播电视数字化可以拉动内需,促进硬件设备和内容服务两个市场的发展。广播电视数字化不仅可以带动高新技术产业、电子产品制造业和软件业等民族工业的发展,形成上万亿元的产业规模,还可以发展节目制作业、有线电视运营产业,形成新的文化娱乐消费市场,以促进文化产业、信息产业的发展,为国民经济发展培育新的经济增长点,同时,还可以为社会提供大量的就业机会。

2. 数字广播电视技术发展的表现

(1) 广播电视覆盖能力和质量大大提高。全国已基本形成无线、卫星、有线广播电视网络体系。卫星技术的采用,扩大了广播电视的覆盖面。有线电视的发展,使广播电视覆盖质量大大提高。广播电视"村村通"目标的实现,使边远山村广播电视覆盖效果大为改善,解决了10万个行政村约7000万人的收听、收看广播电视难的问题。截至2000年6月,广播和电视人口混合覆盖率分别达到90.77%和91.93%,接近发达国家水平。

(2) 有线广播电视发展迅速,全国有线网络基本形成。按照全国有线广播电视传输覆盖网的规划,国家光缆干线网已联通23个省(市、区),光缆里程达2万多千米。大多数省份已建立省级广播电视光缆干线传输网,省级干线网规模已超过10万千米,市县通达率接近70%。有线广播电视已遍布我国城乡,用户近8000万户,居世界首位,有线广播电视已成为我国家庭入户率最高的信息工具。同步数字系列(SDH)、数字音频、视频传输、密集波分复用(DWDM)等技术已在光缆干线网中广泛采用。部分省市有线广播电视网已开始采用异步转移模式(ATM)、因特网协议(IP)等建立数据交换平台。有线广播电视综合业务数字终端(机顶盒)的体制、标准研究及样机系统的研制开发已初步完成。

(3) 中央和省级节目全部实现卫星传送。卫星技术在我国广播电视领域的运用取得了跨越式发展,中央和全国31个省(自治区、直辖市)的广播电视节目全部实现了卫星传送,其中多数省份采用了数字压缩技术,扩大了中央和省级节目的覆盖面,提高了覆盖质量。Ku-FSS(固定卫星业务)频段的数字压缩卫星直播(DTH)技术试验的进行,为下一步开展Ku-BSS广播电视直播卫星业务奠定了基础。在国际电联BSS卫星广播业务重新规划中,我国争取到了62°E、92.2°E、122°E(香港、澳门专用)、134°E共4个轨位、8个波束和96个频道的Ku频段卫星轨位和频谱资源。我国广播电视直播卫星系统已经提出了总体规划、总体技术方案及可行性研究报告,这为下一步发展我国Ku-BSS频段广播影视直播卫星系统进行了必要的技术准备。

(4) 数字广播电视技术重点推进。21世纪是全球数字化浪潮兴起的时期,也是数字广播电视技术趋于成熟的时期。广播电台、电视台的数字化进程的大大加快,数字技术在节目制作、播出、传输等环节的广泛应用,提高了节目制作的质量和效率。数字音频工作站、非线性编辑系统、数字演播室、数字后期制作系统、数字转播车、全自动播出系统、卫星新闻采集系统等已经在广播电台、电视台得到运用,全面采用计算机网络技术和非线性编辑网络系统进行节目制作、播出一体化的技术试点已经展开,利用互联网发展广播电视取得了一定成果。及时跟踪高清晰度电视的自主研发,完成了体现高清晰度电视关键技术的编码器、复用器、调制器及解码器的研制,成功地进行了高清晰度电视国庆五十周年庆典转播试验。地面数字电视播出试验系统完成了对美、日、欧三种制式的测试。数字声音广播广东先导网和北京—廊坊—天津试验平台完成了自主研制,建立了完整的发端系统。

(5) 无线发射设备技术改造成效明显。广播电视发射台、转播台的技术改造和设备更新在大范围内展开,中央直属发射台的79部大功率短波发射机改为了脉冲阶梯调制(PSM)方式,部分中波、调频、电视发射机实现了全固态化,部分发射台实现了自动播出和监控。广播电视发射台、转播台通过技术改造和设备更新,降低了功耗,增强了可靠性,提高了发射效率,改善了覆盖效果。

(6) 安全播出创历史最高水平。进一步强化安全播出、优质播出意识,形成一套规范的"预防为主,定期检修"的技术维护办法,电视发射机测试率和入级率有了大幅度提高,停播率大大降低,安全播出创历史最高水平,确保了十五大、香港回归、澳门回归、国庆五十周年庆典以及每年的"两会"等重大活动、重要节目、重点时段的安全播出。

3. 数字技术为传统广播业注入巨大活力

传统广播电台的节目制作与播出,包括新闻制作,基本上是彼此独立的。各种音源均是以各种磁带、光盘等为载体直接拿来使用的。制作好的音频节目均是以各种物理实体为载体,在录音室、编辑室与播音室之间进行交换使用的。各种音频设备,大到调音台,小到CD机等,也均是各自独立使用的。人们很难想象有朝一日可将各演播室同音源库连接起来,将各演播室之间(如录音室及新闻编辑室和直播室)连接起来。

随着现代数字音频处理技术及计算机网络技术的不断进步成熟,实现节目制作播出全数字化、自动化的音频网络技术已开始到电台落户。该系统的理想功能是应完全实现对电台整体节目运作要求的一个集成,电台宣传所要求的节目录制制作、新闻编辑制作、节目直播、广告播出等均可在网络上实现,人们可以在录音室将录制站上制作好的节目通过网络送到直播室播出,也可将新闻中心编辑制作好的新闻节目通过网络送到直播室播出,广告自然也可在网上自动或手动播出。

以计算机网络为平台,实现广播节目的网上运作,有着许多传统模式无法比拟的优势。首先,它可以实现各种音频资料的共享;其次,它极大地提高了节目播出质量及运作效率;再次,由于设备数量及易耗品的减少,它大幅度地降低了节目的运作成本。随着该项技术的进一步发展完善,在不远的将来,广播将有可能完全放弃原有节目的运作模式,走上用鼠标、热键做节目的运作模式上来。

广播是以时效性见长的。随着卫星电话、手机等移动无线通讯工具的普及,只需要一部几乎人人都有的手机电话,广播就可以在无线信号覆盖的任何角落随时发回现场报道,而电视要搞这样的现场直播则要动用一系列专用设备和几十位专业人员。"神舟"五号发射时,作为地方媒体的北京交通广播派了一位记者跟随发射队伍,在现场手机信号屏蔽的情况下,利用卫星电话及时发回现场报道,用微型录音机录制了700多分钟的素材,随后播出的录音专题《与"神舟"五号相伴的日子》播出后,获得了中国新闻奖。

近年来,手机短信参与广播节目已经成为非常流行的一种节目形态。同以往的热线电话相比,手机短信大大增加了听众参与节目的机会,往往一个节目就有几百甚至成千上万个短信进来,播出的短信也有上百个。从理论上讲,手机短信面向所有用户开放,只要听众愿意,任何人都可以将自己的短信发送到短信平台上供主持人选用。热线电话是单边交流的,即主持人与听众一对一地交流,一个节目下来,顶多接入十几个或几十个电话,听众能否参与节目,主动权在导播。而手机短信既可以一对一,即主持人与一个短信发送者交流,也可以一对多,既主持人与多个短信发送者交流,甚至可以多对多,即在主持人的组织下,听众就某一话题通过短信讨论交流,因此手机短信是多边交流的。听众参与机会的增加、互动性的提高,极大地带动了收听率的提高,因此说手机短信的介入拯救了广播也不算夸张。

三、新时期互联网广播电视的发展

1. 国外互联网广播电视的发展

1995年8月,美国有线电视新闻网(CNN)建立了网站,每周提供的信息量已达2500万页。另外,哥伦比亚广播公司(CBS)、福克斯广播公司(FOX)和美国广播公司(ABC)也于1997年5月之前先后上网。微软公司投资2.2亿美元与美国全国广播公司(NBC)联合,在1996年7月开播全天24小时有线新闻播出的同时,以MSNBC的网站名上网,使电视和网络实现互动,每周提供的信息量已达1400万页,网站的访问人数每月超过660万。美国之音(VOA)是第一个与因特网连接的国际广播电台,在网上有23种语言的新闻节目,并计划增加到53种语言。德国之声(DW)1994年开始网上广播。法国国际广播电台目前用5种语言在网上进行新闻广播。英国广播公司(BBC)的对外广播开办了网上直播和网上点播,是因特网上最受欢迎的音频广播之一。

国外广播电视机构、文化机构、组织和个人在因特网上进行音频、视频广播已相当普遍。目前,在因特网上的视频广播网站约有3400多个,使用Realplayer系统的音频广播网站约有3600多个,每周播出6000小时以上的视频、音频新节目,制作出2300小时以上的新的按需点播节目,每周累计有63万小时的网上视频、音频节目被收视、收听。这些数字还正随着技术的进步在不断地增加。从播出内容来看,国外播出单一专题内容的音频、视频广播网站约占所调查网站的60%左右,综合性音频、视频广播网站约占40%左右。

在因特网诞生后的相当长的一段时期内,人们只能利用它传送文件和电子邮件。1994年11月,随着浏览器的推出,网上出现了包括音频、视频在内的流媒体。随着流媒体播放技术的发展,网上音频、视频广播逐渐由窄带向宽带发展,质量有了明显的提高。目前,因特网上音频、视频广播采用的几乎都是流媒体播放技术,下载播放技术基本上被取代。对网上音频、视频广播所使用系统的调查表明,Realplayer、Windows Media和Quick Time这三种系统占据主流,其中RealPlayer系统仍然占据主要份额,Quick Time

系统则主要用于高质量图像的播出(如电影片段),而具有强大资源和人才优势的微软所推出的 Windows Media 系统,显示了强大的竞争能力,与 RealPlayer 系统产生了激烈的竞争。绝大部分使用 Realplayer 系统的音频、视频广播网站,同时也提供 Windows Media 的播放系统。

对音频网站播出带宽的调查表明,音频网站中使用 28kbps 带宽的占多数,使用 56kbps 带宽的比例则迅速下降(如 3628 个使用 Realplayer 系统的网站,有 2983 个使用 28kbps 带宽,占 82％;430 个使用 56kbps 带宽,占 12％。2461 个采用 Windows Media 系统的网站,有 1778 个采用 28kbps 带宽,占 72％;413 个采用 56kbps 带宽,占 17％),而使用 100kbps 或 128kbps 带宽的音频网站比例则占 6％至 7％。这说明在因特网上采用 28kbps 带宽完全可以满足音频播出的需要,而采用 56kbps 带宽则可以获得较满意的收听效果。

对视频网站播出带宽的调查表明,目前网络带宽仍然是限制用户接收视频的主要问题,为了适应多种用户的接入,许多网上视频网站分别提供 56kbps、100(或 128)kbps 和 256(或 300)kbps 的播出带宽,供电话接入用户(56kbps)、ISDN 用户(128kbps)和 ADS1 用户(256kbps)选择。

2. 国内互联网广播电视的发展

在我国,互联网和数字技术的影响同样是深远而深刻的,当技术与人们的实际需求结合在一起时,就产生了新的媒体产业形态。由此,传统意义上的广播电视发生了巨大变化,出现了数字广播、网络电台、播客等多种形态,以满足用户丰富多样的个性化需求。

我国广播电视媒体网站主要提供以下内容。一是把整套(栏目、重要节目)的广播电视节目原封不动地在因特网上实时广播或点播,借因特网将其传得更远。二是将好的音频、视频节目(如音乐)重新编排,供用户点播。三是提供文字、图片信息(主要是新闻)。四是把广播电视与因特网融合起来做节目,一方面,在网站上介绍广播电视栏目、节目,提供背景资料;另一方面,用户可以通过因特网的电子邮件、聊天室发表意见,参与节目。

(1) 国内网上广播

1996 年 12 月 15 日,广东珠江经济广播电台的网上实时广播拉开了我国广播上网的序幕。1997 年,中国国际广播电台设立网站,1998 年 12 月 26 日正式开通。上海人民广播电台也在 1997 年底尝试了网上直播。2000 年底,从网上搜索的结果显示:有 20 个省的省级电台已经上网,开通网站的地市级电台达 48 个。上海东方电台、辽宁电台、内蒙古电台、重庆电台、肇庆电台、青岛电台等都开通了网上直播或点播节目。

在已上网的电台中,国际台网站作为中央新闻办重点扶持的五大新闻网站而备受行业关注,目前可提供 9 个语种的文字信息、10 种语言的声音广播,在美国波士顿建立镜像站点,每天页面下载量达数万次,下一步计划开通 15 路网上音频。

(2) 国内网上电视

2001 年年初网上搜索的情况显示,全国已经上网的省级电视台有 20 家;未上网的省级电视台中,除青海和西藏外,其他省台均有部门或栏目上网;已经上网的有线电视台有 50 家,地市级台及县级台约 60 家。

中央电视台是最早建立网站的电视台,其网站也是中央新闻办重点支持的新闻网站之一。中央电视台1996年建立网站,1997年重新注册顶级域名,1997年7月开辟香港回归专集,1998年2月全程播出春节联欢晚会。2000年6月,中央电视台进行新闻频道改版,8月将新建的发布系统前移到北京电信的互联网托管中心,带宽由原来的20M拓宽到100M。2000年9月,中央电视台体育频道改版,奥运高峰期间,日会话数超过40万,日页面浏览量达140万,点击量高达1500万。2000年12月20日,央视国际正式宣告成立,这标志着我国最大的以视频、音频信息为特点的门户网站诞生了,它安装了RealSystem和Windows Media Technology两套系统,除《新闻联播》、《现在播报》等节目的网上直播外,还开展了2001年春节联欢晚会等现场直播活动。

在地方台中,广东电视台和上海电视台上网较早。北京电视台每天提供2—3小时的网上新闻直播,并将节目内容保留30天,供观众点播。

(3) 国内广播电视综合网站

除广播电台、电视台上网以外,还出现了包含广播、电视在内的综合网站,一种是由广播电视厅(局)开办的,另一种是跨部门、跨行业的包含广播、电视在内的综合网站。

1997年广东省广播电视厅筹建了"岭南视听"信息网。山东广播电视厅主办的广视网站于2000年3月8日正式开通,内容包括新闻、专题、娱乐以及山东人民广播电台综合频道、山东电视台体育频道和广视音乐频道直播栏目,该网站在2000年上半年度相关权威机构的评比中,位居新闻网站的前列。

北方网是由天津市委宣传部、天津日报社、今晚报社、天津人民广播电台、天津电视台、天津有线电视台、天津广播电视报社等主要新闻媒体共同承建的以新闻为主的大型综合性门户网站,于2000年12月18日开通。它依托广泛而强大的信息资源合作优势,提供"综合性、时效性、权威性和大众性"的服务信息。与此同时,北方网作为天津有线电视双向宽带网内容服务的唯一提供商,致力于宽带网的开发及应用,为天津市180万有线电视用户和全球宽带网用户提供了丰富多彩的视频点播、远程教育、远程医疗等宽带数字服务。

东方网是由上海市主要新闻媒体——解放日报社、文汇新民联合报业集团、上海人民广播电台、东方广播电台、上海电视台、东方电视台、上海有线电视台、青年报、劳动报、上海教育电视台与上海东方明珠股份有限公司、上海市信息投资股份有限公司联合组建的大型综合性服务类网站,于2000年5月28日开通。东方网的总体发展策略是,在起始阶段迅速将新闻优势转化为网站品牌优势,继而依托上海新闻、出版、文化、体育、医疗、教育、旅游的资源优势,不断充实无偿或有偿服务,逐步形成网站的产业背景,最终开发出有特色的、有一定规模的电子商务项目。

千龙新闻网由北京日报、北京晚报、北京人民广播电台、北京电视台、北京有线广播电视台、北京青年报、北京晨报、北京经济报、北京广播电视报等9家传媒与传播及网络技术支持企业共同发起和创办,是传统媒体与网络媒体相结合、IT企业与新闻机构强强合作的大型综合性新闻网络媒体,于2000年3月7日开通。千龙新闻网内容丰富多彩,形式多种多样,通过时政、国际、财经、科技等10多个栏目,每天24小时不间断滚动播出上千条新闻,实时向全球华人发布最新、最广、最多的综合性新闻资讯。

3. 互联网技术发展使信息采集手段发生巨大改变

广播电视作为大众传播媒体，在信息爆炸的当代，其信息获取能力的高低从某种程度上就决定了它能否在各种媒体竞争中获取一席之地。当前，一些广播电视节目质量不高，往往与其信息采集能力差关系很大。传统的信息获取，主要通过报纸、杂志、现场采访等，要么时效性差，要么费用高、来源面窄。而网上新闻及其他信息资料，可以说是集各方面优点于一体。从时效性来说，网络对各种有影响的国内、国际事件的反应速度不亚于广播电台，一些热门站点为提高本站的访问量，设专人跟踪国内外的各大通讯媒体，一有风吹草动，各种来源的报道、背景资料、背景分析便蜂拥而至，令人目不暇接。其信息来源的深度与广度也是报纸、杂志所不能比拟的，并且这种形式获取信息的成本也要低廉很多。现在许多发达国家的电台，除有少量报道本地新闻的记者外，其他国内外的新闻都从网上获得，甚至有相当数量的电台基本不用记者。所以从某种程度上来说，因特网的发展已直接影响到新闻节目的运作方式。另外，从娱乐及其他综合资讯来看，网络媒体来源之广、角度之新，也不是其他任何一种媒体所能相比的。比如你想了解任何一个知名艺人、球员或其他名人的资料，只要你输入必要的检索词，如人名、公司、球队等，马上便可拥有几十篇到数百篇的文字、图像，甚至包括音频资料。不同角度、不同观念、不同时间背景的资料应有尽有，能使你很快熟悉该方面的知识。如果想咨询某项大的活动、某项设备，甚至某一个专业名词，你也可以如法炮制，结果一定同样会令你满意。这种信息采集的方式，对传统的广播电视节目运作甚至设备购置都会产生重大影响。

四、网络媒体与广播电视媒体的融合

因特网的迅猛发展使网络媒体在短短几年内成为继报纸、广播、电视等传统媒体之后的"第四媒体"。网络媒体在运营上和传统媒体是相互依托的。网络媒体给传统媒体的发展带来了新的机遇，同时，网络媒体不容忽视的优势给广播电视等传统媒体带来了巨大的冲击。在竞争的基础上，网络媒体和广播电视媒体将进行融合并朝着多元化的媒体格局发展。

1. 网络媒体的优势

（1）覆盖范围广。因特网已覆盖了世界绝大多数国家和地区，它把触角伸到了世界上每一个能够上网的受众面前，覆盖范围最广。

（2）传播速度快。在网站上发布新闻可以最大限度地缩短新闻从媒体传到受众的时间，网络媒体的时效以分钟为计算单位。

（3）信息容量大。网络媒体几乎拥有无限的信息空间。有人统计，仅以文字数量为例，因特网上的文字已超过了人类历史上所产生过的文字总和。

（4）自主接收，交互性强。一方面，网络媒体使受众由被动接收变为主动挑选，随心所欲地从网上"拉"出信息，自主地选择感兴趣的节目；另一方面，受众在接收信息的同时，可直接参与媒体的传播活动（如传播信息、发表评论、反馈意见等），形成充分的双向乃至多向交流。

（5）查询方便，重复点播。除图文电视等数据广播外，广播电视节目一般播过后便无法再接收到，顺序接收，稍纵即逝。而在网络媒体中，超文本链接使受众可以方便地查询所需信息，并重复利用，也可反复点播节目，不受传统广播电视播出时间和顺序的限制。

（6）复制简易。无论是复印文章，还是复制磁带、录像带，不仅操作麻烦，效果还不好。网络媒体的信息则可以直接拷贝或刻录到用户的硬盘、软盘或光盘上，也可直接通过打印机打印，方便、快捷、花钱少、效果好。

（7）形态多样。网络媒体集报纸、广播、电视三种传统媒体的优势于一身，兼具数据、文本、图形、图像、语音等表现形式，这些信息的同步传输使网络媒体的信息动静结合、声像皆备。

（8）技术实现相对容易，设备投资相对较少。采用数字文件格式，播出效果只跟网络带宽有关，随着网络设施的改善和数字压缩技术的提高，接收效果会越来越好。

2. 网络媒体对广播电视媒体的冲击

网络媒体由于具备上述优势，对传统的广播电视媒体形成了强烈冲击，主要表现为以下几个方面。

（1）对时效性的冲击。广播电视曾以时效性强而领先于报纸。20世纪80年代末90年代初，新闻界的时效性竞争以天计算；90年代中期，广播电视推出整点新闻后，其时效性以小时计算。尽管如此，除现场直播外，广播电视的时效性仍明显落后于以分钟为计算单位的网络媒体。

（2）对被动接收与交互性的冲击。广播电视媒体是"我"播"你"收，将节目"推"给受众，受众基本处于被动地位。尽管有热线电话等反馈方式，但受众流向广播电视媒体的信息比广播电视媒体向受众推出的信息要少得多，广播电视基本上是单向传播。

（3）对节目内容的冲击。广播电视曾以内容丰富而深受人们的喜爱，通过目前的无线广播、有线电视和卫星传输，人们可以欣赏到数十套甚至几百套电视节目，收听到更多的国内外广播节目。但在因特网的信息汪洋大海中，广播电视提供的信息却成了冰山一角。

（4）对受众市场的冲击。收听率、收视率是广播电视的生命。根据中国互联网信息中心的调查，人们上网的主要动机一是获取各方面信息，二是学习计算机等科技，三是休闲娱乐。这与看电视、听广播的目的有很大的重合。一天中上网最集中的时间为18点至23点，峰值出现在20点至21点，这恰好也是广播尤其是电视的黄金时段。上网时间的增多将直接导致受众听广播、看电视时间的下降，使广播电视媒体失去了部分受众，尤其是年轻人。

（5）对广告市场的冲击。网络媒体广告的优势主要表现在：一是它有精确的诉求对象，用户注册使受众资料准确；二是广告内容详细，受众通过广告链可以尽情查阅与广告相关的内容；三是制作、发布周期短，广告厂家常常可以达到先入为主的效果。尽管网络广告营业额目前还很小，但已对广播电视广告市场形成了潜在的威胁。

3. 网络媒体与广播电视媒体的融合

1615年，世界上第一张报纸问世后，报纸曾独领风骚300年。1920年11月，第一家广播电台开播，报纸受到了震动，但方寸未乱。1936年11月，世界上第一家电视台诞生，使报纸受到了极大的冲击，其前途堪忧。然而经过较长时间的竞争和适应，广播电视自是风光无限,报纸也稳住了阵脚,而且有了较大发展。三大媒体依靠自身的技术进步,各占地盘,形成鼎立之势。如今,虽然网络媒体对广播电视等传统媒体形成了冲击,但它像广播电视无法取代报纸一样,不可能将广播电视等传统媒体取而代之。在 21 世纪,网络媒体将与广播电视媒体整合联合、优势互补、共同发展。这既是广播电视媒体在新的竞争格局中立于不败之地的需要,也是网络媒体进一步成长的必然选择。

广播电视的再次腾飞需要借助于因特网这一新的翅膀。

(1) 与因特网融合能大大扩展广播电视的传播空间。从理论上讲,无线、有线、卫星等传输手段的不断完善,可以使广播电台、电视台的节目覆盖全球,但并不是所有的广播电台、电视台都能做到这一点。国际广播电台的对外广播节目尽管采取了租机互转等多种形式,覆盖效果仍差强人意;中央电视台的电视节目通过卫星几乎覆盖了全球,但在境外却难以落地;地方广播电台、电视台基于人力、物力、财力的限制,常常只能在一定的区域内形成影响。而在因特网上,无论级别高低、规模大小,所有网上广播电台、电视台都拥有与因特网相同的覆盖范围,传播空间大大扩展。

(2) 与因特网融合弥补了广播电视稍纵即逝的不足。广播电视与因特网融合后,利用数字技术将广播电视节目编码压缩,提供给服务器,可供受众随时点播,自主选择收听、收看、复制。

(3) 与因特网融合能增强广播电视的交互功能。由于因特网的交互性,网民既是信息接受者又是信息传播者,并可以真实地表达自己的意愿。广播电视媒体可以借助因特网反馈信息,改进节目、栏目,赢得更多的受众。

网络媒体的成长离不开广播电视等传统媒体的强力支撑。与网络媒体相比,我国广播电视等传统媒体拥有自己的优势:一是有高素质的采、编、制作队伍,拥有人才资源;二是建立了稳固的信息来源渠道,并被政府授予新闻采访权,掌握了新闻传播的主导权;三是通过多年积累,拥有丰富的音频、视频节目资源;四是树立了信息真实可靠的可信度,拥有品牌优势;五是我国计算机普及率较低,广播电视媒体的受众人数还占有绝对优势。广播电视等传统媒体的这些优势,恰好是网络媒体在成长过程中的不足之处。因此,网络媒体与广播电视等传统媒体的融合就成为一种理智的必然选择,美国在线与时代华纳的合并也证实了其合理性与现实性。

五、网络广播

1. 网络广播出现的背景

网络广播的出现,源于互联网的出现、发展和流媒体技术的进步。互联网从 1969 年诞生以来,经过近 40 年的成长,特别是最近几年的突飞猛进式的发展,规模呈几何级数增长,其作用已经远远超出了用于科研协作的范围,现在已成为公认的"第四媒体",而且大有超过三大传统媒体的趋势。据统计,全球网民约为 6.55 亿,我国网民数量已经达到 5910 万,居世界第二。

1995 年,美国西雅图的"进步网络"在其网页上设置了 RealAudio System 的使用版本软件以提供"音频点播"服务,这标志着网络广播的问世。在我国,广东珠江经济广播电台在1996年12月15日率先开通网上实时广播,中央人民广播电台、中国国际广播电台、上海东方广播电台、佛山广播电台等也相继推出了网络广播。近年来,随着国际互联网的迅猛发展,这种新的媒体传播方式日益深入到社会的每一个角落,逐步成为受众重要的信息来源之一。作为媒体未来发展的一大趋势,网络广播可以应用于媒体分发、远程教育、视频会议、远程演示和商业广告等领域,更重要的是,它是广播传播手段的一个有益的补充。

2. 网络广播的概念

网络广播(Internet Broadcasting)是指通过网络进行广播。网络广播通过在因特网站点上建立广播服务器,在服务器上运行节目播送软件,将节目广播出去。访问者在自己的计算机上运行节目接收软件,访问该站点,收听、收看、阅读广播信息。这里讲的网络,包括因特网和局域网,但主要是指因特网。而广播的形式,不仅有音频,也有视频和文字。网络广播也可以称之为网上广播或在线广播,主要是指以因特网为传播介质提供音频服务的广播,既是网络传播多媒体形态的重要体现,也是广播电视媒体网上发展的重要体现。与传统广播相比,网络广播具有如下特点:

(1)"异步"性。用户不必遵循广播现行的传播方式"同步"收听、收看节目,可以在自己合适的时间进行收听、收看。

(2)"窄播"化。网络广播比现行广播专业化频道的内容更加细分化和专门化,完全针对特定的用户群。

(3)"互动"性。用户在很大程度上拥有信息的选择权,并且用户与传播者之间可以进行更密切、更快捷的沟通。

由此可见,网络广播是对传统广播功能的补充,两者是互补和合作的关系。

网络广播也被称为"流媒体"(Streaming Media),也叫流式媒体或者流式广播,是指在因特网中使用流式传输技术的连续时基媒体,如音频、视频或多媒体文件,它在播放前并不下载整个文件,只将开始部分内容存入内存,其他的数据流随时传送、随时播放,只是在开始时有一些延迟。

所谓流(Streaming),也叫"流式"或"串流",是指一种传输数据和信息的方式。采用这种方式,数据能够用稳定的速率从发送端传输至接收端,而接收端可以在发送端还没有完全传输完毕之前即开始处理这些数据和信息,这特别适合于网络广播。因为因特网的带宽有限,传输数据的速率较慢,特别是对广大的拨号用户而言,要将一个小时的声音文件从网上下载到本地计算机上,需要花费的时间可能就不止一个小时。当采用流式技术传输数据时,可以让计算机一边接收,一边处理,节约了时间和存储空间。因此,人们把网络上传送、播放的音频、视频节目和多媒体文件形象地称为"流式数据",把通过网络传输的音频、视频节目和多媒体文件称为流式媒体文件,简称流式媒体,把流式媒体的播放系统(包括软件)称为流媒体播放器。

对于广播电台而言,网络广播的优势在于可以打破地域的限制,即使听众在国外,也一样能收听国内的节目,因此电台的经营范围与影响力以及广告的收益都可以通过网络而无限拓宽。如美国的网络广播电台"纵横之声"就将电台的节目放进了网站,供全球的听众收听。另外,广播虽是即时性的产品,但互联网丰富的资料库却可以储存许多节目资料,即使听众忘了收听或是错过了精彩节目,也可以在网上重复收听,这是一般广播做不到的。将来在"资讯有价"的观念下,那些语言学习、在线教学或相声、阅读、旅游等内容丰富的节目,还可以在网上让听众"付费下载",进行第二次出售。

在3G整合的趋势下,网络广播可以是消费内容发展的一环。比如网络广播可以定位于社群功能,与电子商务、数字版权、信息家电进行整合行销。在播送节目的同时,访问者可以直接进聊天室用文字模式即时与节目主持人互动。除了现场广播节目、精彩节目随选回顾、互动游戏外,网络广播还可以结合电子商务,利用社群功能引领电子商务的销售。

互联网的迅猛发展和普及为流媒体的业务发展提供了强大的市场动力,流媒体业务正变得日益流行。流媒体技术还广泛用于多媒体新闻发布、网络广告、电子商务、视频点播、远程教育、远程医疗、网络电台、实时视频会议等互联网信息服务的方方面面,它的应用将为网络信息交流带来革命性的变化,对人们的工作和生活将产生深远的影响。

3. 我国对网络广播的管理

我国政府高度重视利用因特网进行新闻传播活动。早在1997年5月,国家就明确了"积极支持、促进发展、宏观指导、归口管理"的方针,并授权国务院新闻办公室为归口管理单位。2000年4月,国务院新闻办公室成立网络新闻管理局,负责统筹协调全国互联网络新闻宣传工作。2000年11月7日,国务院新闻办公室和信息产业部联合发布了《互联网站从事登载新闻业务管理暂行规定》,对网站登载新闻作了严格限制,同时信息产业部发布了《互联网电子公告服务管理规定》,要求网站的"电子公告服务"、非经营性或经营性业务都必须"提出专项申请或专项备案"。

国家广电总局领导也十分重视广播电视的网络宣传工作,多次强调要从战略高度认识网络建设对于开展宣传工作、进行舆论斗争的重要性和紧迫性;要抓住机遇,加快步伐,加大力度,加快发展,建设网络宣传的主阵地;要唱响主旋律,打好主动仗,创出名网站、名栏目、名主持人,扩大网络影响;要增强网络宣传的针对性、时效性和艺术性;要发挥广播电视的接收优势、技术优势、传输优势、资源优势、采编优势、用户优势,办出国家级的、国际一流的互联网站。2000年4月7日,国家广电总局下发了《信息网络传播广播电视类节目监督管理暂行办法》,提出了通过信息网络向公众传播广播、电影、电视类节目的业务应当具备的条件和监督管理办法。2000年11月,国家广电总局科技司委托广播科学研究院,组织进行了"全国因特网上音频、视频广播发展总体规划"的研究。

4. 我国网络广播存在的主要问题

虽然我国目前已有200多家广播电台、电视台上网,但总体来看,我国的网络广播存在以下几个主要问题:

(1) 全国网上广播电视的发展不平衡,呈现东快西慢、南快北慢的局面,经济发达地区的网站建设明显优于经济不发达地区。

(2) 相当部分的广播电视网站处于网上占位的阶段,缺乏长远规划、整体设想,信息量少,时效性差,有的甚至是空站、死站。

(3) 开办网上音频、视频广播节目的较少,没有突出广播电视形象生动的特色。

(4) 网站的管理体制不顺、机制不活,没有充分发挥广播电台、电视台的节目资源优势和采、编、播的人才优势。

(5)融资渠道单一,资金投入不足,经营意识不强,制约了网站设备的升级改造和节目制作能力的进一步提高。

5. 网络广播发展的局限

尽管网络广播是一种具有发展潜力的广播新技术,但是,当前网络广播并未得到受众的大力追捧。由于网络广播的一些局限性,它不可能在较短的时间内替代传统的广播电视,只能是传统广播电视的补充手段之一。

网络广播之所以暂时还未有较大发展,其主要制约因素在于互联网的传输带宽和用户市场。网络广播尤其是视频广播需要高速宽带网的支持,而目前我国国内大多数用户仍然依靠电话拨号上网,这使得网上广播的音频、视频信号在窄带低速网络上传输,质量得不到保证。一个出口带宽只有512kbps的网上电台无法接受30个左右的听众同时收听网络音频广播,更不必说视频广播。网上视频传输过程中,较窄的带宽不可避免地造成画面小、清晰度低、不平滑乃至时常断讯的状况,加上用户要支付高昂的上网费用,这在很大程度上影响了受众网上接收广播的效果。

尚未形成稳定的受众群体也是目前阻碍网络广播发展的主要原因之一。目前的广播受众,无论是在发达国家,还是在发展中国家,仍未真正过渡到通过因特网来收听、收看广播电视节目。此外,与传统广播相比,网络广播信息量较小也是不可忽视的原因之一。

基于上述情况,广播电视媒体网站应对自己的经营理念和运作方式不断进行调整,要认识到关起门来搞"大而全"、"小而全"、单打独斗是不可取的,应审时度势与其他媒体网站、商业网站进行多种形式的合作,使自己的信息优势得以迅速开发。区域内的各广播电视媒体可结成策略联盟,形成合力在网上发展。

6. 未来网络广播发展趋势

21世纪媒体发展的趋势是融合,广播电视与网络传播优势的结合是发展的必然趋势。网络广播要想真正产生重要作用,必须考虑以下几个方面:

(1)网络实时传播功能的进一步拓展。"实时广播"可以实现有声节目电子邮件的预订,把受众所需的节目直接发送到其邮箱里,还可以建立自己的聊天室,在直播节目时,加强受众与主持人的交流,增强广播节目的互动性,同时又可以开展网上调查,在最短的时间内反馈受众的需求,得到较可靠的节目接收数据,充分体现出它的开放性。

(2)全天候新闻发布体系的建立。媒体调查公司的网上调查显示:许多网民上网后的首要事务是到新闻网站浏览新闻。网络广播要发展,就需要利用当前广播电视新闻传播的优势,在原创的前提下提供大量新闻,并在新闻采集的过程中对原有的媒体新闻进行深度加工,拿出与传统媒体不同的产品。

(3)强化交互性服务功能。互联网有别于传统媒体的最重要的特点在于它的交互性。网络广播利用网络的交互功能,可以加强与受众的沟通,弥补传统媒体单向传播的不足,可通过电子邮件、聊天室、论坛等多种方式与受众进行直接的双向交流。对于服务性节目,网络广播可以通过热线电话和网络功能的结合克服广播电视节目稍纵即逝的弱点,并且通过人们对其参与的热情和需要形成稳定的用户群。

网络广播的出现和发展,不是为了替代传统的广播,而是为传统广播提供了展示能量的空间。在网络时代,未来的广播只有向节目设置更加专业、节目类型更多、与听众的互动更加频繁、娱乐性和服务性更强等方向发展,才能增强传统广播的竞争力,创造出共同繁荣的新格局。

第二节 广播电视数字新媒体

近年来,随着科技的飞速发展,新媒体越来越受到人们的关注。

新媒体是在新的技术支撑体系下出现的媒体形态,如数字杂志、数字报纸、数字广播、手机电视、移动电视、桌面视窗、数字电视、数字电影、触摸媒体等。相对于报刊、杂志、广播、电视四大传统意义上的媒体,新媒体被形象地称为"第五媒体"。

对于新媒体的含义,至今没有定论。

美国《连线》杂志对新媒体的定义是:所有人对所有人的传播。

清华大学的熊澄宇教授认为,所谓新媒体是相对于传统媒体而言的,新媒体是一个不断变化的概念。他对新媒体的定义是:在计算机信息处理技术基础之上出现的媒体形态。

也有专家提出:只有媒体构成的基本要素有别于传统媒体,才能称得上是新媒体。否则,最多也就是在原来的基础上的变形或改进提高。目前的新媒体应该定义为在电信网络基础上出现的媒体形态——包括使用有线和无线通道的方式。

本节主要介绍电视数字新媒体,包括数字电视、数字移动多媒体广播电视、楼宇电视等。

一、数字电视

数字电视(Digital Television, or DTV)并不是指我们一般人家中的电视机,而是指采用数字信号广播图像和声音的新的电视系统,它从节目采编、压缩、传输到接收电视节目的全过程都采用数字技术处理。其具体的传输过程是:由电视台送出的图像及声音信号经数字压缩和数字调制后,形成数字电视信号,经过卫星、地面无线广播或有线电缆等方式传送,由数字电视接收后,通过数字解调和数字视频、音频解码处理还原出原来的图像及伴音。因为全过程均采用数字技术处理,所以,数字电视信号损失小,接收效果好。

我国有关管理部门已经制订了数字电视的发展规划:2015年全国将实现数字电视广播。

1. 数字电视的优势

数字电视是数字信息技术的产物,它以数字化、交互性为特色,集电视传播方式与信息技术于一身。与目前收看的传统模拟电视相比,数字技术的高精度使数字电视无论是画面的清晰度还是伴音效果都大大地提高了。同时,数字电视播出系统能有效地节省频道资源,一个传统的模拟电视频道可以容纳6—10个数字电视频道。由于宽带网能顺畅地传播即时视频图像和清晰的声音,所以能充分应用于各个行业,开展各种综合性业务。具体地讲,数字电视有以下几个方面的优势:

(1) 高清晰度的电视画面。其清晰度可与DVD相媲美。
(2) 优质的音响效果。采用了数字技术,使得数字电视的伴音更逼真。
(3) 内容丰富。节目套数增多。
(4) 便捷的节目指南。电子节目指南方便观众快速找到自己喜欢的频道。
(5) 抗干扰能力强。数字电视受其他电器的干扰很小,因此画面稳定。
(6) 扩展功能多。机顶盒除了一些基本功能外,还具有上网、点播、远程教育的推广普及、电子商务、互动游戏的应用以及一系列以前只有在PC上才能实现的数据信息服务功能,如证券服务、多媒体电视杂志等交互式功能(当然这需要一台功能强大的机顶盒,而不是普通的机顶盒)。

2. 数字电视的分类

数字电视有以下几种分类方式。

(1) 按产品类型,数字电视可以分为数字电视显示器、数字电视机顶盒、一体化数字电视接收机。

(2) 按清晰度,数字电视可以分为低清晰度数字电视(图像水平清晰度大于250线)、标准清晰度数字电视(图像水平清晰度大于500线)、高清晰度数字电视(图像水平清晰度大于800线,即HDTV)。VCD的图像格式属于低清晰度数字电视水平,DVD的图像格式属于标准清晰度数字电视水平。

(3) 按显示屏幕幅型,数字电视可以分为4∶3幅型比和16∶9幅型比两种类型。

(4) 按扫描线数(显示格式),数字电视可以分为HDTV扫描线数(大于1000线)和SDTV扫描线数(600—800线)等类型。

3. 数字电视的传输方式

根据传输方式的不同,数字电视可分为以下三类:

(1) 地面无线传输数字电视(地面数字电视);
(2) 卫星传输数字电视(卫星数字电视);
(3) 有线传输数字电视(有线数字电视)。

这三类数字电视传输方式的具体情况见表7-1。

表7-1 三种数字电视传输方式及特点

数字电视	卫星数字电视	有线数字电视	地面数字电视
传输方式	卫星传播	光纤和同轴电缆	微波
传输特点	覆盖面广,接收设备成本不高	接收质量高	可以实现移动接收
调制频率	键控移相调制,效率高,要求传输途径的信噪比低	正交振幅调制,要求传输途径的信噪比高	目前有北美、欧洲和日本三种不同的地面传输体制,中国标准未定

续前表

缺 陷	卫星信号有方向性,移动中有车辆或终端无法接收	如全部采用有线传播信息,一旦发生战争,或是一些地区发生重大灾害,有线电视网络被破坏,国家信息传播将无法进行	由于地面传输环境复杂,信号在传输路径上有建筑物等遮挡,造成信号回波反射,技术实现难度相对较大

4. 数字电视的四大平台

（1）节目平台。节目平台是以中央电视台和省级电视台为主的平台。

（2）传输平台。传输平台主要是把中央的节目,通过有线网、卫星送到全国各地,其中包括中央的骨干网、国家的有线网,还包括从省到地、市、县的网络。

（3）服务平台。服务平台主要建在地市级,直接服务于用户。

（4）监控平台。监控平台是指中央和各省的网络结合起来建立的一张监控网,主要处理播出节目合法不合法、有没有什么问题、利益怎么分配等问题。

5. 数字电视的功能

数字电视具有八大功能：

（1）娱乐功能。有电影、时装、综艺等丰富多彩的娱乐节目。

（2）学习功能。生动有趣的百科知识,使观众受益匪浅。

（3）炒股功能。实时接收股市信息和行情,使炒股变得更加轻松。

（4）音频广播功能。可以播出美妙动听的音乐。

（5）信息服务功能。可以播报天气预报、交通信息等。

（6）交互功能。可以实现准视频点播等交互功能。

（7）上网功能。不需要电视线,通过机顶盒就可以浏览 Internet。

（8）远程教育功能。只要开辟远程教育课程,数字电视实现远程教育易如反掌。

6. 数字电视标准

数字电视标准是一个庞大的标准体系,涉及制作、传输、接收等 5 个主要技术环节和 10 多个技术标准,但最为核心的是传输标准,主要包括卫星、有线、地面 3 种。目前,国际上数字电视的标准主要有 3 种：美国数字电视标准 ATSC,欧洲数字电视标准 DVB,日本数字电视标准 ISDB。在这 3 种传输标准中,我国卫星标准已经确定为 DVB-S,有线电视标准采用欧洲标准 DVB-C。

7. 数字高清电视

数字电视是一个群体,按照图像清晰度从高到低可分类为：数字高清晰度电视（HDTV,即电影级图像）、数字增强清晰度电视（EDTV,即比 DVD 略高的图像）、数字标准清晰度电视（SDTV,即 DVD 级图像）以及数字普及型电视（即 VCD 级图像）等四种。

（1）数字高清晰度电视

数字高清晰度电视是数字电视标准中最高级的一种,简称为 HDTV。它是水平扫描行数至少为720线的高清晰度电视,宽屏模式为16∶9,并且采用多通道传送的方式。数字高清晰度电视的拍摄、编辑、制作、播出、传输、接收等一系列电视信号的传播和接收全过程都使用数字技术。

HDTV的扫描格式共有3种,即1280×720p、1920×1080i和1920×1080p,我国采用的是1920×1080i/50Hz。

(2) 数字增强清晰度电视

数字增强清晰度电视简称为EDTV,其水平扫描行数为500—700线,主要是对应现有电视的分辨率量级的,其图像质量为演播室水平的质量。

(3) 数字标准清晰度电视

数字标准清晰度电视简称为SDTV,其图像水平清晰度为200—300线,主要是对应现有VCD的分辨率量级的。

(4) 数字普及型电视

数字普及型电视成本较低,是一种VCD档级的数字电视。

表 7-2 不同数字电视及电影清晰度比较

项 目	每行含有效像素	每帧图像含有效行数	等效像素(万)	画幅比
模拟标清电视	480	576	27.6	4∶3
数字标清电视	720	576	41.5	4∶3
数字增强电视	1280	720	92	16∶9
数字高清电视	1920	1080	207	16∶9
电 影	1000—4000	—	—	—

(5) 数字高清电视的国家标准

① 能接收、解调由高清晰度信号调制的射频信号。

② 图像清晰度必须在水平和垂直方向上均大于等于720电视线。

③ 能解码、显示1920×1080i/50Hz或更高图像格式的视频信号。

④ 图像显示的宽高比为16∶9。

⑤ 能输入、处理和显示其他图像格式,如720×576等。

⑥ 能解码、输出数字电视声音。

(6) 数字高清电视的类型

数字高清电视(HDTV)可以划分为"一体机"和"分体机"两种类型。

"一体机"是指电视显示器内置机顶盒的完整功能(信源解码、信道解码、条件接收)。

"分体机"是不带机顶盒的数字电视显示器。目前,市场上的高端电视机(等离子、液晶和背投电视)大多属于分体机,用户需购置机顶盒后才能收看数字高清电视节目。

(7) 高端电视

高端电视目前可以分为三大类,即等离子电视(PDP)、液晶电视(LCD)以及背投电视(PJTV)三种。

① 等离子电视

等离子电视是采用近几年来高速发展的等离子平面屏幕技术的新一代显示设备。它起源于20世纪60年代,是利用阵距模式来显示影像的,它的画面是由无数的像素(点)所组成的,它的前后两片特种玻璃之中注有一些惰性气体,通过后玻璃基层的地址电极和前玻璃基层的透明地址电极向每一像素点注入电压,被注入电压的像素点会因此而发出紫外光,引起每个像素点上的红、绿、蓝三原色荧光粉作出相应的反应,从而产生各种颜色的可见光。

等离子显示器与传统的显像管显示器(普通的家用模拟电视)相比,优势主要表现在以下几个方面:

其一,PDP显示器的体积更小、重量更轻,而且无X射线辐射。

其二,由于PDP各个发光单元的结构完全相同,因此不会出现显像管常见的图像的几何变形。

其三,PDP屏幕亮度非常均匀,没有亮区和暗区,而传统显像管的亮度,屏幕中心总是比四周亮度要高一些。

其四,PDP不会受磁场的影响,具有更好的环境适应能力。

其五,PDP屏幕不存在聚焦的问题。因此,显像管某些区域因聚焦不良或年月已久开始散焦的问题得以解决,不会产生显像管的色彩漂移现象。

其六,表面平直使大屏幕边角处的失真和色纯度变化得到彻底改善。高亮度、大视角、全彩色和高对比度,使PDP图像更加清晰,色彩更加鲜艳,效果更加理想,这是传统电视所无法比拟的。

② 液晶电视

液晶电视又称LCD电视,其原理是利用液状晶体在电压的作用下发光成像。组成屏幕的液状晶体有三种——红、绿、蓝,它们按照一定的顺序排列。通过电压来刺激这些液状晶体,就可以呈现出不同的颜色,不同比例的搭配可以呈现出千变万化的色彩。因此,精确到"点"的液晶电视比"逐行扫描"的普通电视又高出了一个层次。目前,主流液晶电视的尺寸为20—37英寸。

和传统彩色电视相比,液晶电视的优势主要表现在以下几个方面:

其一,图像清晰度高,一般来说都能达到1024×758像素,完全符合未来高清数字电视的要求。

其二,机身轻薄,厚度在4厘米以内,仅有等离子电视的1/2—1/3,是普通CRT电视厚度的1/10左右。

其三,外观时尚美观,十分符合当代人们的审美情趣,尤其受到年轻一代的追捧。

其四,使用寿命长,一般达到5万小时以上,按一天使用8小时计算,可使用17年,比普通CRT电视使用寿命要长。

其五,环保节能,液晶电视采用逐行扫描与点阵成像,图像无闪烁,不会对人眼造成伤害。21英寸液晶电视功率为40瓦,30英寸为120瓦,比普通CRT电视省电。

由于液晶电视里面要灌液晶,随着尺寸的增大,灌制的难度和成本会大幅提高,因此液晶电视有可能向中小屏幕、等离子电视有可能向大屏幕的方向发展。

③ 背投电视

背投电视作为代替传统彩电的大屏幕电视，被国际市场公认为是高端电视产品。它不仅具有普通电视所具有的一切功能，而且它的各种功能更加完善。目前市场上的背投电视屏幕尺寸一般为41—61英寸，巨大的屏幕使电视图像更具真实感。与普通电视相比，背投电视不是利用显像管，而是采用先进的投影光学系统，使电视亮度和清晰度得到极大提高，同时再配以高质量的扬声系统，营造出一种强烈的现场感。此外，背投电视采用数码扫描方式进行信号处理，每秒播出上百幅图像，实现了没有闪烁的稳定图像，观众长时间观看也不会感到眼睛疲劳。

背投电视的优点体现在以下几个方面：

其一，更大、更清晰的画面视听享受。传统的显像管式电视机由于受技术及成本的限制，38英寸已是屏幕对角线尺寸的极限，而背投彩电的尺寸能达到43英寸、48英寸、51英寸。

其二，成熟的高亮度技术。背投式显示系统采用的是封闭的投射光路，所以完全避免了外界光线的干扰，因此使得屏幕亮度大幅提高。我们知道，一般普通投影机的亮度在1000流明左右，而背投电视流明可以达到4000—5000左右，这样就不会有黯淡的效果，使得图像更加艳丽逼真。

其三，更符合环保、健康要求。

其四，价格实惠，使用寿命长。

8. 数字电视机顶盒

机顶盒，又称顶置盒，英文名称为STB。它是放在电视机顶上的小盒子，并因此而得名。数字电视机顶盒，是可以将数字电视信号转换成模拟信号的变换设备，它对经过数字化压缩的图像和声音信号进行解码还原，产生模拟的视频和声音信号，通过电视显示器和音响设备给观众提供高质量的电视节目。

机顶盒按功能的强弱被分为以下几种类别：基本型机顶盒，能满足免费数字电视业务和付费电视业务的基本功能，具备授权数字电视业务的接收、中文显示、基本电子节目指南EPG（即节目预告）、软件升级、加密信息提示、故障提示等功能；增强型机顶盒，在基本型的基础上，能满足按次付费业务、数据广播、广播式视频点播和本地交互业务的需要；高级型机顶盒，在增强型的基础上，能满足视频点播、上网浏览业务、电子邮件收发、互动游戏及IP电话业务等功能。

9. 免费电视和付费电视

数字电视不仅在资源利用率上有较大提高，也在提供视频、音频服务的同时，增加了附加数据服务的功能，并且能利用数字技术进行收视权限的管理。为此，数字电视有免费电视和付费电视之分，两者在节目质量上没有差异，只是在收视权限上有所不同。

免费电视是指直接播出数字化节目，不进行任何加密和加扰处理，需配备机顶盒接收收看的电视。付费电视是指采用数字加密和加扰技术对数字节目进行处理和传送，要求用户利用收视授权进行正常收看，一般采用智能卡方式，配合机顶盒使用接收的电视。

10. 数字电视的收费

(1) 开通数字电视

用户在确认所在地已经开通数字电视之后,和当地所在的有线网络服务商取得联系,购买一个机顶盒,到当地有线网络服务商营业点或银行办理开户手续,并预付一定的费用,获得一个智能卡,把智能卡插入家中的机顶盒,就可以收看到高质量、个性化的数字付费电视节目了。同时也要注意,由于在采用智能卡对数字电视的收看进行控制时,一台机顶盒只能连接一台电视机,所以需要在不同电视机上收看电视节目时,必须购买多台机顶盒和智能卡,并缴纳相应收视费用。

(2) 数字电视的付费

数字电视的收看费用包括普通有线电视收视费,这是必交的,在开通数字电视后,仍然需要支付,因为这个收费属于有线电视网络的维护费(类似于固定电话月租费),并且包含了所有普通电视节目的收视费用。另外,用户可能需要对其所购买的数字电视付费节目套餐支付相应的费用,不过这是有选择的,如果开通的业务只包括传统模拟频道和免费数字电视频道,则不需要缴纳。

二、数字移动多媒体广播电视

数字移动广播、数字移动电视是目前国际国内电子移动行业利用相应的行业标准开展的电子业务形式。下面主要介绍数字移动多媒体广播电视——CMMB和移动电视。

1. CMMB

CMMB 是英文 China Mobile Multimedia Broadcasting 的缩略语简称,意为中国移动多媒体广播电视。CMMB 主要面向手机、PDA 等小屏幕便携式手持终端以及车载电视终端等提供广播电视服务。

(1) CMMB 的主要特点

① CMMB 可提供数字广播电视节目、综合信息和紧急广播服务,实现卫星传输与地面网络相结合的无缝协同覆盖,支持公共服务。

② CMMB 支持手机、PDA、MP3、MP4、数码相机、笔记本电脑以及安装在汽车、火车、轮船、飞机上的小型接收终端,提供视频、音频、数据等多媒体业务。

③ CMMB 采用具有自主知识产权的移动多媒体广播电视技术,其系统可运营、可维护、可管理,具备广播式、双向式服务功能,可根据运营要求逐步扩展。

④ CMMB 支持中央和地方相结合的运营体系,具备加密授权控制管理体系,支持统一标准和统一运营,支持用户全国漫游。

⑤ CMMB 系统安全可靠,具有安全防范功能,具有良好的可扩展性,能够适应移动多媒体广播电视技术和业务的发展要求。

以手机电视为代表的移动多媒体广播电视在 2008 年奥运会期间,随时随地为用户提供及时的赛事进展的优势得到了充分的展示。

(2) CMMB 业务平台表现方式

CMMB 业务平台主要由公共服务平台、基本业务平台、扩展业务平台等三个平台构成。

公共服务平台是向用户提供公益服务的移动多媒体广播电视业务平台,主要由公益类广播电视节目和政务信息、紧急广播信息构成。CMMB公共服务平台播出的内容和开展的业务是向合法用户提供的无偿服务。

基本业务平台是向用户提供基本数字音频、视频广播服务和数据服务的业务平台,包括卫星平台和地方平台传送的数字音频、视频广播服务和数据服务。CMMB基本业务平台向合法用户提供的服务,为有偿服务。

扩展业务平台是根据用户不同的消费需求向用户提供扩展广播电视节目服务和综合信息服务的业务平台。提供的服务主要由以下四方面构成:一是经营类的广播电视付费节目;二是经营类的音频、视频点播推送服务,利用系统闲置时间将用户订购的广播电视节目推送到用户终端;三是综合数据信息服务,主要有股票信息、交通导航、天气预报、医疗信息等;四是双向交互业务,主要有音频点播、视频点播、移动娱乐、商务服务等。目前,CMMB主要以音频点播、视频点播服务为主,扩展服务中的综合信息、双向交互等服务将随着业务的发展逐渐推广应用。CMMB扩展业务平台向合法用户提供的服务,为有偿服务。

目前,我国CMMB所覆盖的城市主要包括各直辖市以及省会城市,总计37个。在这些城市的主城区的室外以及有窗户的室内较浅处,均能收到信号。这些城市具体包括北京、上海、天津、重庆、昆明、南宁、广州、福州、杭州、贵阳、长沙、武汉、哈尔滨、长春、沈阳、石家庄、济南、南京、合肥、南昌、郑州、太原、西安、兰州、银川、西宁、拉萨、乌鲁木齐、呼和浩特、成都、海口、大连、青岛、厦门、深圳、宁波、秦皇岛。

2. 移动电视

移动电视分为手机电视和车载移动电视两种。作为全球数字化的重要组成部分,移动电视以其全新的技术体制、新颖的接收方式和运营方式,在广播电视业界引发了一场新的技术革命。国内移动电视的蓬勃兴起,充分说明了移动电视有着独特的媒体属性和传播优势,其传播平台有着广阔的经营发展前景。

移动电视目前有两种形式,一是采用CF卡进行,一是通过无线覆盖。目前,我国90%的城市采用的都是无线覆盖的形式。

(1) 手机电视

手机电视是指以手机等便携式手持终端为设备传播视听内容的一项技术或应用。

2003年,美国Sprint公司推出手机电视服务,在2.5G网络上提供服务,带宽为40—45kbps。当时有数十万人在使用手机观看直播新闻、体育节目和其他短片。现在,Cingular、Verizon等各大公司均开通了手机电视服务。人们可以在手机上收看包括NBC、ABC、ESPN等各大传媒机构提供的手机电视频道。有上千万用户在使用此项业务。在欧洲,欧盟委员会于2007年将诺基亚DVB-H的标准,作为全欧洲手机电视的统一标准。从此,各大公司争相启动基于DVB-H模式的手机电视业务,并形成比较成熟的行业规范。在欧洲各国,平均每月缴纳10欧元的费用,就可以在手机上随时随地地收看电视节目。在韩国,SKT公司发射了一颗专用卫星,推出了世界上首个针对手机以及移动终端设备的S-DMB(卫星数字多媒体广播)业务。在日本,日本电子情报技术产业协会

（JEITA）公布2008年1月日本国内手机出货报告，该月2G手机出货量首次为零，这表明日本手机厂商2008年起可能不再生产2G手机，该制式在日本将逐渐没落，手机电视在日本已经完全普及。除此之外，新加坡、澳大利亚等国家也先后开办了手机电视业务，手机电视在世界范围内掀起一股投资热潮。

在中国，手机电视产业也迎来了春天，显现出强劲的发展势头。尤其是在2008年奥运会期间，手机电视使无数中国人在移动中享受到了精彩的奥运比赛实况转播。目前，北京地区的中央电视台、中国国际广播电台、中央人民广播电台、北京人民广播电台、北京电视台，上海地区的上海手机电视有限公司、上海文广东方龙新媒体，广州地区的广东电视移动传播公司、广东电台音乐之声数字广播频道，江西地区的江西手机台，天津地区的天津手机新闻台，辽宁地区的大连天途有线电视网络股份有限公司、辽宁移动，山东地区的广视无限，香港地区的盈科电讯，台湾地区的台湾手机电视台等，都相继开通了手机电视服务。另外，在四川、重庆、甘肃、山西、黑龙江、江苏、吉林等地也可以通过移动通讯网络收看手机电视节目。在河南，手机电视业务也在有条不紊地发展。河南广播电视信息网络传播中心于2008年获得手机电视运营牌照，并受到河南省委省政府的高度重视，被列为河南省文化战略二期工程。河南手机广播电视采用TD-SCDMA技术，业务涵盖河南电视台节目直播、自办节目直播、视频点播等视频业务。

目前，世界手机电视的实现方式主要有两种。

① 通信方式。利用移动通信技术，通过无线通信网（如3G、GPRS、CDMA 1X等）向手机点对点提供多媒体服务。美国的Sprint、我国的中国移动和中国联通公司已经利用这种方式推出了手机电视业务。这种手机电视互动性强，属于"一对一"传播，手机是唯一的接收终端。但是，传播过程要占用较多的频率资源，所以，承载的人数有限、资费高。

② 广播方式。利用数字广播电视技术，通过地面或卫星广播电视覆盖网（如地面的T-DMB、DVB-H、Media Flo，卫星的S-DMB等）向手机、PDA、MP3、MP4、数码相机、笔记本电脑以及车船上的小型接收终端点对面地提供多媒体服务，其特点是"一对多"传播，传输带宽大、图像质量高、覆盖面广、经济实用、接收终端广泛，手机只是诸多接收终端中的一种。

作为一种新兴的媒体，手机电视与传统的媒体相比有其他数字媒体难以替代的优势。

与报纸相比，手机电视有强大的存储功能，并且更方便携带，只要带着手机，随时可以观看。手机电视不仅有文字的字幕，还有比文字更为生动的视频，这是报纸所不能比拟的。

与广播相比，现在人们收听广播的工具主要是车载收音机以及手拿式收音机，而手机电视以手机为终端，潜在用户群更为广阔，不需要再拿其他的什么东西，收看方式更为便捷。而且广播只是声音的传播，手机电视不仅有声音，还有图像，对一些新闻来说，选取新闻的范围比广播大得多，也生动得多。

直到现在，人们收看电视主要还是通过电视机，其次是用电脑收看网络电视。终端载体的巨大，使人们不能随时随地地收看。而手机电视却和电视一样传播音画，且更为方便快捷。

互联网的功能很强大，它集合了三大媒体的优势，而且还有一个新的特点，就是交互性强。互联网用户可以通过 QQ、MSN、电邮等方式进行交流,但是在信息传递过程中,手机所固有的人际传播本能和特性更为突出:发送双方兼备传、受者双重身份,始终处在不断转化的过程当中。观众之间互为传、受者,使得传、受者的反应变得主动而清晰。手机电视用户不仅可以是信息消费者,也可以是主动的信息生产者、创造者和建设者,他们可以构建出一个比计算机互联网络更为普及的互联网络,并在开始就呈现出"人与人直接对话"的优势。手机传播使得各种信息几乎可以随心所欲地游弋于人际传播网络和大众传播网络中。

由此看来,手机电视的优势是很明显的,但是作为一种新事物,由于发展时间短、技术还不够完善等因素,手机电视也存在一定的缺点:

① 屏幕小导致视听不完备。手机电视既然称为电视,用户就希望能够得到高质量的收视体验,但因为受到手机屏幕尺寸的限制,手机电视的视频质量终究不能与数字电视相比。因此,高质量的视频效果并不是手机电视的主要卖点。

② 电池供电限制导致视听难以持续。与家用电视不同,手机电视是以电池供电的手持终端收看电视节目的,因此对终端节电技术有较高的要求,这也是手机电视的一道技术难题。终端节电涉及很多环节,例如无线接收方式、软件优化、芯片性能等,只有通过各个环节的共同努力,才能保证用户足够长时间的收视。

③ 流量与资费限制导致潜在用户过多。手机电视现在用的是移动 GPRS 技术,以 GPRS 流量来收费,而现在已实现的媒体点播形式的手机电视是基于 2.5G 移动网络,通过点对点完成的。如果用户想看节目,点击后,运营商再负责发送数据内容过来,这采用的是点播的形式。这样的技术方案十分耗费网络资源,如果几千人同时提出请求,网络就有可能瘫痪。这样一来,运营网络成本就会提高,风险也会加大。按流量收费,一般情况下如果开通包月的话 1KB 是 0.01 元,没有开通的话 1KB 是 0.03 元。用手机看电视约 2 分钟就需 1M 左右的流量,费用十分昂贵。囿于高额的流量费,目前手机电视用户的使用只能停留在体验阶段,现实用户量远低于潜在用户量。

(2) 车载移动电视

车载移动电视又称为"交通数字媒体",是电视媒体和户外媒体相结合的产物。它主要是指以各种交通工具为载体、观众可在户外移动状态中收看的数字媒体。其具体形式包括移动电视、GPS 播报、车载框架 2.0 等。"交通数字媒体"针对的是一个特殊的群体——移动人群。这部分人群由于在移动行程中恰好处于传统媒体特别是传统电视覆盖的盲区,是移动电视主要的服务对象。车载移动电视,主要针对的是乘坐公交的人群。"电视长了脚,跟着观众跑"是车载移动电视最生动的写照。

车载移动电视于 2000 年始播于新加坡,自 2003 年 1 月 1 日起,我国国内第一个移动电视频道——上海东方明珠移动电视开播,随即北京、广州、深圳、武汉、长春、南京等 40 多个城市也在公交车上开始开播移动电视。短短几年时间内,我国的车载移动电视从"一枝独秀"到目前的"遍地开花",车载移动电视市场的发展驶入快车道。经过近几年的发展,我国的车载移动电视已建立了相对有成效的运作体系,为下一步的纵深发展奠定了基础。

目前,车载移动电视采用地面数字技术来传播节目,通过无线数字信号发射、地面数字接收的方式播放和接收电视节目。我国的车载移动电视采用了先进的DVB-H信号发射技术，在运行过程中能保证接收和播放信息的稳定性。

车载移动电视的特点包括以下几个方面：

① 即时传播。车载移动电视摆脱了固定收视的缺点，覆盖广泛，反应迅速，移动性强，能在高速移动的状态下保持画面的清晰，让移动人流随时随地可以看到电视。它可以提供最新、最快的新闻资讯，极大地满足了快节奏社会中人们对信息的需求。

② 强迫收视。传统的电视传播中，观众拥有相对主动性——可以选择什么时候看、看什么，还可以随时更换频道。车载移动电视传播环境下的观众处于相对被动的地位，具有对某一预设好的传播内容的必视性。车载移动电视剥夺了观众随时更换频道的权利，具有一定的强迫性。

③ 海量观众。车载移动电视通常安装在公共交通工具上，数以百万计的乘客自然就成了移动电视的观众。

④ 良好的广告传播效果。由于公交、地铁等的乘客流动性较强，车载移动电视节目一般采取多频次播出的方式。比如周一、周三、周五首播，周二、周四、周六错时重播，并且每天各滚动播出4—6次，广告则根据客户的不同需求，全天4—16次的重复播放。这种播出方式使资源得到了最大限度的利用。

但车载移动电视在发展过程中，目前还存在着以下几大问题：

① 技术不稳定。尽管车载移动电视产业的前景乐观，但还面临着许多技术问题。由于楼群、高架桥阻挡等原因，车载移动电视经常出现黑屏和信号中断的现象。现在，北京公交车移动电视出现问题的比较多，大约占总数的7.5%，主要原因是公交车内环境恶劣，在选择接收设备时忽视了接收设备在特殊环境中抗震率的问题。

② 赢利模式相对单一。车载移动电视在发展初期，一般只能采取以传统的广告经营收益为主的赢利模式来维持运营，即在自办移动电视频道及节目的同时，收取其他转播频道的传输费或插播广告费，以产生现金流，赢利模式相对单一。车载移动电视应该铺设新的业务平台，不断探索更多的赢利模式。

③ 内容亟待完善。车载移动电视面向的是移动人群，他们收看节目的时间有限。一般的乘客乘坐公交、地铁等交通工具的时间在10分钟到40分钟左右。所以，与传统电视节目相比，车载移动电视节目以短小、即时为特点，通常播放一些新闻资讯、服务信息、宣传广告以及MTV、相声小品等娱乐节目。节目的内容相对于传统电视来说比较单一，需要不断丰富。

在车载移动电视领域，无论是在技术方面还是在标准方面，国内都滞后于国际的发展。目前，在技术层面上，我国车载移动电视大部分使用数字电视的无线方式传输，在传输电视信号上具有高画质、高音质、多频道、高性能等优势，基本消除了模拟电视时代因传输问题产生的屏幕雪花、重影、闪动等现象，接收也基本达标。未来几年，一些大中城市将逐步在市内公交车上安装车载移动电视广告媒体。此外，地铁、火车、民航客机、旅游接待车等对车载移动电视的需求将不断增长。这些都为中国车载移动电视的健康发展提供了一个良好的市场应用环境。随着我国汽车消费市场的扩大以及私家车对影音产品需求的增长，车载移动电视必将成为电视行业新的经济增长点，将会开辟出一个非常庞大的车载电子消费市场。

三、楼宇电视

楼宇电视是用液晶电视机在商业楼宇播放商业广告的新型媒体形态。一般将17英寸多功能、高清晰、超薄液晶电视机安置于消费能力较高的白领聚集的甲级智能化办公楼宇以及人流量密集的中高档知名商厦的电梯轿箱内或电梯等候厅按钮上方,这些电视机每天近80次自动循环播放高品位的商业广告、各类娱乐信息和社会公益宣传片。

中国传媒大学副校长丁俊杰认为,楼宇电视是一种典型的"等候经济"和"注意力经济",它的成功在于抓住了人们等候电梯这一无聊的时间空档,传递信息,瞄准高学历、高收入、高消费的白领阶层,是继报纸、广播、电视、互联网、手机电视之后的"第六媒体"。

楼宇电视的创始者是一家叫做 Captivate Network Inc. 的加拿大公司。1995年,这家公司在加拿大和北美成功地创立了高档场所液晶显示媒体。经过几年的发展,其业务覆盖了北美1100个商务楼宇,拥有130万收视人群,并且与很多知名企业建立了长期合作关系。2002年末,这一媒体模式传入中国。2003年1月到5月,上海70多个高级写字楼的电梯里,陆续出现了一台17英寸的液晶电视,滚动播放着名车、豪宅、金融服务及休闲娱乐信息,"楼宇电视"首次以一个陌生的面孔出现在中国白领的视野中。到2004年底,全国已有超过3万栋高、中档商务楼被圈进了"楼宇电视宣传网",楼宇电视年广告销售额突破了6亿元人民币。中国市场与媒体研究机构(CMMS)的一项最新调查显示,在传统媒体开始整体滑坡的态势下,楼宇电视却逆势上扬,实现了年均三位数的高增长,成为深受广告客户追捧的新兴媒体。据水木清华研究中心的报告统计,仅2005年一年,国内楼宇电视就造就了10亿元的新兴广告市场,2006年,这一数字攀升至20亿元。专家认为,楼宇电视在中国呈现出的强劲增长势头,主要依托于都市主流消费人群的认可。CMMS《中国消费者媒体接触习惯调查》表明,在2006年,楼宇电视的媒体接触率已攀高至51%,超过了广播、杂志、因特网等媒体形态。分众传媒财报显示,2007年第三季度,楼宇电视等数字化户外板块总营业收入达到7.8亿元人民币,同比增长54.5%。楼宇电视以不可思议的高增长的速度创造了中国传媒业的又一个奇迹。

目前,国内有两家经营楼宇电视广告的公司——聚众传媒(Target Media)与分众传媒(Focus Media)。全球最大的直接投资集团之一的凯雷集团投巨资于中国聚众传媒集团,日本软银(Soft Bank)参股分众传媒。

楼宇电视有以下几个特点:

(1) 播放技术先进。楼宇电视采用无线同步追踪技术,确保各台液晶电视相互之间的同步运行。

(2) 拥有特定观众群体。悬挂在电梯口或电梯内墙面上的超薄电视更加清晰,解决了高级商务楼内的人群的"无聊"问题,人们不仅可用以打发时间,还可以舒缓狭小空间中的压抑情绪,调适略显尴尬的人际关系。

(3) 对企业来讲,楼宇电视是目标营销的一种很好的模式。这种营销模式相对于以往大众营销而言,可以更直接、更有效地针对目标群体进行各种营销投入,提高广告业主对广告的投资回报率。

目前,楼宇电视在发展中存在的问题主要表现以下几个方面:

(1) 楼宇电视目前尚无播发新闻信息的资质,广告是其唯一的内容。业内专家指出,楼宇电视要成为一种真正意义上的媒体,必须赢得播送新闻信息、娱乐节目等内容的资质和能力,唯有如此,才能成为一种真正意义上的多功能媒体,赢得观众主动和自愿的接受和喜爱。

(2) 在传播技术上,没有实现即时传播,一般是一周更新一次内容,相同的广告内容反复播出。这对观众是一种强制性、侵入性的"灌输"。

思 考 题

1. 新时期国际、国内广播电视的发展趋势分别是什么?
2. 网络媒体与广播电视媒体的融合产生了哪些影响?
3. 网络广播的特点有哪些?
4. 数字电视的优势是什么?
5. 数字电视的功能有哪些?
6. 设想一下未来手机电视和数字移动电视的发展前景。

延伸阅读书目

1. 蒋茜. 卫星数字广播电视技术[M]. 北京:中国广播电视出版社,2003.
2. 金光. 电视多媒体技术与应用[M]. 北京:中国广播电视出版社,2003.
3. 刘洪才. 广播电影电视专业技术发展简史[M]. 北京:中国广播电视出版社,2007.
4. 陆晔,赵民. 当代广播电视概论[M]. 上海:复旦大学出版社,2006.

第八章 中国广播电视事业的建设

导 言

● 本章学习目标：学生通过本章的学习，能够了解新中国的广播电视事业的特点，掌握我国广播电视事业的建设方针、结构及管理体制。
● 本章学习难点：我国广播电视事业的基本结构，广播电视事业的管理机制及特点。

1949年10月1日，中华人民共和国的成立标志着旧中国的结束和新中国的诞生，中国的历史从此开始了新的纪元。

逐步发展起来的新中国的广播电视事业有着以下四个特点：

首先，新中国的广播电视事业是由国家主办经营的。在社会主义市场经济体制的建设时期，广播电视事业虽然面临新的发展问题，但广播电视事业由国家主办经营的根本原则并未改变。

其次，新中国的广播电视事业是党、政府和人民的"喉舌"。确保党对广播电视事业的领导，把握正确的舆论导向，坚持以正面宣传为主的方针，坚持为人民服务、为社会主义服务的宗旨，是充分发挥广播电视"喉舌"基本功能的概括和总结。

再次，新中国的广播电视事业具有"一国两制"的特点。中国大陆实行社会主义制度，香港、澳门和台湾地区长期以来实行资本主义制度。在坚持一个中国的前提下，香港、澳门原有的资本主义制度不变，中央人民政府所属的广播电视部门对港澳的广播电视事业不进行干预。两岸四地广播电视开展多种形式、不同层次的交流合作活动，对于加深祖国人民之间的相互了解和促进祖国最终完全统一有着积极的意义和作用。

最后，中国正由广播电视大国向广播电视强国迈进。

第一节 我国广播电视事业的建设方针

广播电视事业从狭义上讲就是由国家支付经费开支、不进行经济核算的采编、制作、播出、传输广播电视节目的事业。

广播电视事业的建设方针是指为实现广播电视事业的发展所要达到的目标而提出的

一系列指导思想和指导原则。广播电视事业的发展受其所处社会的历史环境如政治、经济、科学技术、文化以及人的思想观念等因素的制约,所以建设方针的选择和制定也必然同样受到上述各种因素的制约。

一、我国广播电视事业建设方针的国情依据

每个国家都有自己的广播电视事业的建设方针。国家之间各种社会因素的差异是制定不同的广播电视事业建设方针的基础。国家之间因社会制度不同、国情不同、经济发展状况和文化背景不同、发展广播电视事业的目的不同,建设方针也是不一样的。

我国的基本国情是:

(1) 我国是共产党领导的、以马列主义为指导思想的、实行人民民主专政的社会主义国家,社会主义的经济基础是以公有制为主体,坚持四项基本原则是立国之本。

(2) 我国处于并将长期处于社会主义的初级阶段,现阶段的主要矛盾是人民日益增长的物质文化需要同落后的社会生产之间的矛盾。

(3) 随着改革开放的逐步深入,我国已逐步建立了社会主义市场经济体制,并在不断完善社会主义市场经济体制。

(4) 我国是从"一穷二白"的基础上发展起来的,虽然建国以来社会发展取得了巨大成就,但我国仍是发展中国家,底子薄,人口多,经济和文化的发展依然落后,与世界发达国家相比仍有很大差距,并且在短时间内很难缩小这种差距。

上述基本国情是我国任何社会事业发展的出发点和着眼点,也是我们制定广播电视事业建设方针的主要依据。按照国情条件选择制定正确适用的广播电视事业建设方针,并根据已经变化了的客观条件不断调整广播电视事业建设方针中的某些具体内容,使其更加完善,用以促进广播电视事业的健康发展,适应不断增长的人民群众的精神文化生活需要,正是我国广播电视事业的显著特点。

二、我国广播电视事业建设方针的演变和发展

新中国建立之后,广播事业建设及以后开创的电视事业建设被纳入国民经济计划,按照全国统一的事业建设方针,实行计划管理。从20世纪50年代至今,全国广播电视事业的建设方针曾进行过五次比较大的政策调整,在我国广播电视发展史上产生了深远的影响。

1. 第一次政策调整

第一次调整是在全国解放初期。当时,全国百废待兴,国家把主要精力用在医治战争创伤、尽快恢复遭受严重破坏的国民经济上。在人民广播事业基础薄弱,既缺少建设全国广播网的必要的经验积累,更缺乏足够的物质基础的情况下,当时的国力无法支持过大的全国广播事业发展规模。为此,根据当时的国情和条件以及发展广播事业的实际需要,1952年召开的第一次全国广播工作会议提出了"先中央后地方,先对国外后对国内,集中力量建设中央电台(包括对外广播)"的广播事业建设方针,并从地方电台抽调了一批技

术、宣传和管理骨干充实到中央人民广播电台。这一方针的正确实施使我国的广播事业建设取得了积极的进展：全国特别是中央人民广播电台的发射功率逐年增加，收听效果不断改进，其作为国家电台的地位进一步巩固，对国内外的宣传影响日益增强。这些为后来广播电视事业的全面发展创造了条件。

2. 第二次政策调整

第二次调整是在我国对手工业和资本主义工商业的社会主义改造基本完成之后。这一时期，由于贯彻执行了第一个五年计划，国家经济状况开始有了初步好转。1956年7月至8月召开的第四次全国广播工作会议，根据毛泽东同志在中共中央政治局扩大会议上的报告——《论十大关系》的精神和刘少奇同志代表党中央对广播工作提出的"发展农村有线广播，加强对国外广播，尽快创办电视"等一系列要求，将原来"先中央后地方"、"集中力量建设中央电台"的事业建设方针修改为实行"中央和地方并举"（地方主要指省、直辖市、自治区）的建设方针，同时，突出了当时继续加强对外广播等建设重点，并制定了相应的技术政策，从而使中央和地方的广播事业以及后起的电视事业得以迅速发展起来。

在长达20多年的时间里，"中央和地方并举"的建设方针一直没有改变，并被实践证明是完全正确的。它对于加快我国特别是地方广播电视事业的发展，使广播电视事业在全国形成一定的规模，并进而建立全国统一的广播电视宣传网，发挥了极其重要的作用。

3. 第三次政策调整

第三次调整是在1983年进行的。在这以前，虽然我国的广播电视事业建设在长达26年的时间内一直强调中央和省两级建设与覆盖，但实际上实行的是四级（中央、省、地、县）办广播、两级（中央、省）办电视并分级进行各自的节目覆盖。党的十一届三中全会以后，党中央、国务院作出了一系列改革决策，国内形势发生了很大变化。这些变化对我国广播电视事业建设产生了直接影响。为了适应这样的形势，1983年召开的第十一次全国广播电视工作会议，根据党的十二大提出的总路线、总任务和到2000年发展广播电视事业的奋斗目标，提出了要从实际情况出发，实行中央、省（自治区、直辖市）、地（市、州、盟）、县（旗）"四级办广播、四级办电视、四级混合覆盖"的建设方针，并制定了大力发展卫星广播覆盖和调频广播的一系列配套的技术政策。

实行四级办广播电视的方针是我国广播电视发展史上一次最重大的政策调整，是一座新的里程碑。它极大地调动了中央和地方（包括省、地、县）的积极性，使广播电视事业以前所未有的规模和速度迅猛发展起来。

4. 第四次政策调整

1988年，在全国广播电视事业迅速发展的同时，党中央部署了"治理整顿"。一些地方在贯彻执行四级办广播电视方针中出现了一些消极现象。如有的市、县不顾自身条件盲目办电视，对"应以转播中央和省的广播电视节目为主"的规定执行不力等。针对全国广播电视事业建设方面普遍存在的问题，1988年召开的全国广播电视厅（局）长会议根据党的十三届三中全会精神，对第十一次全国广播电视工作会议以来的部分事业建设方针和技术政策进行了必要的调整和充实，并确定了之后一个时期广播电视事业建设新的指导思想。会议提出从两个方面补充和完善四级办广播电视方针：一是为在全国形成和保持统一的舆论，增强各族人民的凝聚力，地方各级广播电视事业建设要保证中央广播电视的覆盖,使中央广播电视与省级广播电视覆盖网同步发展;二是广播电视覆盖网络的发展和建设应以中央和省级为主体,地、县的发展重点是首先搞好中央和省级广播电视节目的覆盖,转播好中央和省的第一套广播电视节目,同时,对地、县两级开办电视台和自办电视节目适当采取"紧缩"政策。

1988年进行的这次政策调整,实际上是对四级办广播电视方针的完善和补充。它对于指导全国广播电视事业的协调、稳步发展具有现实而深远的意义。在这以后的几年中,各地以扩大广播电视覆盖特别是扩大中央和省级广播电视节目覆盖为重点,大力加强基础设施建设,尤其是加强对农村和"老、少、边、穷"地区的广播电视事业建设。已建的各级广播电台、电视台把扩大有效覆盖和提高节目制作能力、提高节目质量作为事业发展的中心,努力做好完善配套和加强科学管理的工作。

5. 第五次政策调整

国家对"四级办广播、四级办电视"的方针调整为:强化一、二级,削减三、四级,地、县两级的广播电视的职能发生变化,以传输和覆盖为主。根据这一调整,中央自1999年至2004年下发了各类相关文件,目的是使过于分散的广播电视资源得到统一,实现广播电视事业由规模发展向效益发展的转化,同时也是为了使广播电影电视集团做到"广播、电视、电影三位一体,无线、有线、教育三台联合,省、地、县三级贯通,资源共享,人才共用,优势互补"。从2001年7月起,全国各有线电视台一律取消呼号,与无线电视台合并运作,使用统一的呼号、统一的台标。合并不仅引发了全国各电视台的频道专业化浪潮,而且为内部管理机制的进一步改革带来了新的契机。

在开放政策的促进下,广播电视传媒产业大发展的政策条件已经基本具备,广播电视产业、产权相分离的改革已经提速。中国广播电视事业正在努力地探索适应中国国情、具有中国社会主义特色的广播电视改革发展之路。

三、现阶段广播电视事业建设方针的具体内容

从20世纪50年代至今,历次关于广播电视事业建设方针的重大政策调整,都是根据当时的国内形势提出的有利于广播电视事业积极、稳定发展的关键性措施。其中,四级办广播电视的方针对我国广播电视事业的发展产生了重大的影响,极大地推动了中国广播电视事业的发展。与此同时,随着发展的深入,我国广播电视事业也开始由粗放型向产业化、集团化的方向转变。

现阶段,广播电视事业的建设方针主要包括以下几点内容:

(1) 按照四级办广播电视方针的要求,除中央和省一级办广播电台、电视台以外,凡具备条件的省辖市(含地、州、盟)、县(旗)也可根据当地的实际需要和自身的条件开办广播电台、电视台,其任务主要是转播中央和省的广播电视节目,也可播出自办节目,其中县级电视台主要办本地需要的新闻节目。中央、省、地、县四级台共同覆盖,其中,中央和省的广播电视节目要成为覆盖主体。

(2) 大力加强基础设施建设,把事业发展的重点放在努力提高广播电视覆盖率和提高节目制作能力上。由于节目覆盖网络的建设落后于广播电台和电视台的增长,发射、转

播广播电视节目的能力不足，因此，广播电视人均覆盖率增长不快。全国仍有20%以上的人听不到广播、看不到电视，有50%左右的人不能完整地听到、看到中央台的广播电视节目，听不好、看不好的人就更多了。目前，尚未覆盖的地方大都在农村和边远地区，由于地广人稀、地形复杂，并且经济、文化很不发达，增加覆盖越来越难，花费也越来越大。同时，由于已建的广播电台、电视台节目制作能力普遍不足，尽管台办得很多，节目套数也很多，但节目数量与播出时间相差很远，节目贫乏、粗制滥造、格调不高的现象十分严重。因此，我们必须始终把提高中央和省级广播电视节目覆盖率和提高各级广播电台、电视台的节目制作能力作为全国广播电视事业建设的中心任务，要注重加强对农村和"老、少、边、穷"地区的广播电视事业建设，要因地制宜地采用一切可以利用的技术手段，建立自成体系的、多层次覆盖的、多种手段综合运用的、相互配套和相互支持的、完整统一的广播电视宣传网络。

（3）要大力发展广播电视科学技术。要采用卫星与微波等多种技术相结合的手段，加速全国广播电视信号传输网、覆盖网的建设，逐步完善以卫星为主的广播电视节目传输系统，发展调频广播，加速新兴科技的推广运用。国家广电总局《关于促进广播影视产业发展的意见》着重对数字电视发展的进程进行了描述，再次提出要大力发展数字电视，大力开发网络新业务、新市场，提供新服务，使网络产业尽快发展成为广播电视新的经济增长点。

（4）根据国家现行的计划和财政管理体制要求，全国的广播电视事业在统一政策、统一计划、统一技术标准的前提下，实行中央和地方分工建设。国家广播电视管理部门主要负责对外广播建设和带有全局性的重大项目的建设，如广播卫星发射，中央广播电台和中央电视台、重大科技及中央确定的专项建设等。地方广播电视部门负责中央和地方广播电视在本地的覆盖建设及运行维护管理，包括基本建设投资、维护经费和从业队伍建设等，坚持"控制总量、调整结构、提高质量、增进效益"的原则，严格控制办台。要加强办台的宏观调控，办台必须符合建台要求和全国广播电视网技术规划，达不到要求、不符合规划的不能建台。行政区域有线电视网只能由广播电视行政管理部门开办，并采取"一城一网"（省市、地市共网）的建设办法。

第二节 我国广播电视事业结构

一、广播电视事业结构的含义

广播电视事业结构是指广播电视事业各个部分之间以及各个部分内部的组合形式或组织形式。

广播电视机构是广播电视事业实体的基本单元，一般是根据社会职能分工独立运行和发挥社会作用的。如具有完整技术系统并独立完成传播全过程的媒介实体——广播电视台站,在传播覆盖网络中不可缺少的众多的发射台、转播台、微波站、地面卫星站等,独立完成节目生产任务的节目公司、音像公司、制片厂、电视剧制作中心等,从事科研、教学的院所和从事经贸、基本建设、设备和器材生产经销的企业等。

广播电视事业结构主要体现在三个方面:一是广播电视机构的组建和设置方式,二是各广播电视机构之间的相互关系,三是各广播电视机构内部各专业和职能部门的设置方式及相互关系。

广播电视机构的设置方式和各机构之间的关系是广播电视事业的外部结构,机构内部各职能部门的设置方式及相互关系是广播电视事业的内部结构。广播电视事业结构和广播电视事业建设方针有直接关系,并由此产生相应的事业管理体制。

二、我国广播电视事业的基本结构

我国广播电视事业是一个多种手段并用、多种形式并存的多功能、多层次、多领域、多环节的复杂而完整的体系。其结构的独特个性主要表现为以下几个方面。

1. 行政区域一元化的宣传中心

广播电视是党和政府舆论宣传的"喉舌",广播电台、电视台是直接为各级党委和政府服务的。四级办广播电视的事业建设方针不仅充分调动了各级党委、政府办广播电视的积极性,而且满足了各级党委、政府掌握广播电视这一宣传工具的需要。

在我国,广播电视台站和各级政权的建设紧密相连,一级政权、一级党委和政府,一般就有一级广播电视台站。我国各级政权、各级党委和政府是依照国家划分的行政区域建立的,广播电视台站建设也是行政区域性的,即以行政区域的名称命名,并首先为本行政区域服务。

广播电视台站依照行政区域建立并作为该行政区域党委、政府的舆论宣传机关,这种机构设置方式是我国广播电视事业结构的一个显著特征。每一个行政区域建立的以行政区域名称命名的广播电视台站都是该行政区域的广播电视宣传中心,并且是一元化的宣传中心。就每一个独立的广播电视台站的设置状况来看,按照行政区域的划分而建设、依附于行政区域的政权组织、充当该行政区域一元化的宣传中心等是我国广播电视事业建设的基本原则和方式,也是其结构特征的最鲜明的标志。

2. 分层次的塔形梯级网络结构

我国广播电视事业基本结构的另一个鲜明特征是台站之间分层次的塔形梯级网络结构。

从全国广播电视事业的总体来看,由于台站建设依附于中央、省、地、县、乡各级行政区域的政权组织,其层次性显而易见。台站之间由于行政层次之间存在的上下级隶属关系、管理和被管理的关系而具有了上级台与下级台的关系。比如,省级台是该省所辖地(市)、县级台的上级台,中央台是省级台的上级台,也是全国台站的上级台。行政层次不具有上下级关系的,其台站之间也不具有上下级关系。

处于塔形梯级网络结构中的台站都不是彼此孤立的,其相互之间是有联系的。这种联系包括三个方面:一是相邻的不同层次的台站之间尤其是上下级台站之间的联系,如中央台和省级台之间、省级台和地市级台之间的联系;二是同层次台站之间的横向联系,如省级台之间、地市级台之间、县级台之间的联系;三是跨层次的台站之间的联系,如中央台和市、县级台之间的联系以及中央台、省级台对市、县区域的跨层次覆盖等。

同层次台站之间以及上下级台站之间通常是松散的联系,不具有上下级行政隶属关系那样的紧密程度。这种联系主要体现为宣传业务上的协作和交流、指导和服务以及由下而上提供宣传节目和自上而下进行节目覆盖等,联系的主体内容是沟通节目的传播渠道。按照事业建设方针的要求,下级台站要转播上级台站的广播电视节目,成为上级台站节目传播覆盖网络的一部分,中央台和省级台的节目传播是覆盖主体。目前,以中央和省级台为主体的塔形梯级网络结构的全国广播电视各级台站上下左右贯通,构成了全国统一的也是唯一的广播电视宣传网络。

3. 区域内多种媒介的有机组合

广播电视事业是由多种形态组成的,这种多元形态构成体现在我国广播电视事业建设的每一个层次上,其传播覆盖又以本行政区域为限。

广播电视的每一种技术形态都可以建立并形成跨区域的、乃至全国性的独立的传播覆盖系统和网络。但实际上,除中央广播电视节目直接对全国进行传播覆盖之外,省级及以下各级政府所属的广播电视台站仅限于在本行政区域内建立传播覆盖网络。我国的地形十分复杂,各个行政区之间的地域疆界极不规则,由于无线电磁波没有疆界之分的传播特性,无线广播和无线电视的传播覆盖网络建设不可能像地图上标示的那样,能清晰明确地划分区域疆界。而且,完全或大体按照行政区域建设的传播覆盖网络,从技术性和经济性的角度考虑都未必是最佳的,甚至可能是较差的,但这却是服从于宣传的需要,并且是符合我国按行政区划建台的事业结构特征的。

在一个区域之内,通常不是仅有某一种广播电视技术形态,而是有多种形态、多种媒体。在一个层次的区域中,无线和有线、广播和电视,甚至包括广播电视中每一种具体的技术形态以及中央台和地方台、上级台和下级台,还有对内广播和对外广播,再加上音像等各种广播电视节目延伸的记录传播媒介,共同组成了综合性的广播电视宣传网。

4. 以宣传为主体的内部结构

广播电视事业从纵向上看,每个层次、每个台站都分为宣传、技术、管理三条线或三个大的组成部分,每条线或每个部分都有自己的一套机构、一批队伍。按照"以宣传为中心"的业务指导思想,广播电视事业尤其是各级台站的内部结构都是以宣传(编播)工作为主体,以技术、管理及后勤服务等工作为保障的。广播电台、电视台不论规模大小,其宣传(编播)部门都是主要的工作部门,人员最多,分工最细,力量相对集中,并具有尽可能好的工作条件。在宣传部门中,在编播第一线的多是台站宣传队伍的精兵强将,其工作质量对整个台站作用的发挥起着决定性的影响。而在众多的广播电视发射台、转播台和信号传送(卫星、微波等)台站中,没有编播业务部门,其主要机构是担当广播电视信号传送覆盖任务的技术部门和人员,由于他们的工作是整个广播电视宣传过程中必不可少的环节和组成部分,这些台站的内部结构依然体现了以宣传为中心的特征。

三、今后我国广播电视事业结构的发展

今后我国广播电视事业结构的发展主要体现在以下几个方面。

1. 结构调整，均衡发展

广播电视是多功能、多形态、多媒体的综合性传播事业，区域内多种媒介组合是我国广播电视事业的结构特征之一。广播电视事业的各个组成部分和各个媒介系统之间应该是均衡、协调发展的，只有协调发展、相互配合，才能发挥良好的宣传效益。

但现阶段我国在广播电视事业的迅猛发展中，却存在着结构失调的现象。这主要表现在以下两个方面：

一是重电视，轻广播。在我国的很多地区，电视事业飞速发展的同时，广播事业的发展相对缓慢，一些地方广播事业的发展无论是事业规模，还是覆盖水平和质量以及覆盖率等，都长期徘徊和停滞，有些地方甚至有不惜牺牲广播办电视的现象。而我国地域辽阔，80％的人口在广大农村地区，许多地方的经济文化极不发达，在今后相当长一个时期内，发展广播比发展电视更具有迫切的意义。这种发展的不平衡，直接影响了整体的宣传效益。

二是重热项，轻配套。一些地方不能正确理解和贯彻广播电视事业的建设方针，认为发展广播电视事业就是办台、办节目，因此把事业建设的重点放在热点上，只抓主体，不抓配套。有的地方不顾主客观条件，盲目办台和增加节目套数，却忽视信号传送和覆盖网的建设，覆盖率没有提高或提高不多；有的地方不重视节目制作能力的提高，台办起来了，节目不足和节目质量不高的问题十分突出；有的在事业建设上追赶"潮头"，相互攀比，脱离本地实际，造成畸形发展等。

结构失调是广播电视事业建设的弊端之一。因此，各地区必须正确贯彻国家制定的事业建设方针，从各地实际出发，使广播电视事业各部分适量、均衡发展，调整和优化事业结构，处理好事业和产业的关系，形成真正有效的广播电视宣传网络。

2. 理顺系统和行业关系

广播电视事业是一个大系统，也是一个大的社会行业。各子系统、各行业机构既独立运行，又相互配合，联合运行。随着改革开放和社会主义市场经济体制的建立，广播电视事业的各个独立的宣传机构在市场经济体系中处于平等竞争的地位，原来处于分层次、锥状梯级网络结构中的各级台站之间的关系，也要适应新形势的变化。

竞争是必然的趋势，也将是台际间关系的一个新的潮流。但是，原来事业结构中台际间的基本关系不能因此而改变，并且有加强的必要，这要从以下三个方面努力：

一是加强中央台和地方台之间、上级台和下级台之间宣传上的指导和被指导的关系；

二是加强各级台站之间联系交流、团结协作的关系；

三是加强系统整体优势。

第三节　我国广播电视事业管理体制

广播电视系统是一个庞大而复杂的系统,要维持这个系统的正常运行,并保证它的健康发展,各级台站都必须加强科学的管理。建立并健全符合广播电视事业发展规律、符合中国国情的广播电视事业管理体制,对广播电视事业实施正确、合理、科学、有效的管理来说,是必不可少的前提条件。

一、我国广播电视事业管理体制的发展

由于我国广播电视事业的公有制、党和政府"喉舌"的性质以及按行政区域分级建设的事业结构特点,在长期的计划经济体制影响下,广播电视的管理一直被纳入国有事业的管理范畴,其管理体制一直是国家行政管理体制的一部分。

1. **分级管理体系的建立**

我国广播电视事业的管理体制是伴随着新中国的诞生而建立的,并在社会主义事业发展中逐步完善。

新中国建立前夕的1949年6月,中央成立了广播事业管理处,领导管理各地的广播电台。这标志着我国正式建立起了全国统一的广播事业管理机构。

1956年,根据国务院规定的精神,各省、自治区、直辖市分别建立了广播事业局。

1980年5月,国务院批转了中央广播事业局《关于加强地方广播事业管理工作的请示报告》,又提出了地(市、州、盟)、县(旗)建立广播事业局的问题。各级广播事业局的建立,为完善分级管理的广播事业管理体制创造了条件。

1982年,国务院实行机构改革,在其他政府部门合并、精简的情况下,中央广播事业局却升格为广播电视部,管理部门的职责进一步加强。

根据国务院机构改革和中共中央1983年37号文件的精神,各省、自治区、直辖市分别在政府系列中设立广播电视厅(局),地、县两级也都设立了广播电视局。各级广播电视管理部门分别直接管理所属的广播电台、电视台及本行政区的广播电视事业的发展。全国最终形成了统一的、分级管理的广播电视管理体系。

2. **从以"条条"管理为主转为以"块块"管理为主**

几十年来,我国广播电视的管理方式发生了较大的变化。

我国广播电视事业的管理体制长期实行"条块结合、以块为主"的双重领导的管理体制。"条条"管理是指从中央到省再到省以下广播机构之间的直接的纵向对口的领导,"块块"管理则是指各省(自治区、直辖市)政府以及省以下政府对同级所属的广播机构的直接领导。"条块结合"、双重领导是指既有"条条"领导,也有"块块"领导。

长期以来,我国广播电视事业的宏观管理执行的是宣传工作、事业建设、行业管理三位一体的体制,即宣传、事业(事业建设实际上也与产业的发展联系在一起)和整个系统的

行业管理(包括社会的行业管理)三位一体的管理体制。中央和地方各级广播电视机构既是新闻宣传机关,又是事业管理机关,将宣传工作、事业建设、行业管理结合在一起,这实际上是宣传工作、事业建设、行业管理三位一体的体制。

二、我国广播电视事业管理体制的特点

几十年来,我国广播电视事业在不断发展中逐渐形成了有中国特色的管理体制,这些体制特点大多是历史经验的总结,也是符合现实要求的。这种体制具有相当的优势,有以下几个特点。

1. 坚持党管宣传的原则

广播电视是党、政府和人民的"喉舌",这是社会主义广播电视事业的基本性质。这个性质体现在事业结构上,表现为广播电视台站的建设无一例外地依附于各级党和政府,各级广播电视台站是各级党和政府的舆论宣传机关之一,也是党委组织机构或政府机构系列的一个组成部分。这个性质体现在管理体制上,就是党管宣传的原则。各级党委对广播电视宣传工作的直接领导是广播电视管理体制的重要组成部分。

党对宣传工作的领导和管理主要是通过各级党委宣传部门对同级广播电视部门的宣传工作进行直接领导实现的,包括以下主要内容:传达贯彻党的宣传意图和宣传方针,根据某个时期党的中心工作任务指导广播电视宣传计划的制订和实施,监督检查宣传方针的贯彻和宣传活动的组织情况,组织协调重大宣传活动,审查重大宣传节目内容,管理宣传机构和重要人事变更等。对广播电视宣传的领导和管理是各级党委宣传部门日常工作的一部分。

2. 坚持双重领导、分级管理的管理原则

广播电视管理既可以是集中的管理,也可以是分散的管理。我国广播电视事业经过几十年的探索和发展,逐渐形成了目前的统分结合、条块结合的管理体制。用一句话确切地概括就是,在广播电视事业建设发展和运行方面实行双重领导、分级管理的体制。它的具体内容是:省(自治区、直辖市)以下各级广播电视机构同时受上一级广播电视机构和同级政府的领导,但以同级政府领导为主;国家广播电影电视部统一领导和管理全国的广播电视事业;地方各级广播电视厅、局领导并管理本地区的广播电视事业。

我国广播电视业现行的分层次管理体制,对于形成相对稳定的、不同层次的组织形式,划清不同层次间的职责范围,使各级广播电视机构各尽其职地对所辖广播电视事业实施有序管理,起到了良好的保证作用,同时,也保障了以行政手段对广播电视纵向管理的有效性。

3. 采用双重职能、政事融合的机构模式

按照中共中央1983年37号文件规定的双重职能,各级广播电视部门"既是新闻宣传机关,又是事业管理机关,中心工作是宣传"。这样,国家广播电视部及后来的广播电影电视部就具有了双重职能和双重机构性质:一方面,它是国务院主管全国广播电视事业的部门和领导机关;另一方面,它是以新闻宣传工作为中心任务、与中央级新闻报刊和新华社并列、同受中共中央宣传部领导的一个中央级新闻宣传机关。

20世纪90年代初,根据国务院关于机构改革的精神,各级广播电视部门都按照"三定"的要求进行了改革。通过改革,进一步精简了机构,转变了政府职能,减少了对下属事业单位的直接干预。但广播电视行政管理工作并未削弱,而是得到了进一步加强。

根据中办发(1996)37号文件精神,结合我国广播电视事业的发展实际,广播电影电视部又提出县广播电视机构合并为一个播出实体的意见。这种模式大大改善了广播电视系统的结构,提高了管理质量,增进了办台的效益,大大推动了广播电视事业的发展。

4. 实施分工负责、"三位一体"的机构内部关系

作为新闻宣传机关的广播电视部门,其中心工作是宣传,技术和事业建设以及经营、行政、后勤等方面的工作都是保障宣传任务的完成、为宣传工作服务的。广播电视机构普遍分为编播、技术和行政管理三大部门。编播、技术和行政管理"三位一体"在贯彻"以宣传为中心"的方针下分别履行自己的职责,互相配合、协作,共同完成宣传任务。

按照中共中央1983年37号文件规定的精神,广播电视机构内部的管理实行集体领导、分工负责、"三位一体"的原则。编播、技术和行政管理三大部门分别实行总编辑负责制、总工程师负责制和部长(厅长、局长、台长)负责制,按照这三个方面分工负责的原则,分别建立相应的管理机构和管理制度。

5. 贯彻以宣传管理为核心的管理制度

宣传管理是广播电视管理工作的核心内容。除认真贯彻党的宣传意图和宣传工作部署、做好宣传内容规划外,在长期的广播电视宣传实践中,广播电视部门还实行了一些成文和不成文的节目制作和审查制度,形成了多年来恪守的编播工作规律。这些制度所包含的宣传管理机制是事业管理体制的重要内容。我国目前严格贯彻"预防制"原则,注重对宣传节目内容的审查把关,切实保证宣传节目制作、播出的政治质量、艺术质量和技术质量。

6. 保证上下级台站之间彼此依托和互补的关系

全国广播电视系统是一个完整的宣传网络,各级台站都是这个网络不可缺少的组成部分。在这个网络系统中,中央广播电视是"龙头",地方广播电视是"躯干"和"肢体"。中央广播电视和地方广播电视之间、上级台与下级台之间是彼此依托和互补的关系。这种关系也构成了我国广播电视事业结构及管理体制的突出特征。

中央台与地方台之间、上级台与下级台之间彼此依附的关系主要表现在以下四个方面:

一是业务指导的关系。中央台与地方台、上级台与下级台是业务上的指导与被指导的关系。

二是宣传互补的关系。中央台、上级台较多播出在全国或大的区域具有共同性特点、意义更为重要、影响更为广泛的节目内容,而地方台、下级台较多播出具有本地特点和特定服务对象的节目内容,二者在宣传上可以相互补充,以满足听众、观众的不同需要。

三是相互服务的关系。地方台作为中央台的记者单位,有义务向中央台提供在全国或更大覆盖区域播出的新闻和其他各类优秀节目。反过来,中央台、上级台也有义务为地方台、下级台的优秀节目扩大在全国或在较大区域的宣传影响提供切实的指导和帮助。

四是全局与局部的关系。在全国的广播电视宣传网中,各级广播电视台都是面向一

定区域服务的,但各台又都是全国"一盘棋"中的一个"棋子",因此,必须有全局观念,要局部利益服从整体利益。只有这样,才能统一政令,统一部署,发挥系统的整体优势,实现最佳的宣传效益。

三、我国广播电视管理体制的改革

我国广播电视事业要逐步实现现代化,迈入世界先进行列,必须有现代化的管理体制予以保证。近年来,管理体制的改革已成为广播电视改革的"热点"问题,许多地方也进行了一些积极的改革探索和实践。从总体上说,广播电视管理体制的改革包括以下重点内容。

1. 确保宣传的主体地位

随着社会主义市场经济体制的建立,人们对广播电视事业的性质、功能和运行规律等有了更深刻的认识,信息传播的职能及产业地位逐渐巩固和确立,广播电视事业的经营意识日益增强,事业发展和传播活动都面临着处理经济效益和社会宣传效益的关系问题。广播电视部门要在外部关系和内部运行机制上进一步贯彻"以宣传工作为中心"这一方针,使新闻宣传在各项工作中继续处于主体地位,必须有体制上的保障。

2. 正确处理中央和地方的关系

分级管理体制的核心问题是责任、权力和利益的划分问题。这个问题也是处理中央和地方关系、上级和下级关系的关键。

新中国建立几十年来,我国广播电视事业在建设方针、事业结构与管理体制上几经调整和变化,都直接涉及到责、权、利的划分这一核心问题,既有经验也有教训。当前改革的中心问题仍然是责、权、利的划分问题。这个问题解决好了,就可以充分调动各方面办事业、管事业的积极性。正确处理中央和地方的关系、上级和下级的关系,首要问题是正确处理集权与分权的关系。要根据事业发展的需要,坚持统一领导下的分级管理体制。凡是可以因地制宜促进广播电视事业发展的,就应适当下放权力;凡是影响整体利益的,就要坚持统一领导和集中管理。

3. 注重发挥系统整体优势

广播电视改革要引入竞争机制,这是广播电视事业发展的必然趋势。但在改革中,也要建立协调机制、调控机制,要通过改革加强系统管理,要在平等竞争的基础上,提高全系统的协作意识、全局意识和行业自律意识,通过有分有合、优势互补、统一领导、集中管理,更好地发挥系统的整体宣传优势。

4. 强化社会化行业管理

随着社会的日益现代化,广播电视事业的发展现已超出原来广播电视"系统"这一概念,产生了广播电视系统内、系统外两支社会大军。在原来观念的"广播电视系统"之外,既有作为广播电视宣传覆盖网络组成部分的教育电视、企业有线电视、卫星电视收转的机构和人员,还有广播电视的延伸服务系统,如节目制作、音像、视听广告、安装维修服务等方面的行业机构和人员。广播电视事业管理的范围也应适应新形势的发展并延伸。要从系统管理向行业管理转变,并建立和强化相应的管理体制。

5. 实行科学化、法制化管理

广播电视事业的发展要现代化,管理也要现代化。管理思想和观念要现代化,管理原则和方法要现代化,管理手段和途径也要现代化。管理工作现代化的核心是实行科学化、法制化管理。科学化管理就是要加强调查研究,掌握广播电视事业发展和宣传工作的固有规律和特点,注重决策的科学化、民主化,提高管理水平。法制化管理就是要在科学管理的基础上,加强广播电视的法制建设,把广播电视的管理工作纳入法制化、规范化的轨道,把一切行之有效的管理原则和方法、管理措施和政策用法律、法规的形式固定下来,使政策、制度保持长期性、稳定性,使管理工作有章可循、有法可依,并加大执法力度,依法进行管理。

思 考 题

1. 我国广播电视事业建设依据的是什么样的国情?
2. 我国广播电视事业建设方针的具体内容是什么?
3. 如何认识和评价四级办广播电视的方针?
4. 我国广播电视事业结构有哪些主要特征?
5. 我国广播电视事业管理体制有哪些主要特点?
6. 广播电视管理体制应该如何改革?

延伸阅读书目

1. 喻国明.变革传媒:解析中国传媒转型问题[M].北京:华夏出版社,2006.
2. 郭娅莉,孙江华等.媒体政策与法规[M].北京:中国传媒大学出版社,2006.
3. 杜鹃.中国广播电视全书[M].北京:中国广播电视出版社,2004.
4. 方汉奇.中国新闻传播史[M].北京:中国人民大学出版社,2002.
5. 国家广播电影电视总局发展研究中心.国外广播影视体制比较研究[M].北京:中国国际广播出版社,2007.

第九章 广播电视从业队伍的建设

导 言

● 本章学习目标:学生通过本章的学习,能够了解我国广播电视从业队伍的构成,掌握广播电视事业对从业人员的素质要求和职业道德要求。

● 本章学习难点:从业人员的素质要求,从业人员的职业道德要求。

广播电视的从业队伍即人们通常所说的广播电视工作者队伍,是广播电视事业不可缺少的、极其重要的组成部分。

截至2006年底,全国(除香港、澳门和台湾地区外)广播电视从业人员达62.4万多人。在学历构成上,研究生以上学历人员9200多人,占1.5%;大学本专科学历人员36.07万人,占57.8%;高中及以下学历(含中专)人员25.44万人,占40.7%。以上数据表明,目前中国广播电视从业人员大学本专科人数比例比较适中,但高中及以下学历人员比例(含中专)仍偏高,研究生以上学历人员所占比例过小。这种学历构成与知识密集和智力密集型的广播电视业对人才的需求很不相适应。在岗位构成上,管理人员9.3万人,占15%;专业技术人员29.9万人,占47.8%;其他人员23.2万人,占37.2%。其中在专业技术人员队伍中,采编人员10.8万人,占专业技术人员的36%;播音员、主持人2.24万人,占专业技术人员的7.5%;科研、工程技术人员11.67万人,占专业技术人员39.1%;其他包括艺术类、经济、会计、统计人员等5.2万人,占专业技术人员17.4%。以上数据显示,目前中国广播电视偏重于事业发展,而经营管理人员所占比例偏低,这表明在广播电视产业发展方面,广播电视从业队伍的建设任重道远。

第一节　广播电视从业队伍的构成及优化

一、广播电视从业队伍建设的重要意义

广播电视是由现代化科学技术装备武装起来的宣传工具,但这些技术装备最终是要靠人来操纵和掌握的。离开了人的管理和使用,再先进的科学技术、再现代化的装备,也不会自动地发挥宣传作用和产生宣传效益。因此,从根本上说,人是广播电视事业中最重要、最活跃的因素。人才资源是第一资源,广播电视从业队伍的建设是广播电视事业建设的核心内容,它对整个广播电视事业的发展水平有着决定性的影响并起着制约的作用。因此,努力建设一支政治强、业务精、作风正的广播电视从业队伍,是使广播电视工作大改观、实现广播电视现代化的根本保证。

广播电视事业突飞猛进、日新月异地迅猛发展,广播电视从业队伍也急剧扩大,全国现已发展出一支60余万人的队伍。这支队伍战斗在编播、技术、管理等岗位上,承担着繁重的宣传及为宣传服务的各项任务,基本适应了广播电视事业发展的要求。但党、政府和人民群众对广播电视工作的要求和期望也越来越高。这种状况表明,今后广播电视事业的发展,无论是数量的增长还是质量的提高,都要求广播电视从业队伍同步发展并与之相适应。特别是要完成好所承担的宣传任务,使广播电视这个现代化的宣传武器发挥更大、更好的社会作用,就必须加强广播电视从业队伍的建设,不断改善队伍的结构并提高队伍人员的素质。

二、广播电视从业队伍的群体结构

从业队伍的群体结构对广播电视事业的发展现状、前景以及广播电视本身作用的发挥有着直接的甚至是举足轻重的影响。

群体结构主要包含两个方面:一方面是指人员力量在广播电视各个工作领域的分布,另一方面是指在一个工作领域内各种专业人员在各种职能岗位上的搭配和组合。

在广播电视事业这个大系统中,不同的子系统、不同环节、不同部门、不同专业分工等形成了广播电视事业中各种不同的工作领域。每一个工作领域都对在该领域不同职能岗位上工作的从业人员有数量和质量的要求。所有这些从业人员的合理搭配和科学组合可形成优化的从业队伍的群体结构。

以节目传播系统为例,一些主要的专业分工及从业人员如图9-1所示:

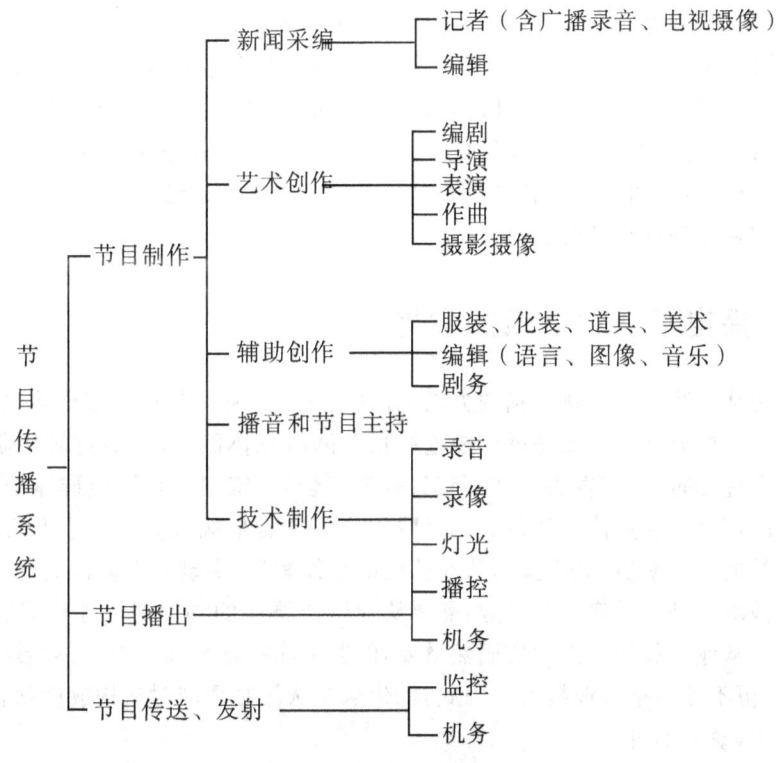

图 9-1 节目传播系统分工

以上只是大致的划分。一般来说，在节目传播系统即各广播电视台站中，从事节目制作的人员数量一般都占有较大比重，专业分工比较细，部门和岗位划分也比较多。

宣传工作（即节目传播工作）是广播电视工作的中心。节目传播系统的从业人员是广播电视从业队伍的主体。这部分从业人员不仅要求数量多，而且要求其业务素质比较高，其状况对广播电视宣传工作的成败起决定性的作用和影响。因此，节目传播系统从业队伍的建设是整个广播电视系统从业队伍建设的核心和关键。

在节目传播系统的从业人员中，从事广播电视节目制作，如新闻采编、艺术创作和辅助创作、播音和节目主持等领域的专业人员，其专业性质往往较多地或更鲜明地体现了广播电视这一传播媒介的特色。所以，该系统从业人员业务素质的提高对广播电视宣传工作质量的提高会产生至关重要的影响。

在广播电视节目生产制作过程中，技术部门及其专业人员直接参与从采集素材到完成制作的整个过程，然后又独自承担节目的播出、传送和发射系统的工作。所以，广播电视系统中的许多技术部门的专业人员是直接从事节目传播工作的，他们是广播电视宣传工作从业队伍中不可分割的组成部分。在广播电视队伍建设中，那些把技术工作同宣传工作割裂开来甚至是对立起来，或者是重编播工作、轻技术工作的观念都是错误的。

管理系统是广播电视事业不可缺少的组成部分，同样拥有一支庞大的从业队伍。广播电视的管理包括编播业务管理、技术管理、经营管理、行政管理、后勤服务管理、政治工作管理等几个主要方面的工作，并通常渗透到广播电视宣传工作即节目传播工作的各个环节之中,是搞好宣传工作的可靠保证。因此,管理工作人员不仅要掌握和具备广播电视各种业务工作的有关知识,还要掌握和具备管理学知识,具备比一般从业人员更高的素质。

此外,广播电视支持系统的各部门,如节目报刊业、音像出版业、视听广告业、专业教育事业、工程设计建造业、科研事业等,也对自己的从业人员有各自的专业和素质要求。

值得指出的是,上面列举的各种专业分工只是一个大致的轮廓。在广播电视实践中,专业分工常常存在各种复杂现象。

三、广播电视从业队伍的优化

广播电视从业队伍的优化包括两方面的内容:一是从业队伍的构成优化,二是从业队伍的素质优化。构成优化主要是就广播电视从业队伍总体而言的,通过对从业人员实行按事业要求合理分布、均衡发展、科学分工、有效组合等,实现优化队伍群体结构的目标,以取得最佳的广播电视宣传工作效益。素质优化则主要是就从业人员个人而言的,通过提高从业人员的个人素质,进而提高从业队伍的总体素质,实现从业队伍的优化。

广播电视事业是一项宏大的事业,需要从业队伍群体的共同努力才能完成它所承担的社会使命。从业人员的个人素质固然重要,但若不能很好地加以组织,素质再高也得不到有效发挥,更不可能把事业搞好。因此,优化从业队伍必须同时从构成优化和素质优化两个方面着手,缺一不可。

加强社会主义广播电视从业队伍建设,主要包括以下几点内容。

1. 继承和发扬新闻工作者的优良传统

党的新闻事业在长期革命实践中形成的鲜明特色是:坚定的党性、广泛的群众性、鲜明的战斗风格、严格的组织纪律性和说真话、讲真理的求实精神。广播电视工作者不仅要继承和发扬无产阶级新闻事业的这些优良传统,还要继承人民广播事业的优良传统——延安精神。人民广播创建之初形成的延安精神的核心就是:坚定正确的政治方向和艰苦奋斗的工作作风。半个世纪以来,延安精神教育、培养了一代又一代的广播电视工作者。继承和发扬延安精神是广播电视从业队伍思想、业务建设的一项重要内容。

2. 把思想建设放在首要位置

每个广播电视工作者都肩负着党的宣传工作的重任。充分发挥广播电视在社会主义物质文明建设和精神文明建设中的宣传作用,首先要求广播电视工作者有高度的思想政治修养。

3. 培养具有敬业精神的专业工作者

广播电视工作有多种岗位,每一个岗位都应配备具有高度政治觉悟和思想水平、掌握专门知识和技能的合格人才。广播电视工作对广播电视工作者的培养及吸纳人才、扩大人才的来源和渠道,大致包括三种方式和途径:

第一,正规学校的专业教育,可按中等、高等(其中又包括大学专科、本科以及双学位和硕士、博士研究生等)不同层次教育的要求,用科学的方法培养出适应广播电视工作的新生力量;

第二,岗位在职培训;

第三,在广播电视宣传实践中进行专业训练。

总之，广播电视事业要通过各种方式和渠道，培养各种专业人才，同时造就更多的名记者、名编辑、名导演、名演员、名播音员、名节目主持人以及一大批科技、经营、管理方面的专家，使整个从业队伍人员的素质大大提高。

4. 建立科学的人才管理机制

从业队伍的建设和优化，一靠培养，二靠调整，二者是相辅相成的。人才培养是服务于长远目标的战略措施，是广播电视队伍建设和优化的百年大计。调整的作用在于根据事业发展的需要，改变与事业要求不适应的状况，使之与现实的要求相适应。

发展的意义不仅表现为规模的增长，也表现为关系的调整，即由不适应到适应的变化过程。在优化从业队伍的构成方面，调整的作用也非常重要。调整的目的在于建立一个有利于激励人才发挥最大积极性的机制。如果人事制度僵化，缺乏激活人才潜能的机制，其结果必然是一方面人才短缺，而另一方面造成人才积压浪费，于从业者个人、工作、事业都是不利的。因此，改革人事制度，建立科学合理的人才流动、任用、奖惩、岗位规范等一系列人事管理制度，从而建立有利于人才成长和发挥较大作用的科学的人才管理机制，对建设和优化从业队伍具有重要的意义。

第二节　广播电视工作者的素质要求

列宁曾经说过，宣传工作的水平取决于宣传工作者的水平。广播电视的作用发挥得怎样，在很大程度上取决于广播电视从业人员即广播电视工作者的素质和修养。因此，广播电视从业队伍建设中至关重要的内容就是，必须不断提高每一位广播电视工作者的素质，在提高个人素质的基础上，提高从业队伍的整体素质。

一、素质的意义

素质包括先天素质和后天素质。就一个具体职业而言，由于职业特点及需要，往往对从事本职业工作的人员的素质有一些特殊的要求。而从业者的自身素质能否符合这些要求，即是能否适应职业和岗位工作的前提条件。

在广播电视系统的各专业部门和机构内部，各种行为类型、不同素质人员的合理分布与搭配，是完成部门职能目标的至关重要的因素。工作分工确定了哪些方面的工作需要什么样的人去完成以及有什么要求等，而素质搭配则是指具有某种素质的人员适合做哪些方面的工作以及不同素质的人员各自应该担当什么样的角色等。

二、广播电视工作者的政治素质

广播电视是国家意识形态的要害部门，是党和政府重要的舆论宣传机关。广播电视工作者是党的宣传工作者。这种事业性质和职业特点决定了广播电视工作者要具备较高的政治素质。

广播电视工作者要具备的政治素质主要有以下三个方面：

（1）广播电视工作者要有鲜明、正确而坚定的政治立场。这个立场就是无产阶级的立场、党和国家的立场、人民大众的立场。

（2）广播电视工作者要有较高的政治敏感度和政治辨别力。在错综复杂的社会生活环境中，面对各种各样的问题，广播电视工作者要能够分辨得出什么是正确的，什么是错误的，从而能够坚持真理，修正错误。事关政治原则问题，必须明辨是非。

（3）广播电视工作者要有高度的马列主义的理论素养和党的路线、政策修养。自觉掌握和运用马列主义理论知识是广播电视工作者的基本政治素质之一。

具备较高的政治素质是对社会主义广播电视工作者最基本的要求之一。每一位广播电视工作者都应意识到自己责任的重大，努力使自己的政治素质不断得到提高，以保证我们所从事的广播电视事业的社会主义方向，完成党交给我们的宣传任务。

三、广播电视工作者的业务素质

广播电视工作者除了要具备较高的政治素质以外，还要具备较强的业务素质。

一般地说，职业不同，岗位工作不同，对从事该职业、该岗位工作的人所应具备的业务素质的要求也是不同的。广播电视的职能岗位有上百种之多，这里当然不可能一一述及它们之间在业务素质要求方面的详细差别。

广播电视与其他行业相比所具有的特点，决定了广播电视工作者的业务素质应该在以下三个方面比较突出：

（1）广播电视工作者要有新闻工作者的职业敏感和雷厉风行的工作作风。宣传是广播电视的中心工作，广播电视宣传又是以新闻为"龙头"的。广播电视的首要任务是新闻宣传，新闻节目影响很大。由于广播电视宣传迅速快捷的特点及在各种新闻媒介中的明显优势，新闻节目需要较高的时效性。

（2）广播电视工作者要有较强的自我知识扩充和更新能力。从事广播电视工作既需要长期的经验积累，更需要学习和掌握各种知识。没有知识也就谈不上必备的业务素质。信息时代的知识更新节奏加快，广播电视工作者也要有较强的自我知识扩充和更新能力，否则就很难胜任宣传工作。广播电视对社会的接触和反映面最大，且是全方位的，各行各业无不涉及，方方面面都要在广播电视中得以反映和表现。在岗位分工的范围内，广播电视工作者应对他所要反映的对象及与之密切相关的信息和学科知识有尽可能多的了解。总之，各个岗位的业务人员根据本职工作的需要，建立必要的、合理的知识结构和知识体系，并对其进行不断扩充和更新，这是不断提高业务素质的重要内容。

（3）广播电视工作者要有较强的岗位业务能力。这是广播电视工作者的又一个重要的业务素质要求，是业务素质中关键的构成因素。岗位不同，对岗位业务能力的要求也不同。对广播电视工作者来说，这些岗位业务能力可以具体表现为采访报道能力、文字和图像编辑能力、播音和节目主持能力、行政事务能力、管理能力等多种多样的业务能力。另外,也有一些是带普遍性的共同要求,如理解能力、判断能力以及一定的说服能力、组织能力、指挥能力等。所有这些都是构成一个人素质指标的具体素质项。一个人占有的素质项越多,每一素质项的等级层次越高,其业务能力也就越强,业务素质也就越高。

第三节 广播电视工作者的职业道德

一、职业道德的含义

要做一位合格的广播电视工作者,仅仅有较好的政治素质和业务素质是不够的,还必须具备较高的职业道德修养。

职业道德是指在各种职业活动中调整人们之间以及个人与社会之间相互关系的行为规范和道德准则。

遵守职业道德,在很大程度上要靠对职业道德的自觉意识,即提高每一位从业人员对职业道德的觉悟和按职业道德规范自己行为的自觉性。这就是我们加强职业道德教育的重要意义。加强职业道德教育是从业队伍建设不可缺少的一项重要内容,它对于振奋和焕发从业队伍的精神风貌,树立与维护行业的正确形象,促进事业的健康发展,有着不可忽视的积极作用。

二、广播电视工作者职业道德的具体内容

广播电视工作者的职业道德规范和要求既包括文化事业的特点,也包括新闻宣传事业的特点,不仅体现了广播电视工作的根本性质和特点,而且对广播电视工作者的个人素质也有更严格的要求。

广播电视工作者的职业道德具体应该包括什么内容呢?参照《中国新闻工作者职业道德准则》,大致应包括如下一些要求。

1. **要有诚挚的敬业精神**

广播电视工作者应该有崇高的社会责任感和职业使命感,要以社会主义文化建设和"两个文明"建设为己任,热爱和忠诚社会主义广播电视事业,兢兢业业,任劳任怨。这是每一个广播电视工作者应具备的最起码的职业品德。

2. **要恪守全心全意为人民服务的宗旨**

在任何时候、任何情况下,每一位广播电视工作者都要把人民的利益和为人民服务的宗旨挂在心上,力求使自己的工作和所作所为符合广大人民的最大利益。工作中,要敢于为人民的利益坚持好的,为人民的利益改正错的,同一切违背人民利益的思想行为和不良现象进行斗争;要及时反映人民群众的正当愿望、要求和呼声,把对党和领导机关负责同

对人民负责一致起来；要认真倾听人民群众对广播电视工作的意见，自觉接受群众的监督。

3. 要自觉地把社会效益作为工作的最高准则

广播电视工作者要本着对社会负责的态度，摆正社会效益与经济效益的关系，始终坚持把社会效益放在第一位，尽力为群众提供健康文明的精神"食粮"。绝不能用低级庸俗的节目去迎合部分群众不健康的审美情趣，更不能使广大人民群众特别是青少年受到身心伤害和毒害。要从人民的长远利益出发，从国家的长治久安出发，为国家的民族团结、社会稳定、经济繁荣、文明进步等发挥自己应有的作用。

4. 要遵纪守法

广播电视工作者应该有较强的法制和纪律观念。广播电视所有方面的工作都要在法律允许的范围内进行。知法、懂法、守法、用法应成为广播电视工作者的自觉行动。广播电视工作者不但要守法，还要遵纪。广播电视新闻工作者要彻底肃清记者是"无冕之王"、"布衣宰相"的资产阶级新闻思想的影响，当好人民的"公仆"，自觉按人民的意愿办事，用好党和人民赋予我们的广播电视宣传权力。

5. 要公正廉明

公正廉明是关系到社会主义广播电视宣传在人民群众中的声誉和形象的大问题。广播电视宣传的社会影响很大，对人对事的反映和评判常常直接左右社会舆论。哪些内容应该宣传，哪些不应该宣传，宣传上能否做到公正客观，往往成为群众衡量广播电视宣传可信不可信的一个尺度，关系到宣传工作的威信和党的威信。对广播电视工作者来说，要公正客观，首先，要出以公心，而不是以个人好恶来判断事物的是非曲直；其次，要站在客观的立场上，按照事物的本来面目反映事物，诚实可信，实事求是。宣传上要公正客观，广播电视工作者就必须廉明无私。

所谓廉明无私，一是要洁身自好、不贪不占，不用手中掌握的宣传工具和舆论宣传权力泄私愤、谋私利，不搞"有偿新闻"；二是不营造关系和人情网，以宣传权做交易，为自己捞取政治的、经济的特别是金钱上的好处。立场公正，才能明辨是非；自身清廉，才能树立威信。

6. 要顾大局、讲风格

广播电视事业不是少数几个人的事业，广播电视宣传工作也不是只靠少数个别人就能搞好的，必须依靠同事之间、部门之间、单位之间以及整个广播电视系统全体从业者的共同努力。而且要从广播电视宣传的全局着眼，宣传效果的改善和加强也有利于广播电视系统整体效益和优势的发挥。在改革开放的形势下，广播电视系统引进竞争的观念和意识，对提高节目质量可以发挥积极的促进作用，这是好的一面，但不能因为部门、单位之间的竞争而放弃团结和协作，必要的时候，还是要运用整体的力量。要提倡团结、协作的精神，特别要注意发挥系统整体的优势和力量，更要提倡顾全大局的思想观念，时时、处处以宣传大局为重。要处理好个人与集体、局部与全局的关系，做到胸怀大局、立足本职、谦谅互让、携手共进。

思 考 题

1. 加强广播电视从业队伍建设有什么意义?
2. 如何加强广播电视从业队伍建设?
3. 对广播电视工作者的政治素质有哪些要求?
4. 对广播电视工作者的业务素质有哪些要求?
5. 广播电视工作者的职业道德包括哪些内容?

延伸阅读书目

1. 魏金成.新闻法规与职业道德教程[M].武汉:武汉大学出版社,2006.
2. 陈桂兰.新闻职业道德案例评析[M].北京:高等教育出版社,2001.
3. 李岩.广播电视新闻学[M].北京:高等教育出版社,2002.

第十章　广播电视的经营

导　言

●本章学习目标：学生通过本章的学习，能够明确广播电视产业经营的内容、目标及实现途径。

●本章学习难点：广播电视的产业属性，广播电视产业经营的内容、目标及实现途径。

广播电视具有"三重属性"，即经济属性、政治属性和文化属性。在不同国家、不同历史时期，广播电视的"三重属性"各有偏重。有些国家重视广播电视的经济属性，如美国、巴西等资本主义国家；有些国家重视广播电视的政治属性，如中国、越南等社会主义国家和一些发展中国家；有些国家则重视广播电视的文化属性，如法国、加拿大等国家和一些发展中国家。在社会主义市场经济条件下，广播电视不仅有政治属性和"喉舌"功能，而且还应该有经济属性和产业功能。为此，按照社会主义市场经济规律的要求，对广播电视进行科学的经营管理是非常有必要的。

第一节　经营和经营环境

一、经营的含义和经营范围

从经济学的角度而言，"经营"主要是指人们在社会商品的生产领域和流通领域内进行的社会活动。经营活动在生产领域一般表现为合理地组织和调配生产过程的诸要素，以尽可能少的劳动耗费取得尽可能多的劳动产品，不断提高产品的质量和数量，通过对产品的生产过程和成本的经营管理，真正实现少投入多产出的目的，从而取得最佳的经济效益。经营活动在流通领域一般表现为对市场的调查和预测、资金的筹措、原材料和动力的供应、产品方向的选择、投资方向的确定以及产品的销售和售后服务等活动。生产领域的经营活动也称为企业内部的经营活动，流通领域的经营活动也称为企业外部的经营活动。在商品经济条件下，经营活动是在社会再生产的全过程中进行的。

经营范围是由经营者的状况决定的。所谓经营者是指那些能够创造和实现价值、剩余价值的部门或单位,即经济实体。就是说,只有那些能够直接带来经济效益的部门或单位才属于经营者。

目前,我国能够为社会直接带来经济效益的部门和单位,按其创造的社会产品和为社会提供服务的性质可区分为物质产品生产部门、精神产品生产部门和服务部门三大类。其中,精神产品生产部门包括新闻出版和广播电视等。

经营范围就是指经营者根据本部门的特点而从事的生产、销售、服务活动及其对象。随着社会主义市场经济的发展,我国各生产部门的经营范围都在日益扩大,各经营部门之间的联系也日益紧密,它们相互依赖,共同构成社会主义社会大生产的格局。

二、经营环境

经营活动离不开与之相适应的经营环境。经营环境是实现经营活动的基本条件的总称,又可分为微观经营环境和宏观经营环境两个方面。

微观经营环境是指经营实体内部的经营环境,即经营的内部条件。这些条件又主要指经营实体内部所拥有的经营资源和经营手段。通常所讲的经营资源一般包括人力资源、物质资源和资金资源。在信息社会,经营资源还应包括信息资源。经营手段是指对现代科学技术的应用程度、对经营要素的组织协调以及在经营活动中为合理使用经营资源以取得最佳经济效益所采用的具体方式和方法。

宏观经营环境是指经营活动的外部环境,主要包括社会环境、经济环境、市场环境、技术环境、政治环境、国际经济环境等。

社会环境主要是指人口环境和文化环境等。人们在特定的社会经济条件下形成的习惯和观念以及与之相联系的社会教育的发达程度,都对经营者的经营活动产生着重要影响。因此,在同样的生产条件下,社会环境的影响致使经营的目标和方向各不相同。

经济环境主要是指经济制度以及同这种经济制度相适应的经济体制、经济发展状况、经济结构、资源状况、消费结构和消费水平,它们都直接影响和制约着经营者的经营活动。其中,从我国经济体制的变化对经营者所产生的影响来看,要把经营搞活、转换经营机制,关键在于建立正确的经济体制,它是实现经营自主权的制度保证。

市场环境本属于经济环境的范畴,但是,由于市场机制的特殊作用,产品供求状况、价格状况、竞争状况、流通渠道状况等市场环境中的任何一种因素都会对经营活动产生更为直接的影响。

技术环境是指一定时期内的全社会的技术成就、技术发展动向等。科学技术也是生产力。在现代社会化大生产条件下,经营者之间的竞争归根到底是人才的竞争、技术的竞争、管理的竞争。技术环境也常常直接关系到经营者的命运。

政治环境主要是指政治制度、政府的政策和法令、政治形势等。在社会化大生产条件下,政治环境的状况直接影响着经营者的经营活动。任何一个国家或地区的经济发展都是同其政治环境的状况密切联系着的。

我国社会主义社会是改革开放的社会,国内经济状况与国际环境有着越来越密切的联系,因此,国际环境特别是国际经济环境的变化,必然对经营者的经营活动产生直接的或间接的影响。

从总体上来说,以上提到的这些影响经营活动的各种环境,有些是稳定的环境,有些是缓慢发展的环境,有些则是激烈动荡的环境。经营管理的目标就是使经营者的经营活动在各种环境中健康运行,以求生存、求发展。

第二节 广播电视的产业经营

一、广播电视的产业属性

人们把一切从事物质和精神产品生产以及提供劳务服务的部门集合体称之为产业。根据产品的性质和生产过程的特征,人类社会全部经济活动可划分为三类产业。其中,第三类产业主要包括流通部门、服务部门和精神产品生产部门等。

广播电视是党、政府和人民的"喉舌"和舆论宣传工具,这是社会主义广播电视的基本性质。坚持"喉舌"这一广播电视的主功能,这一点绝不能动摇。但广播电视作为精神产品的生产部门,又具有产业属性。在坚持"喉舌"主功能的前提下,积极发挥广播电视的产业功能关系到广播电视的长远发展。

广播电视部门的精神产品都是知识的凝结物,并借助于一定的载体而传播。从某种意义上讲,广播电视部门是生产可供传播的信息产品的部门,它不仅对生产者有特殊的要求,而且对消费者也有特殊的要求。消费广播电视精神产品的过程是受教育的过程,也是学习知识的过程,更是了解和掌握各种社会信息的过程。也可以说,广播电视部门是生产和传播信息的,是为提高人们的素质提供服务的,是为物质产品生产部门提供信息服务的,也是为人们的文化生活需求和消费提供服务的。正因为如此,广播电视是信息产业的重要部门。

如果从三类产业划分的角度来看,广播电视可以归入第三类产业。但是,由于对三类产业的划分,特别是对第三类产业的归类,人们目前还有许多不同的认识,因此,把广播电视划入信息产业要比划入第三产业更科学,更能反映广播电视的产业特点。如果把整个信息产业都划入第三产业,那么,广播电视自然就随着信息产业的总体"归顺"到第三产业。近年来,学术界有一种新的看法,认为信息产业应与目前的三类产业并提,单独列为社会生产的第四产业。这是随着社会的发展和进步,人们对信息社会认识深化的必然结果。这当然还有待于全社会的认同。尽管从理论上讲,广播电视的产业归属还有待于进一步研究,但在实践中,广播电视早就在以信息产业的"身份"发挥着它不可低估的作用。

二、广播电视产业经营的特点

产业部门经营的特点是由其产品的性质决定的。因此,要了解广播电视产业经营的特点,首先必须了解广播电视产品的性质和特点。

1. 广播电视产品的性质和特点

广播电视产品是广播电视部门的劳动者的劳动生产物。它同其他物质生产部门的产品一样,都是劳动者同生产资料相结合的劳动过程的结果。但是,由于广播电视产品的使用价值不同于其他物质产品,因此,创造广播电视产品的劳动方式又表现出不同于其他物质产品生产的特点。同样是精神产品的生产,劳动方式也会有所不同。比如文艺性精神产品的劳动形式与理论性精神产品的劳动形式就存在着差异,前者以形象化的劳动形式表现出来,后者则以抽象化的劳动形式表现出来。

广播电视产品所表现的形态可分为物质产品和精神产品两种。

广播电视产品中的物质产品是由广播电视部门中的工业企业的劳动者创造出来的,主要是指广播电视传播事业所需的各类技术设备,如发射机、播控设备、录音机、摄像机、录像机以及各种配件、材料和接收设备,还有记录有广播节目、电视节目成品的录音带、录像带、唱片、激光唱盘视盘等。这些广播电视产品同其他物质产品一样,都可以成为商品,都具有价值和使用价值。广播电视产品中的这些物质产品的状况是衡量广播电视产业技术基础水平高低的重要标志,也是实现广播电视产品中精神产品使用价值的保证。

广播电视产品中的精神产品主要是指以广播电视节目形式表现出来的新闻性、教育性、文艺性和服务性的节目内容。这些精神产品都是劳动产品,都凝结着无差别的人类劳动。但是,同物质产品相比较,这些精神产品又有自己的特点。所有精神产品,不管其表现形式如何,都需要有一定的载体才能表现自己的内容。同时,它们都还具有再生性、继承性和渗透性的特点。广播电视产品中的精神产品的使用价值具有二重性,它既能满足生产者、传播者自身的需要,又能满足他人即广播听众、电视观众的需要。同时,这些精神产品还具有多功能的特点。

2. 广播电视产业经营的特点

从对广播电视产品性质和特点的分析可以看出,决定广播电视产业经营特点的并不是广播电视产品中的物质产品,而是精神产品。由广播电视精神产品的特殊性决定的广播电视产业经营的主要特点有以下几个方面。

(1) 经营的时效性强

以广播电视节目形式表现出来的各种精神产品都具有一定的时效性,因此,广播电视经营活动也必然具有时效性。从某种意义上讲,经营时间就是广播电视精神产品的经济效益。有些产品只能在特定的时间内经营,离开了这一特定的时间,无论产品制作质量如何好,也不可能取得理想的社会效益和经济效益。精神产品经营的时效性还表现在经营时间的选择上。比如把好的电视节目安排在晚上"黄金"时间播出,因为根据中国人的作息时间,这时的收视率较高。这段时间播出的广告就成为"黄金时间广告",这段时间播出的电视剧被称为"黄金时间电视剧",它们都能取得较好的传播效益。

广播电视产业经营时效性强的特点,要求广播电视产业的经营者必须有较强的时间观念,必须学会科学地利用时间。经营者在观念上应把时间看做是广播电台、电视台的资本。时间的有效利用可使广播电台、电视台的财富增值,节约时间、合理有效地利用时间就是积累财富。

(2) 经营的空间广泛

对于广播电视精神产品的经营来说,空间就是"市场"。随着现代科学技术的发展,电子计算机、卫星和微电子技术在广播电视中的应用,不仅增加了信息的流量,提高了信息传播的速度和效率,而且传播所覆盖的空间比历史上任何时候都广阔。卫星传播使地球变小了,全世界成为一个"地球村"。其结果是,广播电视精神产品的销售市场(空间),既容括了国内市场,又容括了国际市场。市场的广阔,并不等于市场占有率高。要提高广播电视精神产品的市场占有率,就要不断提高广播电视精神产品的质量,充分利用广播电视产业经营所占有的空间,搞好广播电视精神产品的经营。

(3) 经营的经济效益受社会效益的制约性较强

一般来说,任何产业部门的经济效益都会受到其社会效益的影响和制约。所以,经营者在经营活动中必须注意正确处理经济效益和社会效益的关系。对于广播电视精神产品的经营来说,其经济效益的大小在很大程度上取决于其社会效益的好坏。广播电台、电视台播出节目就是一种精神产品的经营活动。因此,广播电视精神产品的经营要把社会效益放在首位,这是保证经济效益的前提。在重视提高产品即节目的社会效益的同时,还要重视经营管理,重视提高产品即节目的质量,提高其可能的经济效益。

(4) 经营具有多样性和多变性

消费者群体是很复杂的,他们的需求一般也是多种多样的。因此,经营者在经营活动中必须充分考虑到消费者的这种特点。广播电视精神产品的多样性与其他物质产品的多样性又不完全相同,它不仅包括产品的多品种和多花样,而且由于精神产品的生产具有不可重复性,即不能像物质产品那样采用统一的"模子"成批生产,把完全一样的节目重复地提供给消费者,它还要求每一种产品、每一个节目都要有所创新,这样才能适应不断变化的观众需求。广播电视精神产品经营的多变性是由观众需求的多变性决定的。广播电视节目的服务对象(即市场)是多变的,需要是千变万化的,它必然要求其经营活动同它相适应。

(5) 经营活动的参与性较强

广播电视精神产品经营活动的参与性特点是由其产品生产的参与性特点决定的。广播电视精神产品经营的参与性表现为对其他物质产品生产的直接参与和间接参与。直接参与是指利用广播电视部门信息量大、传输信息快的特点,同有关经济部门合作进行的经营活动。这种直接参与经营的形式,既有利于广播电视部门自身的经济利益,又有利于合作单位的经济利益。间接参与是指通过广播电视这种现代化的大众传播媒介,对其他经济部门的经营活动进行监督、指导并为其提供信息服务。这种间接参与经营形式,一般是通过记者的采访报道和社会传播等形式实现的。

三、广播电视产业经营的内容

在社会主义商品经济条件下,属于国家所有的广播电台、电视台以及广播电视系统内的其他一些实体,在保证完成党和国家及各级政府的宣传任务外,都在一定程度上从事经营活动。根据我国现阶段的经济体制、经济运行机制以及人们对广播电视产业属性的认识和广播电视部门实践提供的经验,可以粗略地形成这样一种看法,即当前我国广播电视产业经营的主要内容包括以下几个方面。

1. 广告经营

广告经营是广播电视产业当前和今后一个相当长的时期内经营的重点,也是增加广播电视部门经济收入的主要途径。广告是商品营销和企业公关活动的一种重要手段和途径,是商品经济的产物。随着我国市场经济体制的逐步确立,广告业将会有更大的发展。以广播电视为媒体的视听广告业有着广阔的发展前景。对于广播电视部门来说,所谓广告经营是以播出"时间"作为经营资本的。"时间"价格是同覆盖范围和视听率成正比的。覆盖范围大、视听率高的广播电台、电视台及节目,其广告价格就高,反之,其广告价格就低。广告价格同视听率的关系说明,广播电视广告经营的重点应放在提高视听率上,这是提高广告经营效益的关键。

广告经营必须重视广告的质量。广告应该有较强的吸引力。这种吸引力首先来源于广告的质量,来源于它的创意、真实性和艺术感染力。当然,适应和符合观众心理、选择恰当的播出方式和时间及对经济活动的意义对于广告经营也很重要。

广告经营要注意对广告资源的开发。广告资源是同社会生产力水平、人们的商品意识同步发展的。随着生产社会化程度的提高和商品社会化的实现,社会生产力将会出现高速发展的局面,新科技和新的产品、商品及社会服务方式将会大量涌现,以适应社会生产及人们生活的需要。广告资源的丰富,为广告经营提供了相当广阔的天地。发展广告经营必须在充分利用现有广告资源的同时,积极主动地开发新的广告资源。

2. 节目经营

广播电视精神产品都是以节目的形式表现出来的,广播电台、电视台播出节目就是在从事这种精神产品的经营活动。随着我国商品经济的发展和社会主义市场经济体制的确立,人们渐渐形成这样一种认识,即广播电视节目既然是社会主义商品经济条件下广播电视产业部门的劳动者创造的一种精神产品,它本身就可以而且应该成为商品,而且应该同其他商品一样具有使用价值和交换价值,应该按照等价交换的原则开展广播电视节目的经营活动。

节目经营是一个总的概念。就具体的节目来说,教育性节目、文艺性节目、服务性节目通常是可以作为经营内容进入经营领域的,而且可以作为商品组织生产并进入节目市场。但是,新闻性节目是否也可以进行经营,从广播电视的宣传性质方面来说,新闻性节目作为一个整体,目前在我国是不能进入节目经营范畴的。

目前我国广播电视节目经营活动主要是在国内的市场范围内进行的,也有一些节目进入了国际市场。但是,无论是节目的数量,还是质量,都同我国的地位和经济的发展速度不相适应。节目的经营实践受到许多人为的制约,经营领域发育很不健全,经营方式和手段很不规范,市场规律并未发挥应有的作用。这些都还有待于在改革实践中进行深入的探索。

3. 信息经营

广播电视属于信息产业,信息经营是它的优势和主要经营内容之一,而且它所能经营的信息范围也相当广泛,比如供销信息、金融信息、科技信息、国际商情和其他综合信息等。通过对各类信息的经营,可以促进信息尽快地转化为社会生产力和社会财富。

由于信息的种类不同,信息经营方式也不尽相同。根据目前广播电台、电视台的实践经验,信息经营方式主要有:广播电台、电视台同企业、科技单位以及其他行业联合经营,举办信息交易会,把产品展销同信息经营结合起来;举办各类培训班,把信息经营同培养人才结合起来;运用封闭式传递信息的办法实现信息经营等。我国的信息经营刚刚起步,还没有积累更多的经营经验,随着信息经营范围的扩大,将会出现更多、更好的信息经营方式。

4. 技术经营

广播电视是建立在现代电子科学技术基础上的信息产业,它拥有现代最先进的电子技术设备和掌握这些技术设备的人才。这样,它既可以用现代电子技术武装自身,又可以进行技术贸易和广播电视技术设备贸易。同时,它还可以利用广播电视部门的技术优势,不断扩大技术服务业务,除开展广播电视播出和接收设备的维修业务外,还可以承办集体接收天线系统、有线电视系统等各种设备的生产、设计、安装业务以及卫星地面接收设备的安装调试维修业务等。

5. 劳务经营

我国广播电视部门已初步形成了一支强大的技术队伍,这支队伍已经能够全面承担广播电台和电视台技术工程系统的设计、设备安装调试、软件开发、人员培训和土建施工等业务。我们可以充分发挥这支技术队伍的作用,积极主动地对国外承包系统的广播电台和电视台的建设工程及其他方面的单项业务。根据目前同国外合作的经验来看,我国广播电视技术人员承包的工程,费用比较低,软件设计力量强,对发展中国家有利,在国际上有较强的竞争力。

6. 混合性经营

随着科学技术的发展,各行各业的经营内容和经营范围都不仅在相应地扩大,而且超越了本行业、本部门的范围。广播电视作为一种新兴的信息产业,其经营内容和经营范围本来就是相当广泛的。由于广播电视部门的特殊性,广播电视部门除经营自身应该经营的内容外,还可以结合本部门所处地区的优势以及社会经济环境条件,发展多种经营。

国家广电总局已把"大力开发数字电视和新媒体业务"摆到议事日程上来,要求"主动占领阵地,积极拓展业务","加快发展付费电视、IP电视、手机电视、移动电视、网络电视",并强调"以光电主导发展视听新媒体业务"。

除上述列举的几个方面以外,广播电视部门还可以同国内外的企业、事业、政府机构联合经营建筑、电子、通讯、旅游以及资源开发等各种业务,以扩大经济收入的来源和渠道,促进广播电视事业的发展。

第三节 广播电视产业经营的目标及其实现

一、广播电视产业经营的目标

1. 社会效益目标

广播电视业有两重性,即意识形态性和产业性。作为新闻事业,它既具有新闻事业的共性特性,又有自己的个性特征。它的一切宣传活动的首要目标是社会效益。正因为这样,在广播电视经营活动中必须注重社会效益。广播电视经营活动的经济效益是以其社会效益为前提的,没有良好的社会效益的经营活动是不可能取得最佳经济效益的。这就是说,从提高经济效益的角度看,首先也应该重视提高经营活动的社会效益。当然,提高广播电视经营活动的社会效益的目的,并不是为了提高经济效益,而是通过经营活动的社会效益的提高,实现广播电视的政治功能。

社会主义广播电视的政治功能集中表现在其信息传播活动和经营活动等都必须充分体现无产阶级及其政党的意志,充分体现党和政府制定的并代表人民利益的各种政策法令。做到了这一点,就实现了经营活动的社会效益。否则,就违背了广播电视经营活动的首要目标是社会效益这一原则。

广播电视经营活动的社会效益目标应该是:让亿万人民群众及时了解党的方针、政策和国家的法律、政令,了解国家大事和国际局势,获得所需的科学文化知识和各种信息,受到以爱国主义为核心的社会主义教育和精神鼓舞,得到健康有益的艺术享受和情操陶冶,特别是要有利于国家安全、社会稳定、民族团结和社会主义精神文明建设。

2. 经济效益目标

如果说广播电视产业经营的社会效益的实现是广播电视的政治功能的体现,那么,广播电视产业经营的经济效益的实现就是广播电视的经济功能的体现。从人类传播的发展历史来看,人类传播活动一产生,传播就具有经济功能。作为现代大众传播媒介的广播电视,虽然传播的方式、内容都与最初的人类传播活动有了很大区别,但是它固有的经济功能并没有改变。

作为一个信息产业部门,广播电视从事经营活动的基本任务之一是保证其经济功能的实现。因此,经济效益就成了其经营活动的核心。

提高经济效益就是在同样的经营条件下,用尽可能少的活劳动和物化劳动,生产出尽可能多的符合社会需要的产品,或创造更多的使用价值,或使价值有较大幅度的增值。

广播电视产业经营的经济效益,是指经营活动的耗费同经营收益的比较。如果耗费少,经营收益较多,原价值增值大,经济效益就高;反之,经济效益就低。

要实现广播电视产业经营的经济效益目标,必须有具体的实施措施,而且还要有具体的标准。从目前广播电视产业经营的状况来看,衡量其经济效益的高低主要包括下列指标:质量、成本、利润、价格、资产增殖率等。质量指标一般都是从使用价值的角度来衡量的。比如一个电视剧,制作者认为是高质量的,又选择了黄金时间播放,本该是社会效益和经济效益俱佳,但在观众看来,这部电视剧并不怎么受欢迎,社会反响不佳,这样制作本身就成为一种浪费,选择黄金时间播放就是更大的浪费。因此,对电视节目质量好坏的评判,最有发言权的是电视观众。当然,衡量电视节目的质量还有其他方面的指标,比如艺术水准的指标、技术指标等,但精神产品的使用价值指标是衡量电视节目质量的首要指标。另外,成本、利润、资产增殖率等指标都要进行科学测算,否则是不能准确反映经济效益的。广播电视部门是重装备、高消耗的精神产品生产部门,产品生产成本很高。

广播电视部门内部许多子部门之间,随着市场经济的发展,必然会出现竞争的态势。随着我国经济的发展,经济效益的高低最终主要取决于经营管理水平。广播电视各部门之间的竞争,将集中表现在管理上的竞争、技术上的竞争以及精神产品服务质量上的竞争。

二、广播电视经营目标的实现

任何一个产业部门从事经营活动,都必须有明确的经营目标,而经营目标的确定只是经营活动的开始,要保证经营目标的实现,还必须采取有效的措施。根据社会主义市场经济体制目标模式的要求,实现广播电视产业经营的目标,应该从以下几个方面入手。

1. 必须树立社会主义商品经济的新观念

社会主义商品经济既不是资本主义商品经济发展的结果,也不是在小商品经济发展的基础上产生的,而是经过一个相当长时期的计划经济之后,在社会主义公有制经济牢固地建立起来并有相当发展的基础上建立起来的社会主义商品经济。树立社会主义商品经济的新观念,也就是依据社会主义商品经济的新特点而确立新观念。

这些新观念主要是:

(1)竞争观念。竞争是商品经济的必然规律,在广播电视的产业经营活动中也是不可避免的。竞争就会有胜有败,有输有赢,对此经营者必须正确对待。

(2)平等观念。商品经济条件下的平等观念是价值规律的客观要求,在商品交换活动中必须坚持等价交换的原则。在社会主义商品经济条件下,人与人之间的物质利益关系仍然是一种相互交换劳动的关系。因此,在经营活动中必须铲除一切特权,按照等价交换的原则实现劳动者之间的平等权利。

(3)效率观念。效率观念也可称为时间观念。根据社会主义市场经济基本经济规律的要求,社会经济各部门必须持续、稳定、协调、高速地发展,始终保持高效率的工作和劳动,争取时间和效益。

(4)科学观念。所谓科学观念就是自觉地按照自然、社会和思维活动的内在规律办事。社会主义商品经济的发展是建立在现代科学技术基础之上的,它要求广播电视的经营者和精神产品的生产者必须像物质产品生产者一样,重视科学,重视根据生产实践和科学原理结合产生的各种新的工艺方法和技能,尤其是遵从商品经济的客观规律。

(5)主体观念。发展社会主义商品经济,不论采用何种资源配置方式,在所有制方面必须坚持社会主义公有制经济在国民经济中的主体地位。广播电视的产业经营可以采取多种投资方式和经营方式，但国有经济的主体地位不可动摇。

（6）全局观念。社会主义市场经济并不是无政府状态下的自由市场经济，广播电视的经营活动也要进行国家的宏观调控。这就要求经营者必须树立全局观念，既重视微观经济效益，又重视宏观经济效益，并把二者科学地结合起来。

（7）创新观念。社会主义市场经济是一种全新的社会运行方式，它没有固定的模式，而且也不可能是一成不变的。在改革开放的时代，广播电视的经营活动要解放思想，在实践中有所创新，需要清除一切保守的、落后的思想观念。

（8）经营观念。经营观念又称经营观点，是产业部门的管理人员和政府主管部门的领导者在社会经济活动中应该具备的指导思想。强调树立经营观念是社会主义商品经济条件下的一种特殊现象，对于广播电视产业部门的管理人员来讲，就是要学会掌握和运用经营手段；对于政府主管部门的领导者来讲，就是更好地为广播电视部门的经营活动提供切实有益的服务。

（9）服务观念。服务就是为他人的利益而工作。在社会化大生产条件下，服务都是相互的。只有树立了服务观念，才能保证广播电视系统的正常运营及全社会生产、生活的顺利进行。

（10）风险观念。要开展经营活动，充分发挥市场机制的作用，就必须树立风险观念。要敢于承担风险，在风险中求生存、求发展。怕风险是不可能有大作为的。风险就意味着有成功也有失败，要正确对待成功，正确对待失败。

2. 必须加强对广播电视产业经营管理人才的培养和开发

广播电视事业在迅猛发展，需要大量有专业技能和专业知识的人才。但长期以来，各级广播电视部门人才匮乏的问题十分普遍和突出。相比之下，既具有广播电视专业素质又有经营管理知识和才能的人才更为缺乏，可以说这是广播电视从业队伍建设的弱项。广播电视的产业经营活动也因而一直处于较低的层次，许多以盈亏为衡量标志的经营项目效益不佳，更谈不上在经营策划、经营管理、运行调控等高层次的经营活动方面有所作为。实践告诉我们，人才是经营成败的关键，只有大力培养广播电视经营管理的适用人才并充分发挥他们的积极作用和才干，才可能不断开创广播电视产业经营和经营管理的新局面。

3. 必须建立有中国特色的、适应社会主义市场经济体制要求的广播电视产业经营管理体制

建立社会主义市场经济体制，要求加快改革步伐，转变政府职能，实行政企分开。我国各级广播电视部门是国家的一级政府部门或政府主管的事业单位，但从广播电视产业角度来看，各级广播电视台站实际上又都是从事信息产业经营的经济实体。建立广播电视产业经营管理体制，必须从这个有中国特色的实际出发，稳步改革，使其适应社会主义市场经济的要求，使广播电视各产业部门自觉地走向市场，使广播电视的机关部门更好地为产业经营提供服务，并在体制上、制度上、政策上保证广播电视经营活动健康发展。

思 考 题

1. 如何认识广播电视的产业属性？
2. 广播电视产业经营有哪些特点？
3. 广播电视产业经营的主要内容是什么？
4. 广播电视产业如何更好地与市场经济结合？

延伸阅读书目

1. 刘立刚.广播电视经营管理[M].北京：中国广播电视出版社，2006.
2. 胡正荣.媒介管理研究[M].北京：北京广播学院出版社，2000.
3. 史忠良.产业经济学[M].武汉：湖北人民出版社，2002.
4. 黄升民，丁俊杰.中国广播电视媒介集团化研究[M].北京：中国物价出版社，2001.

参考文献

1. 王长潇.当代中国电视文化传播论纲[M].济南:山东人民出版社,2005.
2. 袁军,蔡念中.21世纪两岸广播电视发展趋势研究[M].北京:北京广播学院出版社,2000.
3. 郭镇之.中外广播电视史[M].上海:复旦大学出版社,2005.
4. 赵玉明.中国广播电视通史[M].北京:北京广播学院出版社,2004.
5. 徐光春.中华人民共和国广播电视简史[M].北京:中国广播电视出版社,2003.
6. 方汉奇.中国新闻传播史[M].北京:中国人民大学出版社,2002.
7. 丁淦林.中国新闻事业史[M].北京:高等教育出版社,2002.
8. 党东耀.当代广播电视技术[M].北京:中国广播电视出版社,2007.
9. 杨晓宏.新编电视节目制作技术教程[M].北京:国防工业出版社,2003.
10. 秦瑜明.电视传播概论[M].北京:北京广播学院出版社,2002.
11. [美]艾伦·B.阿尔巴朗.电子媒介经营管理[M].北京:北京大学出版社,2004.
12. 陆晔,赵民.当代广播电视概论[M].上海:复旦大学出版社,2005.
13. 李岩.广播电视新闻学[M].北京:高等教育出版社,2005.
14. 黄匡宇.广播电视学概论[M].广州:暨南大学出版社,2005.
15. 张莉,张君昌.中国电视十佳公共栏目[M].北京:新华出版社,2004.
16. 王婷.电视谈话节目创作散论[M].北京:中国经济出版社,2005.
17. 蒋茜.卫星数字广播电视技术[M].北京:中国广播电视出版社,2003.
18. 金光.电视多媒体技术与应用[M].北京:中国广播电视出版社,2003.
19. 刘洪才.广播电影电视专业技术发展简史[M].北京:中国广播电视出版社,2007.
20. 喻国明.变革传媒:解析中国传媒转型问题[M].北京:华夏出版社,2006.
21. 郭娅莉,孙江华等.媒体政策与法规[M].北京:中国传媒大学出版社,2006.
22. 杜鹃.中国广播电视全书[M].北京:中国广播电视出版社,2004.
23. 国家广播电影电视总局发展研究中心.国外广播影视体制比较研究[M].北京:中国国际广播出版社,2007.
24. 魏金成.新闻法规与职业道德教程[M].武汉:武汉大学出版社,2006.
25. 陈桂兰.新闻职业道德案例评析[M].北京:高等教育出版社,2001.
26. 刘立刚.广播电视经营管理[M].北京:中国广播电视出版社,2006.
27. 胡正荣.媒介管理研究[M].北京:北京广播学院出版社,2000.
28. 史忠良.产业经济学[M].武汉:湖北人民出版社,2002.

后　记

　　世界在变，中国在变，广播电视传媒的技术与传播模式也在变。

　　随着广播电视业界公共服务体系建设的逐步完善、影视剧和影视动画产业的加速发展、广播影视与网络的结合，广播电视传播的方式发生了翻天覆地的变化。目前，广播电视传播已经成为宣传政府舆论导向、反映民生、讴歌生活、针砭时弊、传播国内外重要信息、创建和谐社会、实现社会跨越式发展的重要支撑和先导力量。与此同时，我国高校的广播电视以及相关学科的教学也面临着调整和增添新的教材内容、删减较为陈旧的教材内容以利于本专业的学生进行文化课理论与实践知识的学习的重大课题。

　　广播电视概论是广播电视以及相关专业的基础课程，为适应广播电视学科发展的需要，河南大学、河南工业大学、周口师范学院、河南艺术职业学院、濮阳职业技术学院五所高校广播电视专业的教师于2008年初协商并共同编写了一本适合目前广播电视专业的学生学习的广播电视知识的教材——《新编广播电视概论》。本教材参考了许多我国以往优秀的广播电视教材体例，增加了有关全球广播电视科技发展情况的介绍，尤其是对我国广播电视行业的发展状况进行了比较详细、全面的介绍。

　　《新编广播电视概论》共分十章，涉及广播电视事业的产生与发展、中国广播电视事业的发展、广播电视技术原理、广播电视技术系统、广播电视事业的性质与职能、广播电视节目体系、新时期广播电视发展状态、中国广播电视事业建设、广播电视从业队伍建设、广播电视经营等内容，每一个章节都尽量突出科学技术给广播电视带来的变化和发展。广播电视是现代科技的产物，高校的相关教材应该及时反映出前沿信息。《新编广播电视概论》在第七章中增加了新时期广播电视的发展趋势、新时期互联网广播电视的发展、网络媒体与广播电视媒体的融合、网络广播、数字电视、数字移动多媒体广播电视等内容，目的是想通过本教材的介绍，让学生对广播电视新媒体有一个全面的了解，从而掌握新媒体的必要技术，以利于今后的学习。

　　参编人员根据其在教学一线的实践经验，尽量把最新的与广播电视相关的发展动态、研究成果和思维方法融入本教材的编写过程中，并经过多次修改，力图使本教材适合学生使用。为了方便学生学习，每章导言部分都有本章节的学习目标和学习难点提示，每章结尾处又有一些思考题，并列出了供学生进一步学习的延伸阅读书目。希望本教材能够对广播电视相关专业的学子有所帮助。

段汴霞

2009年2月4日